■ 北京市科学技术委员会、中关村科技园区管理委员会支持研究成果

创新与未来

北京科幻产业发展报告

Report on Development of Beijing Science Fiction Industry

金 韶◎著

中国国际广播出版社

图书在版编目（CIP）数据

创新与未来：北京科幻产业发展报告 / 金韶著. —北京：中国国际广播出版社，2022.3

ISBN 978-7-5078-5097-0

Ⅰ. ① 创… Ⅱ. ① 金… Ⅲ. ① 科学幻想－文化产业－产业发展－研究报告－北京 Ⅳ. ①G127.1

中国版本图书馆CIP数据核字（2022）第043568号

创新与未来：北京科幻产业发展报告

著　　者	金　韶
责任编辑	张晓梅
校　　对	张　娜
版式设计	邢秀娟
封面设计	林玉娜

出版发行	中国国际广播出版社有限公司 ［010-89508207（传真）］
社　　址	北京市丰台区榴乡路88号石榴中心2号楼1701
	邮编：100079
印　　刷	北京九天鸿程印刷有限责任公司

开　　本	710×1000　1/16
字　　数	310千字
印　　张	19.75
版　　次	2022 年 4 月 北京第一版
印　　次	2022 年 4 月 第一次印刷
定　　价	98.00 元

本报告是北京市科学技术委员会、中关村科技园区管理委员会委托课题"促进北京科幻产业发展研究"（编号：2020XCCKP-12）研究成果。

在课题调研过程中，我们得到了北京市科技部门的大力支持、指导和帮助。

北京市科学技术委员会、中关村科技园区管理委员会二级巡视员王建新，文化科技处（科普处）李焱处长、龙华东副处长、李新媛老师、祖宏迪老师等给予我们很多指导。

北京科技创新促进中心的孙月琴部长、王郅媛老师、汤乐明博士等和我们一起走访调研了很多企业，给予我们很多帮助。

石景山区科学技术委员会的曹洁副主任、岳继华老师等也给予我们很多支持和帮助。

在此对所有领导、老师表示衷心感谢。

序

科幻产业是文化和科技融合的新兴产业，对于推进科技创新战略、促进数字经济发展、激发青少年想象力、提升全民科学素质具有重要作用。北京市聚力发展科幻产业，既是国家战略"大势所趋"，又是基于首都优势"顺势而为"的战略举措。

本报告是由北京市科学技术委员会资助、北京联合大学金韶副教授承接和主持的课题《促进北京科幻产业发展研究》的成果，是一份非常及时、很有必要、可供参考的研究报告。

该课题是专门为推动和促进北京市科幻产业而进行的研究。我因工作关系参加了该课题的研讨和评审工作，期间和金韶老师有过多次交流，我对她谦逊、勤勉、踏实的性格印象很深，对其报告呈现的翔实的调研数据、准确的研究结论、论述的严谨行文也很赞赏。我也特别佩服北京市科学技术委员会对此项工作具有前瞻性的决策能力和行动能力。

"科幻产业"作为科普工作的一个分属，作为文创产业的一个类型，因社会需求、科技进步、文化创新和政府引导，迅速而高效地形成了一个特别具有影响力的新兴产业。因其迅猛发展，存在着文理渗透、学科交叉、类型杂糅、边界融合的特征，所以特别需要理论和实践的厘清。

金韶老师的报告首先从"以科幻文学为主导的想象力消费""影视和科技结合的视听体验消费""以高科技应用为支撑的场景消费"三个维度梳理科幻产业的发展规律；进而对科幻产业的内涵、外延、产业体系进行了分析，提出了科幻内容、科幻文旅、科技支撑、场景营造、运营服务的分类，全面涵盖了科幻产业的重点领域，并对各类型科幻产业的发展现状进行了比较详尽的数据解读，具有很强的理论意义和应用价值，由此确定北京科幻产业的发展目标和任务，使北京科幻产业的发展能够方向准确、任务明确、指标明晰。

　　报告既观照了国内外科幻产业的发展概况，又立足和聚焦北京，结合首都优势和特色，从原创扶持、科技研发、场景建设、生态构建、品牌打造、政策完善等各个层面，提出了促进北京科幻产业发展的策略建议。

　　关于科幻产业的未来发展，我有两方面的思考。

　　第一，科幻产业的未来形态：科幻产业的蓬勃发展，与科技创新、数字经济的发展密切关联，对社会具有引领和引导作用，随着前沿科技、信息技术的不断进步，将更深地融合新科技，出现更多的产业形态。此外，科幻源起于影视和文学艺术，科幻产业与艺术的结合，将形成怎样的产业关系呢？除了文学和影视，还有雕塑、绘画、设计、工艺、建筑、装饰、服饰等，它们能否成为科幻产业的某种新类型，进一步形成科幻产业生机勃勃和百花齐放的局面？

　　第二，科幻产业的美学价值：科幻产业有着非常独特、难以替代的文化和美学价值。西方科幻经过长时间发展，受其历史、政治、社会影响，形成了其固有的审美体系。而我们的科幻产业应打造中国特色的美学体系，体现"科技向善"和"科技之美"。中华五千年历史文明和文化，加上我国取得的科技成就，是完全可以支撑现代科幻产业的需要和需求的。中国内容、中国形式、中国风格，特别是中国价值，是我国科幻产业做大做强的根本。

　　本报告为相关部门的科幻产业促进工作提供了比较明确的目标和方向，为鼓励相关企业投入和参与科幻产业提供比较切实的指导和参考，也为科幻产业的研究和人才培养提供建议，非常值得肯定和支持！也希望金韶老师能继续深化对科幻产业的研究，并带动产学研界对科幻产业的关注和促进。

　　　　　　　　　　　　　　　　　　　　费新碑

　　　　　　　　　　　　　　　　北京航空航天大学教授

　　　　　　　　　　　　　　　　2022年3月于北京

前　言

科幻是弘扬科学精神、激发想象力、探索未来的文化样态。科幻产业是文化科技融合的新兴产业，是以科技创新为支撑，以未来叙事、视听体验、沉浸场景为载体，以创造新消费、新场景和新服务为目标的数字经济新业态，对我国建设世界科技强国、促进产业转型升级、加强社会主义先进文化建设、激发青少年想象力、提升全民科学素质具有重要的推动作用。

"十四五"时期是北京落实首都城市战略定位，打造国际科技创新中心、全球数字经济标杆和国际消费中心城市的关键时期，也是北京加快建设全国文化中心、发展社会主义先进文化、提升全民文化自信的重要时期。促进北京科幻产业发展，加快建设科幻产业集聚区，既是契合国家创新战略的"大势所趋"，又是基于首都城市定位和优势特色"顺势而为"的战略举措，将开创科技创新、城市更新和文化建设融合发展的新赛道，打造全国科幻产业示范区，树立我国数字经济、新兴和未来产业的新标杆。

本报告基于对国内外科幻产业发展概况和规律的梳理，重点调研北京科幻产业的发展状况，包括科幻出版、影视、动漫、游戏、周边、文旅、场景等各产业类型的发展，依据北京的城市定位、优势和机遇，制定北京科幻产业的发展目标，分析北京科幻产业的现状、问题和对策，以及北京科幻企业的资源分布和运营特征，从而从内容生产、技术研发、场景建设、产业布局、服务体系、品牌传播、政策建议、标准规范等多个维度提出北京科幻产业的发展策略，并且借鉴国内外代表城市的科幻产业发展的成功案例和经验，为北京科幻产业的高质量发展提供路径设计、决策参考和策略建议。

目　录

第三部分　现状篇

第四部分　趋势篇

第五部分　策略篇

第一部分

理论篇

科幻的概念界定

一、科幻的概念

（一）"科幻"定义的演变

"科幻"的定义，经历了如下几个阶段的历史演变，既反映了科技进步对社会文化和文艺创作的影响，又反映了不同国家和社会环境对人们科学观的影响。

1.科学＋幻想：描绘科技对人类社会的影响

"科幻"对应的英文一般被认为是science（科学）fiction（虚构作品、小说），即科学虚构小说。美国出版人雨果·根斯巴克（Hugo Gernsback）1926年在其创办的杂志《惊奇故事》（*Amazing Stories*）中首次使用了science fiction（科学小说）一词。当时的西方小说还有一个类型是science（科学）fantasy（幻想），归属在幻想小说门类中。所以，我国引进的"科幻"概念，实际上是science＋fiction＋fantasy的融合。科幻文学从诞生起就强调科学、虚构和想象，描绘科技造就的奇迹或灾难及其对人类社会产生的影响。西方科幻小说在20世纪30年代到60年代经历了发展的黄金时代，并发展出太空歌剧、新浪潮、赛博朋克等类型或流派。

2.科学＋文艺：促进科普传播的有力工具

区别于西方，在苏联和中国，较为普遍的是将科幻小说当成一种科普读物，并从科学文艺（scientific literature）的角度去解读。中国的科幻小说在1978年至1983年间经历了短暂的发展高潮。从管理体制看，科幻作家隶属于中国科普作家协会下的科学文艺专业委员会，而中国科普作家协会又属于中国科协，而非中国作协，因此，这一时期的科幻，"科普性"突出。叶永烈、郑文光等是这一时期的代表。叶永烈的代表作《小灵通漫游未来》具有儿童科普的明显特征。1980年叶永烈出版了《论科学文艺》，指出科学文艺是科学性与文学性的结合。

3.科学+想象：科技和文化融合的未来想象

从20世纪80年代至90年代起，美国好莱坞电影工业的发展日益成熟，21世纪初到达顶峰。21世纪以来，好莱坞电影长期占据全球电影市场的80%，即便是在全球第二大票仓的中国，好莱坞进口大片也占据了国内票房市场的一半以上。在全球电影总票房排行榜前30名中，约60%是美国科幻电影。科幻电影融合叙事艺术和特效技术，成为美国电影产业的支柱，科幻电影已超过了科幻文学，成为美国科幻的代表。

同期对照，20世纪80年代的中国科幻界经历了"科文之争"（即科幻姓"科"还是姓"文"），开启了科幻从"科学性"向"文学性"的探索，逐步让科幻摆脱了"儿童科普"的局限。科幻的类型多元而灵活，其包容性和张力得到了彰显。20世纪90年代之后，尤其是21世纪以来，伴随国家的科技创新战略和文化产业振兴规划，中国科幻文学取得快速发展，"科幻"取代"科学文艺"，成为被大众熟悉的一种文学类型。刘慈欣的《三体》从2008年到2010年连续出版了3部，2015年荣获雨果奖，在国内掀起科幻热潮；2016年郝景芳的《北京折叠》再获雨果奖；2019年《流浪地球》火爆上映。近5年，科幻出版和网络科幻繁荣，科幻电影数量增长，科幻动漫游戏蓬勃，视听特效、人工智能和虚拟现实等新技术也越来越多地应用到科幻影视中。中国科幻进入发展的快车道。

（二）科幻的相似概念

科幻作为一种创作类型，具有多样性和包容性，常和魔幻、奇幻、玄幻等概念混淆，容易给从业者和消费者造成困扰，需要加以明确。从政府优化管理和市场良性发展的角度来看，因为科幻和科技、科普的发展密切关联，更需要明确科幻的核心特征并加以引导和促进。

1.科幻、魔幻、奇幻和玄幻

"魔幻"（magic）是不以科学为依据进行的虚构，以"魔法"代替科学，通过神魔志怪世界的虚构，表达对现实社会的隐喻、映射和反思，也被称作魔幻现实主义。随着文学和电影的融合发展，魔幻逐渐成为影像化的创作手法，通过电影工业化和视觉特效营造影像奇观。

"奇幻"（fantasy），指超越现实的虚拟世界和奇观世界，有人将"科幻"和"魔幻"都归于"奇幻"的范畴，称为"泛奇幻"，以"奇幻"来统摄所有幻想类作品。北京大学陈旭光教授指出中国的魔幻、奇幻及科幻都是"想象力消费"，将高科技的影像技术和丰厚的传统文化结合起来，塑造视觉奇观和呈现文化想象，提升文化自信和民族认同。

"玄幻"是东方文学的特有名词，脱胎于武侠小说，逐步发展成网络文学的重要类型，以修仙、道法、神话、穿越等超自然元素为叙事方式，被大量改编成影视和动漫游戏作品，实现商业化。

魔幻、奇幻、玄幻与科幻最大的区别在于：不注重科学的严谨性，给超现实情节提供超自然解释；它们与科幻的共同性在于：都突出幻想，是视听科技和工业化支撑的想象力消费。

2."硬科幻"和"软科幻"

这对概念是科幻业界的形象说法，最早源于"硬科学"和"软科学"之分。反映数学、物理、化学、天文学等"硬科学"的为"硬科幻"，反映社会学、心理学、经济学等"软科学"的为"软科幻"；后来演变为：重视"科学严谨性"的科幻称为"硬（核）科幻"，重视"文艺手法"的科幻叫"软科幻"。"硬科幻"通常重视特效场景，制作成本高，"软科幻"通常重视故事情节，制作成本较低，所以"硬科幻"逐渐成为烧钱的"特效大片"的代名词。美国科幻电影大多属于"硬科幻"，如《星际穿越》《星际迷航》和《火星救援》等，营造浓重的科技感和工业感；中国科幻更多属于"软科幻"，更强调人文性，以科幻元素为"外壳"或"背景"，重在讲述人文故事，如《疯狂的外星人》《孤岛终结》等。

（三）科幻的本质和核心要素

1.科幻的本质

综合国内外科幻的发展历程和代表特征，加以总结提炼可以得出，科幻的本意是"科学幻想"，从科幻小说和电影发展而来，是基于科学思维和想象力探索未知领域的科技和文化实践，既是一个国家的科学技术进步水平的体现，也是其科学思想和科技价值观的体现。

中国科幻的崛起，置身于科技强国和文化强国的时代背景下，科幻成为培养公众的科学精神、呈现前沿科技的发展和应用、激发人们对于未来的想象力、提升公众科技文化自信的重要产品。

2.科幻的核心要素

第一要素：科学性/科技感。

科幻作品的基础是"科学性"，以科学原理为依据，具备科学的严谨性。科幻的"科学性"，并不是要求其完全符合现有的科学知识体系，而是对现有的科学理论和技术成果，加以合理想象和艺术化处理，并以创作者建构的自洽逻辑为基础搭建而成的想象世界。科幻作品突出"科技感"，以科学技术，尤其是前沿科技的应用为场景，形象展现科技发展对人类社会的未来影响。

第二要素：超现实/想象力。

科幻作品的特性是"幻想性"，"幻想"是"超现实"的，即对现实的颠覆和超越。科幻不是科教片和科普片，不是对现有科技发展水平的展示，而是对科技所开创的可能未来的想象，其本质是想象力。科幻中的未来景观不断成为现实，而新技术又不断突破人的思维认知、时空观念和想象边界。

第三要素：科技向善/价值引领。

科幻提供给人们的不仅是科学知识，还有反思科学、反思和改变世界的科学精神和价值观。科幻既让人们感受到科技带给世界的进步，又启迪我们辩证地思考科学影响下的人类生存和未来命运。中国的科幻是具有科技向善理念、重视价值引领的文化产品。

二、科幻的类型

依据不同的分类标准，进行科幻类型的划分和界定。

（一）科幻文学的创作类型

西方科幻文学经过近一个世纪的发展，类型划分已相当成熟，中国的科幻文学也基本沿用。科幻文学的类型划分以文学性为基础，又体现其科技特征，主要可分为如下类型。

表 1-1　科幻文学的创作类型

创作类型	简介
外星生命	讲述地球被来自其他星球的外星生命入侵之后的故事
超级英雄	漫威和 DC 开创的漫画和电影类型。故事主角都拥有神奇的力量，成为拯救世界的超级英雄。大多借鉴了奇幻类型作品，但故事情节和场景中会贯穿大量科技元素
太空探索	描写在太阳系或更远的星系之间航行和探索时遇到的景象和经历，对宇宙星际的场景展现非常具有科学性和震撼感。其故事情节也会涉及人类到这些星球后与外星种族的交往或冲突，以及由此引发的道德伦理问题的思考
太空歌剧	以多种族帝国为故事背景，描写遍及银河系的战争和冲突。相比科学，壮丽的冒险故事才是最重要的
时间旅行	描写穿越到过去或未来的时间旅行，常应用虫洞、时空交叠循环理论等
军事科幻	主要围绕军事人物、背景及故事，常描绘实力悬殊的对决及军事策略的应用，其诞生初期起到宣传反战的效果
机器人（人工智能）	人类研发的机器人拥有了能力，以及和人相处过程中产生的情感和伦理故事
末世危机	通常反映能源枯竭、自然灾害、人类战争或外星人入侵等重大事件，其结果往往是人类文明的终结
蒸汽朋克	描写工程原理、机械制造影响下的奇妙世界，包含很多子类型
赛博朋克	描写信息技术的发展给人类社会带来的影响，通常发生在反乌托邦化的未来，延伸出一些子类型，如纳米朋克、生化朋克等
生化危机	可视为和生化朋克交叉的一种类型，反映生化、病毒、基因变异危及人类生存的故事，常以犯罪、惊悚、恐怖类型出现
未来社会	描写未来几十年、几百年甚至几千年后的人类发展。这类小说时间跨度更大，知识内容更强

（二）科幻叙事的时空类型

科幻是指人们对科学尚未定论的地方进行幻想和想象。无论是对过去发生的事情，还是对当下的存在，以及对未来的预判，都存在大量的空白和未知，这留给科幻创作很大的想象空间。科幻叙事依据所处的时空概念，划分为如下类型。

表1-2　科幻叙事的时空类型

时空类型	简介
历史科幻	对历史的猜想。例如，对人类从何而来的探索，对人类考古尚未发现的假设和想象，对历史上外星文明曾经与人类文明的交汇的幻想，如《史前一万年》《青铜后裔》《异形》等
现实科幻	对近未来（即将到来）的假想和推演。比如对平行宇宙、暗物质、太空探索、机器人等的创想，如《第三类接触》《人工智能》《火星救援》《太空旅客》等。
未来科幻	对遥远未来的构想。比如对人类未来的生命、科技、空间的广度和深度的探索，对星际文明、宇宙演变的终极构想等，如《两百岁的人》《明日世界》《回到未来》等

（三）不同媒介的产品类型

随着媒介技术和产品形态的演变，科幻产品的类型呈现多元化，主要包括依托线上媒介传播的科幻内容产品、线下消费的科幻周边产品、泛科幻产业的衍生产品等主要类型。

表1-3　科幻产品类型

产品类型	具体细分类型
科幻内容产品	科幻出版（传统出版、数字出版、有声读物、网络科幻等）
	科幻电影（院线电影、网络电影）、科幻剧
	科幻动漫（漫画、动画电影、网络动漫等）
	科幻游戏（网游、页游、端游、手游等）
科幻周边产品	包括科幻玩具、文具、时尚用品、服装、手办、模型、盲盒等科幻形象授权的消费品；还包括加载了科幻元素或内容的VR/AR眼镜、智能终端等新科技产品
泛科幻产业的衍生产品	伴随科幻产业的边界延展，出现了科幻主题乐园、科幻沉浸演出、科幻主题的文旅景区、科幻展览、科幻概念的艺术空间等多重类型

三、科幻的功能

（一）文化功能

科幻作为一种科学性和艺术性结合的文化产品，具有价值观塑造和文化建构功能。西方科幻大多充满末世情结，有基督教末世论的深刻影响，也有商业利润和产业运作的考量。而中国科幻，正如《流浪地球》中展现的，是对宇宙秩序与人类文明的重新思考，以中国悠久的历史文化和优秀的民族文化为基础，以人类命运共同体为精神引领，保卫地球家园，在"末世危机"中展开"创世"之旅，向全世界发出强有力的中国声音。

（二）审美功能

科幻具有的"超现实性"包含两层含义：一是叙事上的"超现实"和未来想象；二是艺术表现的"超现实"，即通过视觉艺术和特效技术结合，营造梦幻般的视觉奇观和未来景象。因此，科幻具有审美功能，通过对于科学想象的艺术化表达，提升人们的审美水平。各国的科幻作品都有其独特的艺术审美、视觉表达和美学体系。

（三）科普功能

科幻所包含的"科学性"，能够激发人们进行科学探索的兴趣，在客观上发挥一定的科普功能。科普型科幻成为科幻的重要类型之一。在国家科技创新战略引导下，科幻产业正成为深化文化、科技、科普领域交流合作，传播科学思想、提升全民科学素质、服务高水平科技自立自强的重要路径。

第二章 科幻产业的发展阶段和规律

一、科幻 1.0：以科幻文学为主导的想象力消费

西方科幻文学伴随着工业革命和自然科学的发展而兴起。1818年，第一部科幻小说《弗兰肯斯坦》诞生。1926年，美国出版人雨果创办的杂志《惊奇故事》（*Amazing Stories*）提出了"science fiction（科学小说）"的概念，后来演变为"科幻文学"的代名词。20世纪30年代至60年代，西方科幻文学进入"黄金时代"，出现了克拉克、阿西莫夫等科幻大师。20世纪70年代以后，西方科幻往哲学、社会学、心理学等社会科学延伸，发展出新浪潮、赛博朋克等流派，突出对于现代科技如何影响人类社会的想象、反思和重构。

中国的科幻小说最早可追溯到晚清和民国时期，但真正发展于20世纪70年代至80年代。在当时学习苏联的背景下，科幻小说以叶永烈等作家倡导的"科学文艺"形式，成为科普传播的载体。20世纪80年代中后期，在经历"科文之争"之后，中国科幻逐步摆脱"科普读物"的局限，创作类型开始多元化。进入21世纪，在国家科技创新和文化振兴的推动下，中国科幻加快发展，科幻作家和作品不断涌现，刘慈欣的《三体》从2008年到2010年连续出版了3部，2015年斩获雨果奖，在国内掀起科幻热潮。

科幻文学是工业文明、现代科技和文学创作结合的产物，富有对科学的想象力和对文化科技的包容性。科幻产业1.0是以科幻文学为主导的想象力消费时代。

二、科幻 2.0：影视和科技结合的视听体验消费

20世纪90年代到21世纪以来，电影、电视、动漫、游戏等视听媒介取代

阅读媒介，成为世界性潮流。美国通过发达的电影工业化体系、完善的投融资模式和发行网络，打造了星球大战、漫威宇宙等全球超级IP，占据全球票房市场的主流。根据IMDb数据统计，在全球电影票房排行榜前30中，好莱坞科幻电影占比高达60%。日本的科幻动漫独具特色，将手绘风格与CG、3D技术融合，在画面和特效设计上融入大量机械场景和工业美学，推出了攻壳机动队、机动战士高达、新世纪福音战士等经典科幻IP，在全球科幻市场中占有重要席位。

中国电影产业近几年快速发展，已经成为全球第二大票房市场，为国产科幻电影的发展打下了基础。2016年至2020年，国产科幻电影出品总计超过70部，以《美人鱼》《流浪地球》《上海堡垒》《疯狂的外星人》为代表，在拍摄和特效技术上取得很大进步，比如《美人鱼》的水下3D拍摄、《疯狂的外星人》中外星人的表情和动作捕捉技术，尤其是《流浪地球》中太空场景的特效和太空舱的机械设计，被认为是"硬科幻"佳作。2020年，国家发布"科幻十条"，着力打造科幻电影产业，提出建立特效电影技术标准，中国科幻电影进入发展的快车道。

科幻电影将文学文本蕴含的想象力文化，运用现代科技加以直观化、形象化的视觉呈现，追求高超的特效技术，营造极致的视听体验。科幻电影还带动了科幻游戏、周边的发展和影游融合，形成粉丝经济和衍生产业。科幻产业2.0是影视和高科技结合的科幻视听消费时代。

三、科幻3.0：以高科技应用为支撑的场景消费

科幻3.0代表了科幻产业的前沿动态和发展趋势。美国的环球影城将科幻电影中的太空探索、海洋冒险、地球灾难等特效场景运用3D、4D、5D等技术加以再现，将虚拟科幻场景和真实在场体验融合一体，让游客沉浸其中，成为和迪士尼齐名的文旅IP。法国的未来世界将科学和艺术结合，以探索未来为主题，通过声光电、虚拟现实、全息影像等科技手段，呈现从宏观宇宙到微观生物的科学世界和艺术想象。

近年来，随着我国文化、休闲和旅游业的发展，全国各地出现了很多科幻新兴业态。贵阳东方科幻谷、重庆金源方特科幻乐园、长春长影世纪城等

科幻主题乐园和园内推出的各种声光电沉浸式演出，为游客提供了科幻场景的交互体验；北京的中国科幻大会、南京的蓝星球等科幻赛事和会展活动，展出各种科幻概念、科学艺术设计和黑科技潮品，成为科幻迷的"朝圣地"；还有科幻主题的密室逃脱、剧本杀、餐厅、商场在各个城市开花，打造出充满科幻元素和炫酷风格的城市新空间。

科幻3.0和高科技的发展契合，更能体现科幻的科技创新和产业化特征，借助人工智能、虚拟现实、全息影像等高科技的综合应用，设计和开发出多种消费场景，完美呈现粉丝想象和奇观景象，重塑用户体验和消费方式，为科幻产业贡献巨大的发展空间。

如果说科幻1.0是故事驱动、科幻2.0是视听体验驱动，那么科幻3.0就是场景驱动。从科幻1.0、科幻2.0再到科幻3.0，科幻叙事元素逐步向科幻场景元素迭代，科幻载体从媒介空间向现实空间延伸。科幻不再仅仅是文本和屏幕世界中的虚拟场景和遥远想象，而是走进人们现实生活的真实场景和沉浸体验，在高科技驱动下实现科幻的"现实化"。

科幻产业的内涵和外延

一、科幻产业的内涵和特征

（一）科幻产业的内涵

国际上尚没有哪个国家将"科幻产业"列入官方公布的产业目录中。美国将电影归属在其"版权产业"中，科幻电影是其中的主流类型；日本将动漫归属在"内容产业"中，科幻动漫和游戏占据其中相当大的规模。将科幻产业嵌套在本国文化产业的门类中，成为国际普遍现象。相较之下，我国的科幻产业起步晚但发展快，在科技创新、文化繁荣、科普发展的带动下，具有更丰富的内涵和更复杂的产业体系。

我国科幻产业的内涵是：科幻产业是文化科技融合的新兴产业，是以科学精神和想象力文化为内核，以科技创新和工业化生产为支撑，以未来叙事、视听体验、沉浸式场景为载体，提供科技传播和文化消费的数字经济新业态。

（二）科幻产业的特征

1. 文化和科技的交叉融合

科幻1.0、2.0到3.0，是科幻文化和新技术不断结合的过程，科幻文化的本质是想象力，而新技术的应用推动了科幻的产业化。通过视听特效、人工智能、虚拟现实、全息影像等高科技的综合应用，科幻的场景越来越多元化，完美呈现粉丝想象和奇观景象，极大地拓展了科幻产业的发展空间。

2. 产业形态的迭代和融合

根据科幻产业的发展阶段和规律可以看出，科幻1.0的出版产业、科幻

2.0的视听产业、科幻3.0的沉浸式场景产业的生产消费形态往往同时并存或融合迭代，形成以文化科技深度融合、多元业态发展为特征的新兴产业。

3. 产业边界的延展和融合

科幻产业不仅在内涵上具有丰富性和多元性，外延上也具有延展性和融合性，使得界定科幻产业的范围成为亟须研究的问题。科幻产业的界定，一方面为政府扶持科幻产业、企业投入科幻生产、媒体加强科技传播、公众参与科幻消费指明方向，另一方面有利于尽快建立科幻产业的分类体系和统计标准，明确科幻企业和科幻人才的标准，推动科幻产业健康快速发展。

二、科幻产业的外延和范围

（一）科幻产业的五大门类

依据科幻产业的产业链构成，即上游的内容创作、艺术设计和技术制作，中游的版权运营、品牌营销和媒体传播，再到下游的终端消费和服务这些关键环节，可以将科幻产业分为科幻内容类产业、科幻文化旅游类产业、科幻科技支撑类产业、科幻场景营造类产业和科幻运营服务类产业五大门类。

1. 科幻内容类产业

科幻内容类产业主要包括科幻出版、科幻影视、科幻动漫和科幻游戏等子类，贯穿文化产业的各门类中。科幻内容的创作是科幻产业的基础，是文化产业的主要组成部分，也是现阶段科幻产业中产值贡献最大的部分。

2. 科幻文化旅游类产业

科幻文化旅游类产业主要包括科幻主题的室内娱乐（剧本杀、密室逃脱等）、科幻主题乐园和影城（大型户外娱乐）、科幻戏剧和沉浸演出、科幻特色的旅游景区等类型，贯穿文化产业的娱乐休闲门类和旅游产业相关门类中。

3. 科幻科技支撑类产业

科幻科技支撑类产业主要包括科幻产业所需要的科技研发、硬件制造、软件应用、平台服务等系统化技术服务和支撑体系，融合在国家高新技术产业、知识产权密集型产业、战略性新兴产业的交叉门类中，体现了高新科技在科幻产业中的战略作用。

4.科幻场景营造类产业

科幻场景营造类产业主要包括科幻户外广告和灯光秀、科幻主题的会展和赛事活动、科幻特色的地标和建筑设计、城市规划和景观设计等新兴产业，旨在营造城市的科幻氛围和未来感。未来，借助数字孪生、虚拟现实等技术，科幻场景将和真实生活场景结合，形成以"数字模拟""场景预演"为特征的智慧医疗、虚拟教育、智能交通、智慧城市等高科技产业形态。

5.科幻运营服务类产业

科幻运营服务类产业主要包括科幻项目的版权运营、品牌营销、媒体传播和消费服务等。版权运营是通过投融资和授权开发的方式将科幻IP进行影视、动漫、游戏等多元产品转化；而营销、传播和服务是连接生产和消费的中间环节，让科幻产品更加高效地到达用户，并提升消费体验。多种形式的运营服务，目标都是实现IP价值的最大化。

科幻产业的范围界定，将科幻产业的传统产业、核心产业和新兴产业进行梳理和分类，有利于夯实科幻产业的发展基础，完善科幻产业链体系，构建交叉融合、协同发展的科幻产业生态。

（二）科幻产业链图谱和体系

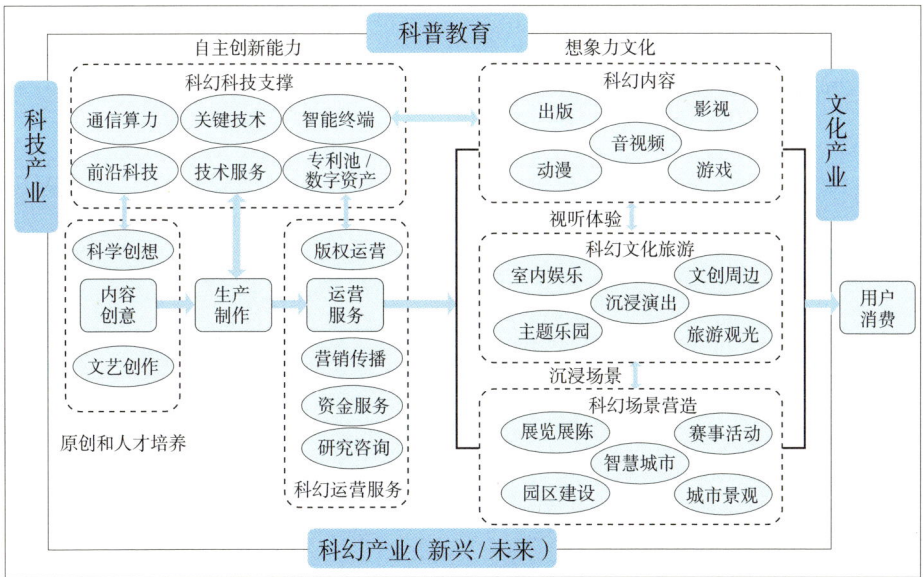

图3-1　科幻产业链体系图谱

　　科幻产业体系从产业链上中下游结构看，包括内容创意、生产制作、运营服务和终端消费四大核心环节。在源头的内容环节，前沿科技和科学创想结合，激发科幻创意生成；在生产制作环节，新一代信息技术、虚拟现实等关键技术、智能终端等软硬件技术和服务，越来越深度地应用到科幻产品和项目生产过程中，提高科幻生产效率和产业化水平；在运营服务环节，科幻内容大数据和数字资产为科幻产业的版权保护、开发和运营提供支撑；在终端消费环节，通过1.0的内容产品、2.0的视听产品、3.0的沉浸场景，为用户提供充满想象力、塑造视听奇观、营造沉浸场景的科幻体验。

　　科幻内容、科幻文旅、科幻场景这三个产业类型是科幻消费的主要形态，属于文化产业的范畴，通过生产制作环节的数字技术赋能，充分体现文化和科技的融合优势，并推动科幻消费、科技展示和科普教育的功能融合。为了鼓励科幻创作，需要加强科学界和文化界的交流，带动青少年想象力教育和科幻专业人才培养。而科幻运营服务，能够进一步提升科幻产业的效益。由此，通过产业内部沟通和外部协同，加快构建和完善科幻产业生态。

第二部分

目标篇

第四章

北京科幻产业发展的意义

一、深化文化科技融合，打造面向未来的新兴产业

科幻产业是文化和科技深度融合的新兴产业，以科技赋能提升文化产业实力，以文化赋能科技创新活力，对我国建设世界科技强国、促进产业转型发展、提升我国文化产业软实力具有重要的推动作用。发展北京科幻产业，推动前沿科技和数字技术在文化产业的应用和转化，形成以高精尖和数字化为特色，以面向未来、展示科技发展方向、提升全民科技文化自信为目标的新兴未来产业。

二、贯彻科技创新战略，加快国际科技创新中心建设

"十四五"时期是北京落实首都城市战略定位，打造国际科技创新中心、全球数字经济标杆和国际消费中心城市的关键时期。面向国家科技创新战略和首都发展新格局，以科幻产业为先导，加快5G和工业互联网的基础设施建设，加强人工智能、虚拟现实、数字人、新型显示、区块链等新技术在科幻产业的研发和应用，推动科幻新产品、新场景、新业态的开发和建设，能够有力推动北京国际科技创新中心建设。北京聚力发展科幻产业，既是国家战略"大势所趋"，又是基于首都优势和自身特色"顺势而为"的战略举措。

三、发挥数字经济优势，促进产业升级和城市更新

国家"十四五"规划提出，要大力发展数字经济，实施数字中国战略，促进数字技术与实体经济深度融合，壮大经济发展新引擎。促进北京科幻产

业的发展，能够发挥数字经济的新引擎作用，紧抓首都特色优势，坚持首善标准，聚焦新首钢高端产业综合服务区等重点区域建设科幻产业集聚区，形成"科幻+内容""科幻+文旅""科幻+科技""科幻+科普"等跨产业融合发展的创新生态，促进产业升级和带动城市更新。北京科幻产业的高质量发展，将开创科技创新、城市更新和文化发展的新赛道，打造全国科幻产业的新高地，树立数字经济发展的新标杆。

第五章

北京科幻产业发展的形势

一、优势条件和发展机遇

（一）首都发展新格局和占位优势

2017年9月，北京发布了《北京城市总体规划（2016年—2035年）》，明确了北京"四个中心"的城市战略定位，即北京的一切工作必须坚持全国政治中心、文化中心、国际交往中心、科技创新中心的建设任务，处理好"都"和"城"的关系，发挥首都优势，坚持首善标准，以"都"的功能谋划"城"的发展，以"城"的发展服务"都"的功能。

科幻产业发展，跟北京"四个中心"定位中的科技创新中心和文化中心最为契合。北京作为全国和国际科技创新中心，具有引领性的科技创新优势，中关村科技园已经发展成为全国的科技创新标杆，高新企业规模在全国占据绝对优势；北京作为全国文化中心，具有古都文化、红色文化、京味文化、创新文化的特色文化资源，出版、影视、传媒、旅游等龙头企业和领军企业聚集，文化产业软实力居全国之首。科幻产业具有文化和科技融合的突出特征。促进北京科幻产业发展，既能发挥科技创新的引擎功能，又能突出文化发展的引领作用，是落实北京城市定位、发挥首都特色优势、促进产业转型升级的重要战略举措。

2021年是"十四五"开局之年，北京市在坚持"四个中心"的基础上，逐步探索形成"五子联动"的新发展格局，即建设国际科技创新中心、"两区"建设、发展数字经济、供给侧结构性改革、京津冀协同发展。北京发展科幻产业，能够发挥北京在科技创新、数字经济、文化产业、资源协同、国际化等方面的综合优势，以石景山首钢园为核心，建设科幻产业集聚区，加快"科幻+"出版、影视、游戏、电竞、会展、演艺、文旅等新场景和新业态建设，打造全国科幻产业发展的新标杆和新高地，增强北京的科技创新能力和文化软实力，提升北京在国际层面的城市影响力。

（二）文化科技融合和数字创意产业优势

我国科幻产业快速发展，从2019年的658亿元，2020年新冠肺炎疫情影响下的551亿元，到2021年迅速恢复至700亿元。随着政府引导力度加大、数字技术赋能文化产业加速创新，加上后疫情时代数字消费的快速增长，我国科幻产业将迎来新一轮的快速发展。北京在全国科幻产业中占据主导地位，2020年北京科幻产业总产值约占全国34%，约为190亿元，其中科幻影视产值占全国50%以上，科幻游戏产业产值占全国约30%。北京市连续举办2020年、2021年中国科幻大会，通过高水平举办中国科幻大会，促进文化、科技各产业间交流协作，国内外影响力不断提升。

文化科技企业是科幻产业的最重要主体。北京市拥有文化科技企业总数超过3万家，其中规模以上企业5000多家，2021年规模以上文化产业核心领域总收入超过13000亿元；拥有国家级文化和科技融合示范基地12家，占到全国比例约14%，拥有市级文化产业示范园区和一般园区（含文化科技园区）100家，聚集了大量文化科技领域的优质企业，形成各垂直领域的集聚优势。北京市出品制作和参与出品制作科幻产品的科幻企业超过400家，其中规模以上企业占比近40%。

石景山区具有丰富的文化与科技资源，是国家级文化和科技融合示范基地，构建了包括现代金融、科技服务、新一代信息技术、数字创意和商务服务在内的"1+3+1"高精尖产业体系，尤其在虚拟现实、影视、游戏等数字创意产业领域领先发展，规模以上企业年收入突破450亿元。虚拟现实产业园已集聚VR/AR企业百余家，业务涉及终端器件、应用服务、分发平台、内容制作等全产业环节，形成较好的产业集聚效应。在终端器件方面，代表企业有爱奇艺智能、耐德佳等；在应用服务方面，代表企业有触幻科技、红色地标、达瓦未来等；在分发平台方面，代表企业有华录文化、当红齐天等；在内容制作方面，代表企业有虚拟动点、疯景科技、天图万境等。"十四五"时期，石景山区发布了虚拟现实产业发展规划，发力推动虚拟现实产业与工业互联网、数字创意、科幻等产业的跨界融合，加强云化平台、特色应用、内容生产等重点领域的供给能力。

（三）产业升级和城市更新的发展机遇

我国经济由高速增长阶段进入高质量发展阶段，促进产业转型升级、推动城市改造向城市更新转变，是北京实现高质量发展的重要路径。2021年8月《北京市城市更新行动计划（2021—2025年）》发布，提出：要完善城市空间结构和功能布局，促进产业转型升级，建设国际科技创新中心；大力发展数字经济，以盘活存量空间资源支持建设全球数字经济标杆城市；通过扩大文化有效供给，促进数字经济和实体经济融合，带动文化和科技消费升级，建设国际消费中心城市等。

政府促进产业升级和城市更新的行动，为北京科幻产业带来发展机遇和产业资源。一方面，围绕新基建、新场景、新消费、新开放、新服务的核心，加快5G和工业互联网的基础设施建设，推动人工智能、虚拟现实、数字孪生、通信算力、区块链等新技术在科幻产业领域的研发应用，加快科幻产品的多元转化，优化科幻文化的消费体验，促进科幻文化的消费升级。另一方面，通过建造科幻产业园区、科幻特色街区、科幻主题乐园、科幻展览展示、科幻赛事活动等方式，聚集产业资源，优化产业布局，进行科幻城市的规划设计和场景营造。

北京市石景山区是首都现代工业的发祥地，拥有独具优势的首钢工业遗存资源和自然生态环境，积极融入首都发展新格局，紧抓产业升级和城市更新的关键机遇，坚持以创新驱动发展，推进老工业基地调整改造，在北京市政府的战略部署下，发力建设科幻产业集聚区，聚焦工业互联网、虚拟现实、数字创意等领域，依托新首钢推进科幻产业发展。石景山区内，西山永定河文化带贯通西南，西长安街延长线贯通东西，沿线密布着大量文化科技企业、产业园区、科研院所，为产业转型升级注入创新活力，百年钢城和山水融城相得益彰，传统工业与前沿科技交融汇聚，营造出传统与现代、传承与创新、现实与未来相互对话的独特空间，既能激发科幻创作者的创意灵感，又能为科幻产业的创意研发、影视制作、电竞游戏、会展演出等提供后工业化场景，还能有效激发市民的科幻热情，推动科幻和科普的融合发展。这些都为科幻产业的发展带来机遇。再加上冬奥会的赛事品牌优势，为石景山加强国际化交流和合作、提升北京科幻产业的国际竞争力和影响力，拓展更多的机遇、资源和空间。

二、存在不足和面临挑战

（一）产业体系不完善

科幻产业作为新兴产业尚处在快速成长期，产业体系尚不完善；作为文化、科技、服务的交叉融合产业，各产业间尚未形成有效联动，尤其是文化和科技企业之间缺乏互动；产业链上中下游各重点环节之间的连接度不高；产学研尚未形成协同，多方资源整合度不高，导致人才供需不匹配和产能不足。作为数字文化产业的重要组成部分，科幻产业对于人才和技术的需求度很高，但现有科幻产业因为所处发展阶段所限，人才引育和培养体系不完善，高层次人才引进不足，原创人才力量薄弱，专业化的运营和管理人才及团队更是缺乏；头部IP过度集中，缺少原创力量的规模化和持续化供给。这些问题都在较大程度上影响了科幻产业的快速发展。

（二）服务体系不健全

北京自2020年起依托石景山首钢园，在建设科幻产业集聚区上取得较好成效，但整体产业规模相对较小，产能不足问题比较突出。现阶段，科幻产业内缺少龙头企业和领军企业，大多是突出文化特色、缺少科技特色的中小型企业。支撑产业各环节有效衔接和协同发展的服务体系，尤其是技术服务尚不健全，缺少共性技术创新研发和公共服务平台。以科技为特色的科幻产业，科技创新对科幻产业发挥的支撑、服务和加速作用明显不足。在政策、资本、技术、项目、人才等资源统筹、对接和运营等领域缺少专业性服务团队。

（三）外部竞争和挑战

从北京以外的其他城市和地区来看，科幻产业在全国范围内蓬勃兴起，成都、上海、海南、深圳等外省市对科幻产业资源的竞争日益激烈，正在加快打造具有区域特色的科幻产业和科幻城市品牌，为科幻产业发展既提供了一定的经验借鉴，也带来了很大挑战。

从北京的科幻产业战略部署地——石景山区来看，石景山区在科幻产业集聚区建设上成效显著，但同时也面临文化产业强区朝阳、科技产业强区海淀和城市副中心通州等其他区的激烈竞争，其他区在文化科技领域的企业和项目，会影响和分流一部分文化、科技和人才资源。国家和北京市政府对石景山科幻产业的发展寄予了更高的期待和要求，石景山打造出全国乃至世界影响力的标志性品牌义不容辞，但也任重道远。

第六章 北京科幻产业发展的目标

一、北京发展科幻产业的总体思路

（一）以科技文化引领科幻产业发展方向

发挥科幻产业在促进科幻文化传播、科普教育发展和提升国家文化软实力等方面的重要作用，加快推进科幻产业在表达方式、传播渠道、体验场景、业态模式等方面的创新，以社会主义核心价值观为统领，加强原创人才培养和新时代文化建设，以科技文化引领科幻产业发展方向，提升全民科技文化自信。

（二）以科技创新赋能科幻产业发展效能

以推动北京国际科技创新中心建设为着力点，以科技创新赋能科幻产业发展，促进虚拟现实、数字孪生、人工智能、大数据、物联网、区块链等前沿科技在科幻领域的研发、转化和应用，建设共性关键技术开发的公共服务平台，提高科幻生产的效率和效能，全面提升科幻产业的自主创新能力。

（三）以数字经济提升科幻产业发展质量

面向北京市加快"两区"建设、打造全球数字经济标杆城市和国际消费中心城市的重大战略，围绕关键技术、原创人才、场景建设、品牌传播四大核心，发挥数字经济的新引擎作用，促进石景山区科幻产业技术开发、成果转化、人才培养和集群式发展，推动科幻产业的高质量发展。

二、北京发展科幻产业的工作目标

以科技创新赋能科幻产业发展动力，以科幻产业增强科技创新活力，加快建设科幻产业集聚区，带动产业升级和城市更新，树立全国科幻产业发展的新标杆，促进科幻产业和元宇宙的融合发展和示范应用，打造中国科幻的研发基地、文化领地和产业高地。

（一）加快建设科幻产业集聚区，提升产业影响力

以首钢园为核心枢纽和产业载体，吸引更多文化科技企业和优秀人才集聚；加强科技界和文化界的交流协作，实施科影融合机制，加强科幻人才培养和培训，提高科幻原创生产能力和水平；通过中关村科幻产业创新中心，加强科幻产业关键技术研发，建设科幻产业共性技术开发公共服务平台；完善政策支持体系、健全金融服务体系；加快引进科幻创意企业、科幻科技企业、科幻新型研发机构和运营服务机构，发挥科幻产业联合体效能；推进中国科幻大会永久落地北京，高水平举办中国科幻大会，营造城市创新氛围。围绕技术研发、人才集聚、内容原创、场景建设的核心任务，加快建设科幻产业集聚区，培育科幻产业的创造、开放、集散、创投、人才高地，提升产业影响力。

（二）促进科幻产业和元宇宙融合发展，提升城市影响力

以科幻产业为先导，加快产业园区改造升级和新型基础设施建设，营造文化、科技、服务融合的新型城市空间；以智慧城市建设为抓手，促进科幻产业和元宇宙的融合发展，开发和建设科幻与元宇宙的融合应用和场景；用科幻思维、高精尖技术和产业化方式，打造科幻产业和元宇宙融合发展示范区，为公众和市民提供前沿技术感知、政府智能服务和沉浸文化体验，增强人民群众的获得感；实现山水生态、科技文化、产业资源的有机共融，助力北京建设全球数字经济标杆城市和国际消费中心城市，提升城市影响力。

（三）打造中国科幻研发基地、文化领地和产业高地，提升国际影响力

持续加强科幻产业的科技自主创新能力、科幻原创生产能力；引进并联合文化科技领域产业级、平台型公司，以及科幻领域领军型企业和机构，扶持和培育科幻领域创新型、成长型企业和机构；构建科幻产业金融服务体系，稳步提升科幻产业投资规模和体量；诞生一批在国内国际获得权威奖项、具有高知名度的科幻作品、科幻科技产品和科幻项目；扩大中国科幻的出口，形成文化"走出去"的品牌效应，打造中国科幻的文化领地、研发基地和产业高地，提升国际影响力。

第三部分

现状篇

第七章

全国科幻产业的发展现状

根据中国科协发布的科幻产业报告及相关数据机构发布的行业报告数据的综合整理，国内科幻产业自2017年开始蓬勃发展，2019年科幻产业总产值达到658亿元；2020年受新冠肺炎疫情影响，总产值规模有一定下降，为551亿元；2021年总产值达到700亿元左右。

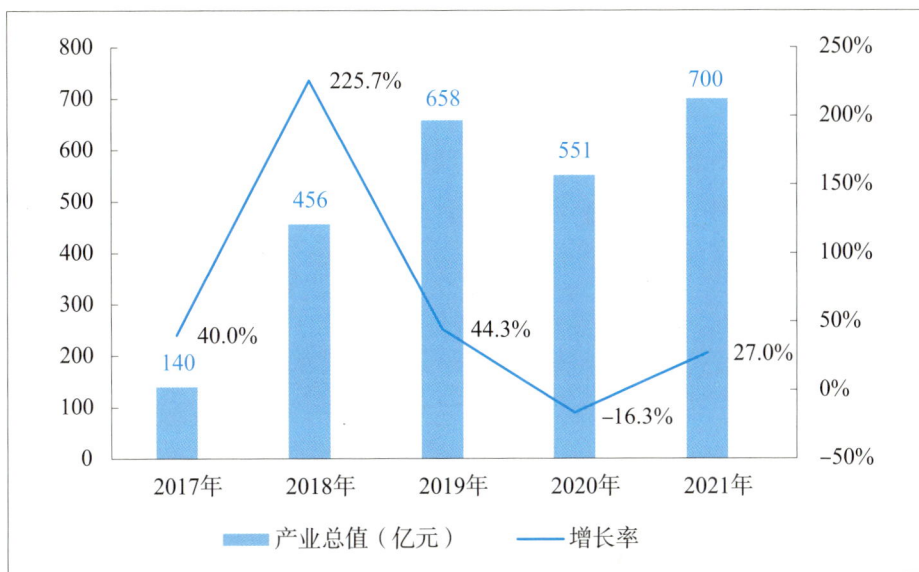

图7-1 2017—2021年中国科幻产业总值及增长率

从科幻产业的各类型看，近5年增长最快、产值贡献率最大的是科幻游戏，2019年科幻游戏产值达到430亿元，占当年科幻产业总产值的65%；2020年疫情期间也保持上涨，达到480亿元，占当年总产值的87%，成为疫情期间科幻市场的主要支撑；2021年科幻游戏增长为590亿元左右的规模，占全年科幻产业总产值的84%。

图7-2 2018—2021年科幻产业各类型产值

科幻影视也是科幻产业的主导部分，主要以科幻电影票房为主，2018年科幻电影票房达到209.1亿元，占同年度科幻产业总产值的49%；2019年达到195.1亿元，占同年度的30%。但影视行业风险相对较高，2020年受新冠肺炎疫情影响，院线票房断崖式下降。2021年下半年逐步恢复，全年科幻电影票房为60.9亿元。2020年国家发布"科幻十条"，将科幻电影作为电影产业增长新动能，2021年电影"十四五"规划提出重点发展科幻电影，建立电影特效技术标准，展现了国家对于科幻电影的高度重视。科幻电影承担着振兴国产科幻的重任。

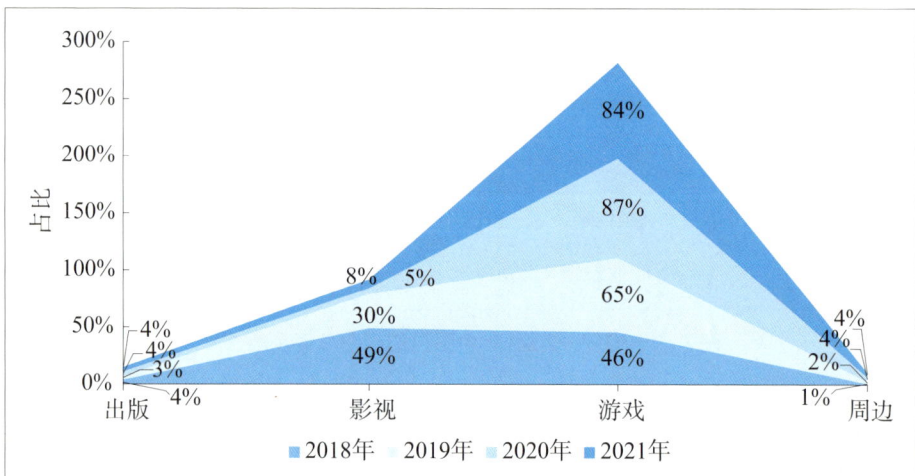

图7-3 2018—2021年科幻产业各类型产值年度占比

2017年以来，我国共上映国产科幻电影63部，播出网络科幻电影108部，科幻电影的生产力比较旺盛，而且太空题材的"硬科幻"作品逐步增多，可成为科幻影视产业的有力支撑。

科幻出版在科幻产业中的占比不高，约为3%—4%，其产值从2018年的17.8亿元增长到2019年的20.1亿元、2020年的23.4亿元，2021年达到26亿元，增幅、增速相对稳定。随着出版业转型和数字阅读的发展，近3年科幻出版产业的增长部分，主要来自科幻网文、电子书和有声阅读等科幻数字阅读市场，科幻数字阅读已占到整个科幻阅读市场的1/2以上。

科幻线下消费蓬勃发展。科幻周边市场近3年的增速引人注目。2018年科幻周边收入仅为4.5亿元，2019年超过13亿元，2020年超过21亿元，2021年增长到23.5亿元，即将追赶上同年度科幻出版的收入规模。

此外，全国各地近几年出现了很多科幻产业新兴业态，包括科幻主题乐园和影城，如青岛东方影都、重庆金源方特科幻乐园、长春长影世纪城等；科幻会展演出，如中国科幻大会、南京的蓝星球科幻电影周、中国科技馆各地巡展等；还有科幻主题的密室逃脱、剧本杀、戏剧演出、餐厅、商场等蓬勃兴起。科幻产业呈现"科幻+内容""科幻+娱乐""科幻+旅游""科幻+演出""科幻+科技""科幻+科普"等全业态化发展。因为这些新兴业态在其所在行业内体量尚小，较难剥离出来进行数据测算，所以目前尚无官方统计数据发布。根据文旅、会展、演出等各行业报告进行数据估测，2021年科幻新兴业态的产业规模接近40亿元，未来具有广阔的发展空间。

一、科幻出版

（一）科幻图书市场占比较小，创作力量急需提升

国内图书出版市场的总码洋收入近5年处于稳定上升状态，2019年图书出版总码洋收入突破1000亿元，2020年受新冠肺炎疫情影响略回落至971亿元。科幻出版作为出版业的子类型，2017年至2018年增长明显；2018年码洋收入达12.5亿元，比2017年增长50.6%；2019年受总体图书出版规模压缩等因素影响，增幅下降，码洋收入13.3亿元；2020年受新冠肺炎疫情影响，码洋收入降为12.9亿元；2021年市场回升至13.1亿元左右。

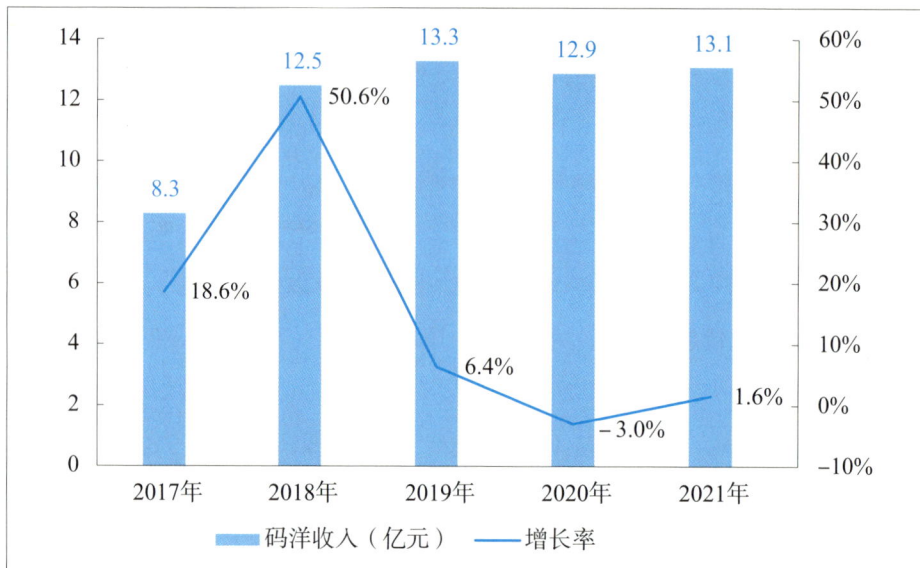

图7-4　2017—2021年科幻图书码洋收入及增长率

从近5年的整体情况看，科幻图书码洋收入占整个图书市场码洋总收入的比例很低，不到1.5%。从近3年的增长情况看，科幻图书市场增长乏力，可以看出图书出版业对科幻图书的重视度不够。在新媒体时代，虽然传统的图书出版增长受限，但图书出版仍然是创作力量的重要体现，我国科幻创作力量急需提升。

表 7-1　科幻图书出版码洋收入与增长率对比

年度	图书出版总码洋收入（亿元）	图书出版收入增长率	科幻图书码洋收入（亿元）	科幻图书码洋收入增长率	科幻出版占总出版比例
2017	803.2	14.5%	8.3	18.6%	1.0%
2018	894.0	11.3%	12.5	50.6%	1.4%
2019	1022.7	14.4%	13.3	6.4%	1.3%
2020	971.0	−5.1%	12.9	−3.0%	1.3%
2021	986.8	1.6%	13.1	1.6%	1.3%

（二）科幻图书出版头部效应强大，长尾市场亟待开发

"开卷"畅销书排行榜的数据显示，自2016年起，重庆出版社出版的刘慈欣作品《三体》，长年稳居虚构类畅销书排行榜TOP5。2018年至2021年，《三体》及系列作品《三体Ⅱ：黑暗森林》和《三体Ⅲ：死神永生》都进入虚

构类畅销书排行榜TOP5。根据当当网和京东网科幻分类图书的TOP30畅销榜数据，刘慈欣"三体"系列高居榜首，并以单本、全集、典藏版等多种版本占据TOP10中的绝大份额。

"三体"系列的畅销与优质文本、国际奖项、名人推荐、品牌联动等都具有密切关系，获得读者与市场的青睐与认可，热度持续不断。然而，除"三体"系列之外，市面上其他中国科幻小说并未能获得如此显赫的成绩，头部效应极为明显。

表7-2　2018—2021年"开卷"虚构类TOP5畅销书榜

排名	2018年	2019年	2020年	2021年
1	活着	活着	红岩	三体
2	解忧杂货店	三体	云边有个小卖部	三体Ⅱ：黑暗森林
3	三体	三体Ⅱ：黑暗森林	三体	三体Ⅲ：死神永生
4	三体Ⅱ：黑暗森林	三体Ⅲ：死神永生	活着	云边有个小卖部
5	三体Ⅲ：死神永生	平凡的世界（全三册）	三体Ⅱ：黑暗森林	百年孤独（20周年纪念版）

（三）国外科幻经典被持续引进和再版

从当当和京东上科幻分类图书销量TOP30排行榜来看，除了国内刘慈欣的"三体"系列位列前茅，国外的经典科幻，如法国的凡尔纳、美国的阿西莫夫、英国的克拉克等国外科幻作家的作品也稳居畅销榜，其中《银河帝国》《海底两万里》等经典科幻小说是科幻市场的畅销书目。这些国外名家名作在中国市场的长期流行具有多重原因：①影视化改编作品成功带动原著畅销；②中小学教材的推荐阅读书目纳入科幻小说；③市场营销与热点打造科幻品牌；④西方主流作品获奖多、销量高、翻印量大。

此外，美国、日本的其他科幻作家也进入了京东和当当的科幻畅销排行榜，如《来自新世界》（日本，贵志祐介，上海译文出版社，2014年）、《仿生人会梦见电子羊吗？》（美国，菲利普·迪克，译林出版社，2017年）、《呼吸》（美国，特德·姜，译林出版社，2019年）、《克莱因壶》（日本，冈岛二人，化学工业出版社，2019年）、《平面国》（英国，埃德温·A.艾勃特，上海文化出版社，2020年）、《献给阿尔吉侬的花束》（美国，丹尼尔·凯斯，广西师范大学出版社，2015年）、《你一生的故事》（美国，特德·姜，译林出版社，2019年）。由此看出，国内读者和科幻爱好者对国外作品比较认可。

（四）科幻图书数量庞杂，但口碑评价分化

中文科幻数据库（CSFDB）的数据显示，在科幻出版数量方面，除了2018年增长比较突出，近5年发展比较稳定，形成比较稳健的市场态势。

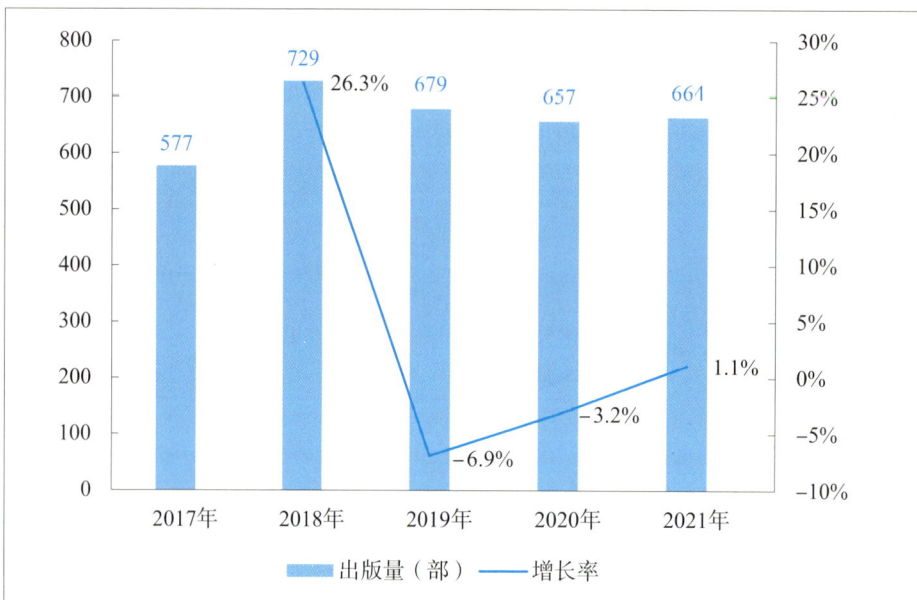

图7-5　2017—2021年科幻图书总出版量及增长率

1.国内原创科幻图书

国内原创科幻图书近5年出版量呈较稳定的增长，共计出版科幻图书1718部，年均出版340余本。2018年比2017年增长明显，增幅超过18%，达到347本；2019年由于图书总体出版规模收紧，增幅微小，仅增至351本；2020年、2021年出版量稳定在360本以上。

但需要注意的是，近5年出版的科幻作品中，不仅包括新作，也有多部

图7-6　2017—2021年国内原创科幻图书出版量及增长率

作品以不同形式再版，有的作品再版超过10次，包括《芬达的秘密》（17次，春风文艺出版社）、《三体》（15次，重庆出版社）、《临界》（15次，长江文艺出版社）、《猫城记》（15次，人民文学出版社）、《流浪地球》（12次，中国科学技术出版社）、《超感筑梦师》（12次，湖南少年儿童出版社）、《超脑》（10次，北京联合出版有限责任公司）。在出版种类方面，以小说单行本、个人作品集、作品选集、套装为主，这些类型占约90%。

科幻图书虽然数量庞大，但读者反馈和评价两极分化。从豆瓣读书的作品评价来看，有超过半数（58%）的图书在"豆瓣读书"中因无人评价或评价过少而暂无评分。另外，42%的有评分的图书，平均得分7.58分。其中，31%的国内科幻图书得分在7分以上，刘慈欣的《三体》《流浪地球》《球形闪电》等"出圈"作品评价人次为几万到几十万不等，评分在8分以上。

《小学生最感兴趣的科幻故事》（哈尔滨出版社，2009年）、《北极光科幻故事丛书：拯救雾霾星球》（气象出版社，2016年）、《与火星人同行》（安徽科学技术出版社，2020年）、《月球救援》（安徽科学技术出版社，2020年）等4部作品获得满分10分，7分以上高分段占30%。可见，面向青少年的科幻图书的质量和评价较高。

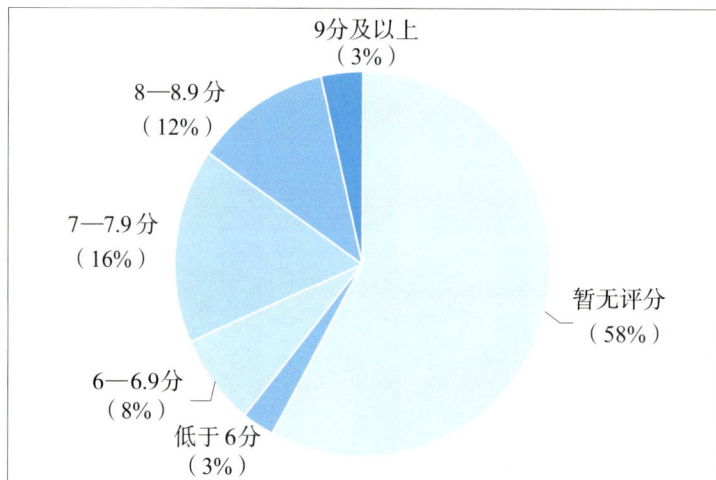

图7-7 国内科幻图书豆瓣评分分布情况

2.国外引进科幻图书

近5年，国外科幻图书的引进数量增长也较为平稳，从2017年的284本到2018年的383本，增幅达到了34.9%，2019年引进数量开始下跌，达到328本，2020年下跌到290本，2021年略有增长为304本。从2017年到2021年共引进国外科幻图书1589本，引进图书的形式主要为小说单行本、个人作品集、绘本/图像小说/连环画，出版类型比较集中。

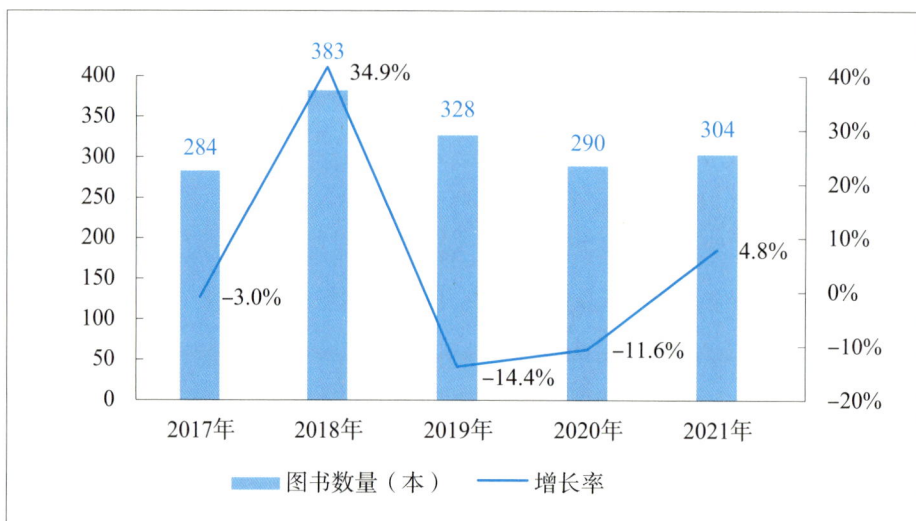

图7-8 2017—2021年国外引进科幻图书数量及增长率

另外，与影视产生联动的科幻小说及经典名家科幻作品出版次数较多，如《人猿泰山》（26次，译林出版社）、《神秘博士》（22次，新星出版社）、《星际大战》（14次，华东理工大学出版社）、《美丽新世界》（14次，世界图书出版公司）、《碟形世界》（14次，文汇出版社）、《海底两万里》（12次，人民出版社）。

从豆瓣读书的作品评价中可以看出，约53%的图书在"豆瓣读书"中因无人评价或评价人数较少未取得具体评分，40%的得分在7分以上，高分段图书比例较多。这说明引进科幻图书的豆瓣评分整体优于国内原创科幻图书。

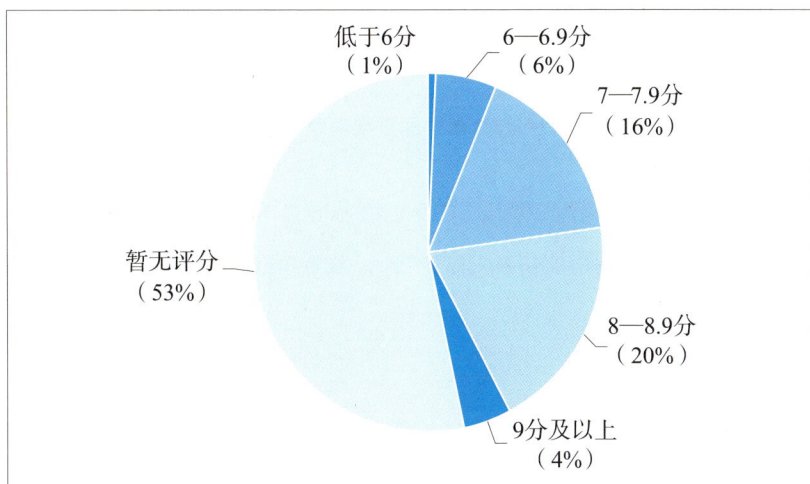

图7-9　国外引进科幻图书豆瓣评分分布情况

（五）科幻数字出版蓬勃增长，在科幻阅读市场中占近1/2

数字出版产业进入蓬勃发展的阶段，对传统出版业产生了重大影响，也给出版行业带来了广阔的发展空间。根据中商研究院发布的数据，2017年至2021年数字阅读用户规模稳步上升，从2017年的3.8亿增长到2018年的4.3亿，增速超过13%，2018年后增速减缓至10%以下，2019年达到4.7亿，2020年达到4.9亿。随着后疫情时代来临和数字消费习惯的养成，2021年数字阅读用户规模将达到5.2亿左右的水平。

近5年数字阅读市场规模呈快速增长，从2017年的192.6亿元增长到2018

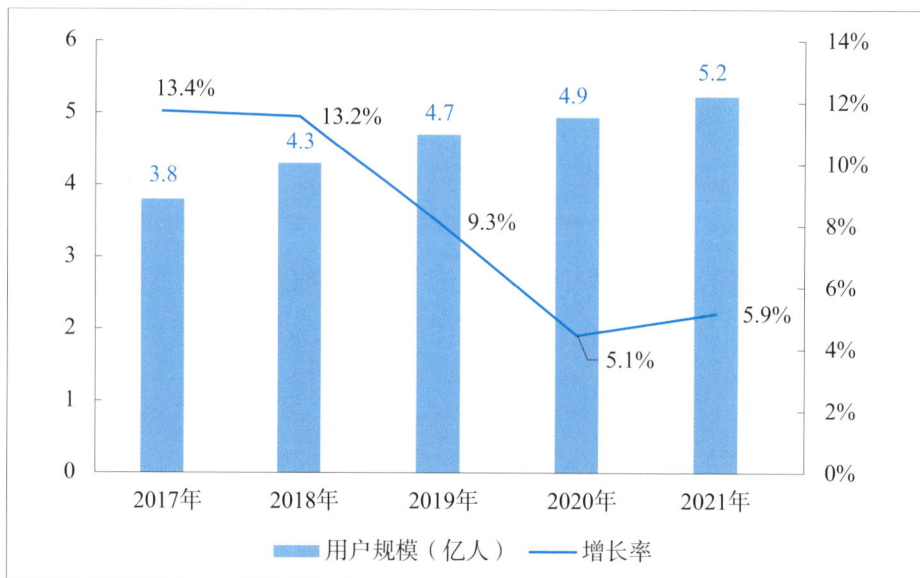

图7-10 2017—2021年中国数字阅读用户规模及增长率

年的233.3亿元，增幅超过20%；2019年增幅略下降，达到265亿元；2020年新冠肺炎疫情期间数字阅读市场加快增长，规模超过307亿元；2021年的规模超过345亿元。

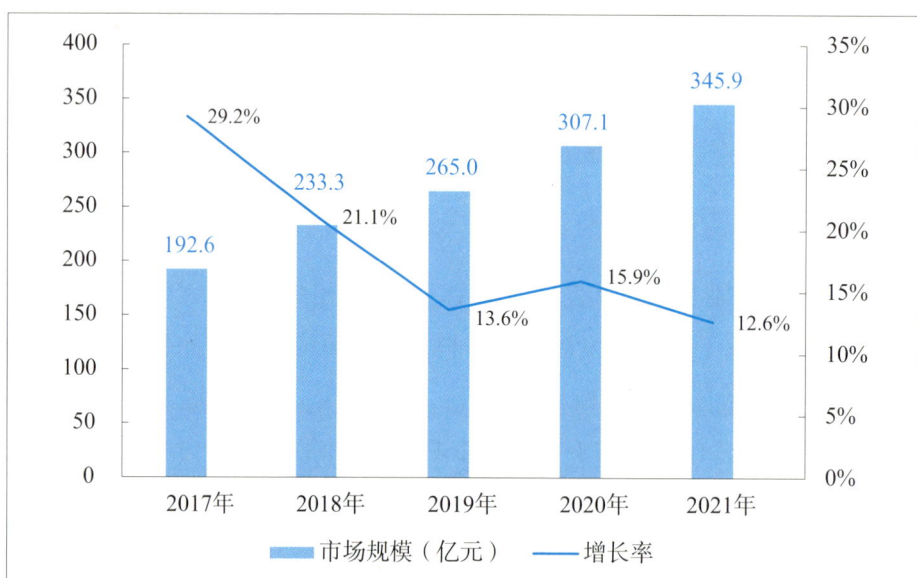

图7-11 2017—2021年中国数字阅读市场规模及增长率

在整个数字阅读市场中，科幻数字阅读的比例占比为3%—5%，这一比例超出科幻图书占图书市场的2%左右的比例。近5年科幻数字阅读市场增长快速，其市场规模从2017年的4.3亿元，增长到2019年的6.8亿元，每年增长速度超过25%，2020年增长到11.3亿元，2021年达到12.8亿元。2020年、2021年科幻数字阅读市场规模已经占到科幻阅读总市场（包含图书出版和数字阅读）近50%的水平。

图7-12　2017—2021年科幻数字阅读市场规模及增长率

在科幻数字阅读市场中，有小部分是新兴的有声读物，近3年的市场表现亮眼。2019年科幻有声阅读市场规模约为8000万元，2020年、2021年超过1亿元。比较知名的有声读物平台是喜马拉雅，其平台用户人数近3年增长速度超过40%，2019年底喜马拉雅上线"三体"广播剧，成为吸引用户增长的强动力，该剧作为"三体"IP中第一款广播剧，总播放量已经突破1亿次，订阅量近200万，创下了广播剧栏目的纪录，这意味着中国国产科幻IP的形式创新。

在喜马拉雅、Bilibili、荔枝电台等相关平台上，越来越多的科幻广播剧诞生，一部分来源于原创文学作品的转化，如《乡村教师》《带上她的眼睛》

《男人的墓志铭》；也有一部分是原创的科幻广播剧作品，如荔枝电台的《记忆森林》、广州交通电台出品的"卫斯理"系列等。

根据科幻小说改编的科幻电影的流行，对科幻小说原著及作者的其他科幻作品都起到了反哺作用。掌阅、起点中文网、中文在线平台等数字阅读平台中，科幻小说门类的阅读数量有着大幅提升；起点中文网科幻类的阅读数量和收入数量在《流浪地球》上映后有明显提升；中文在线共拥有作家刘慈欣《流浪地球》《乡村教师》《中国太阳》《微纪元》《地球大炮》《白垩纪往事》等29部作品的数字版权。

二、科幻电影

（一）科幻电影热度日益升温，《流浪地球》开启国产科幻电影元年

近几年，随着电影产业的发展，电影票房整体呈增长态势。根据猫眼票房数据，2017年我国总票房市场559.1亿元，2018年突破609.8亿元，2019年增长到642.7亿元票房的峰值规模。2020年受疫情影响大幅下跌，为204.2亿元。但随着疫情防控科学化和常态化，院线消费逐步恢复，2021年票房恢复至472.6亿元。

无论是国际还是国内，科幻电影一直是电影消费的主流类型。从票房规模看，我国科幻电影总票房（含国产和进口）从2017年的129.6亿元，增长到2018年的209.1亿元、2019年的195.1亿元，年均增长率约30%，高于2017年至2019年整个电影市场的增长率。科幻电影对于总票房的贡献率，也从2017年的占比23.2%上升到2019年的占比30.4%。2020年受疫情影响，科幻电影票房降为26.5亿元，2021年恢复增长，达到近61亿元的票房规模，其中包括部分高口碑科幻电影的二次上映票房。后疫情时代科幻电影的票房增长，需要更多优质作品的支撑。

图7-13　2017—2021年科幻电影票房及占比

2019年国产科幻电影《流浪地球》以46.1亿元的年度票房奇迹，登上中国电影史票房第三位、全球票房第16位，开启了"中国科幻电影元年"，点燃了全民对国产科幻的信心。当然，一部电影的成功不能代表整个电影市场，国产科幻的发展需要足够的产量和优质作品的支撑。但是《流浪地球》的典型意义，在于顺应了文化科技的发展浪潮，树立了国产科幻的标杆和信心，开辟了国产电影的新发展方向，引起了政府、文化科技企业和学界对发展国产科幻的高度关注。

（二）进口大片占我国科幻票房主流，疫情期间开始逆转

我国院线电影市场包括国产电影和进口电影，从二者的对比来看，好莱坞科幻大片凭借其在全球的强势地位，在我国电影市场长期占据绝对优势，尤其是2018年以前，好莱坞科幻大片的票房是国产科幻票房的5倍以上。

截止到2021年上半年，中国院线电影总票房排行榜前30中，共有10部科幻电影，占比为1/3。其中，国产科幻3部，进口的好莱坞科幻7部。

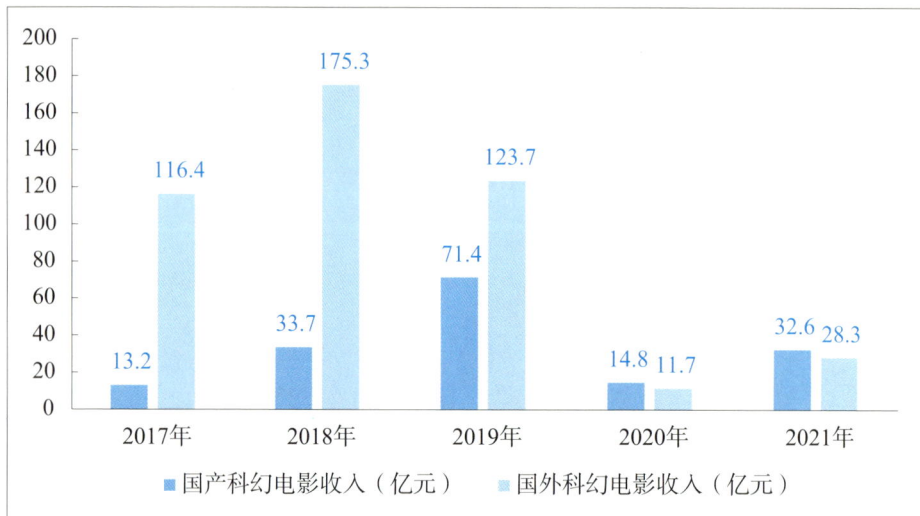

图7-14 中国电影市场中的国产和国外科幻电影票房收入对比

表7-3 中国院线上映的科幻电影总票房排行榜（截止到2021年12月31日）

排名	电影名称	上映时间	票房（亿元）	备注
1	流浪地球	2019	46.86	国产科幻
2	复仇者联盟4：终局之战	2019	42.37	进口科幻
3	美人鱼	2016	33.91	国产科幻
4	复仇者联盟3：无限战争	2018	23.9	进口科幻
5	疯狂的外星人	2019	22.13	国产科幻
6	海王	2018	20.13	进口科幻
7	变形金刚4：绝迹重生	2014	19.78	进口科幻
8	毒液：致命守护者	2018	18.7	进口科幻
9	阿凡达	2009	17.15	进口科幻
10	侏罗纪世界2	2018	16.95	进口科幻

　　同时需要注意的是，2018年以后，国产科幻电影和进口科幻电影的差距开始明显减少，国产科幻电影努力追赶的态势非常明显，再加上2020年以来全球范围的疫情对好莱坞电影也形成重大冲击，我国的进口电影也在减少，对国产电影的鼓励和支持力度加大，这些主客观因素给国产科幻电影加速崛起带来重

要机遇。我们对中国科幻电影既要抱有信心，又要客观看待美国科幻电影的竞争力，在竞争和挑战中发掘自身优势，开辟中国科幻电影新的发展路径。

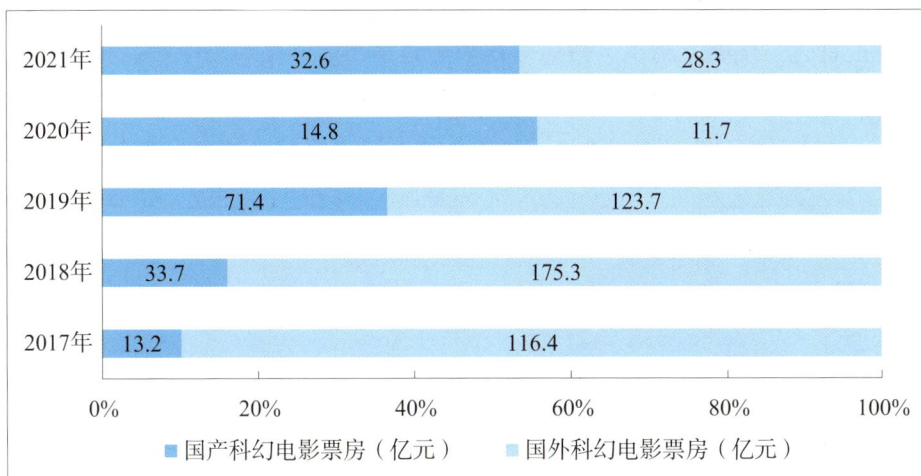

图7-15 中国内地市场国产与进口科幻电影票房对比

（三）国产科幻电影生产基础良好，网络科幻电影产量尤高

提到国产科幻电影，公众会一下子想到《流浪地球》，实际上自2017年以来，国产科幻电影（包括院线电影和网络大电影）总量已达到了171部，其中院线电影一共63部，网络大电影108部。

票房过亿的院线科幻电影共有12部，分别为《美人鱼》（2016年）、《机器之血》（2017年）、《心理罪》（2017年）、《记忆大师》（2017年）、《逆时营救》（2017年）、《一出好戏》（2018年）、《超时空同居》（2018年）、《动物世界》（2018年）、《流浪地球》（2019年）、《疯狂的外星人》（2019年）、《天火》（2019年）、《上海堡垒》（2019年）；票房过10亿的是《美人鱼》《一出好戏》《流浪地球》《疯狂的外星人》，可以看出国产科幻电影的生产基础良好，其制作品质和技术水平也在不断进步。

科幻院线电影2017年至2019年上映总计20部，年均7部左右；2020年增长到15部，2021年快速增长到28部。2020年、2021年的增长，源于政策推动和疫情期间人们的娱乐放松消费需求，但需要注意的是，其中很多作品严格来说属于奇幻作品，"硬科幻"作品的占比较少。

科幻网络大电影（简称"网大"）的产量明显多于科幻院线电影。2017年至2018年科幻网络电影增长迅速，从2017年的24部增长到2018年的34部，2019年减少为12部，但2020年疫情期间又增长到25部，2021年为13部，主要在爱奇艺、优酷、腾讯、搜狐等视频平台播出。网络科幻电影，相比院线电影，具有创作空间较大、生产门槛较低、制作效率较高、发行渠道较广等优势，未来的增长空间仍然很大，是我国科幻产业发展的重要组成部分。

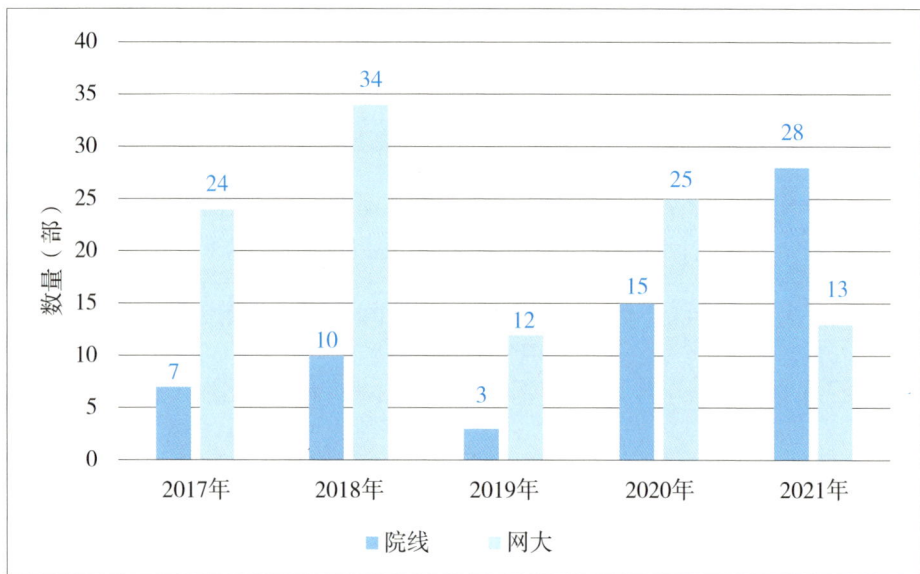

图7-16 2017—2021年国产科幻电影播映量

从近六年整体电影市场来看，科幻院线电影和科幻网络电影的推出数量呈波动状态，这与电影策划制作的周期规律相关，院线电影生产周期一般为2至3年，网络电影也一般需要1年以上的时间。在国家鼓励发展科幻电影的政策带动下，我国科幻电影将迎来新一轮增长期。

表7-4 2016—2021年国产科幻院线电影代表作

上映时间	电影名称	猫眼票房	豆瓣评分	主要出品公司
2016	美人鱼	33.91亿元	6.7	中国电影股份有限公司、星辉海外有限公司、和和（上海）影业有限公司等
	蒸发太平洋	3501万元	3.3	华策影业（天津）有限公司

续表

上映时间	电影名称	猫眼票房	豆瓣评分	主要出品公司
2017	记忆大师	2.93亿元	7.1	万达影视传媒有限公司、上海瀚纳影视文化传媒有限公司
	心理罪	3.04亿元	4.9	和力辰光国际文化传媒（北京）股份有限公司、大有天工（北京）文化发展有限公司、上海尚世影业有限公司、北京猫眼文化传媒有限公司、万达影视传媒有限公司、乐视影业（北京）有限公司
	逆时营救	2.01亿元	4.7	新线索（北京）影视投资有限公司、霍尔果斯嘉行影视文化有限公司、北京耀莱影视文化传媒有限公司
	喵星人	4479万元	4.4	引力影视投资有限公司、华人文化天下一有限公司、英皇影业有限公司等
	机器之血	3.05亿元	4.6	小米影业有限责任公司、万达影视传媒有限公司、优酷电影等
2018	动物世界	5.10亿元	7.2	上海儒意影视制作有限公司、上海火龙果影视制作有限公司、北京光线影业有限公司联合出品
	一出好戏	13.55亿元	7.1	上海瀚纳影视文化传媒有限公司、北京光线影业有限公司、霍尔果斯春天融和传媒有限公司
	超时空同居	9.03亿元	6.8	北京真乐道文化传播有限公司、北京温商联盟影视投资有限公司、北京嘉麒兄弟影业有限公司
	巨齿鲨	10.54亿元	5.7	中国引力影视投资有限公司、美国华纳兄弟影片公司（中外合拍）
	环太平洋：雷霆再起	6.33亿元	5.5	美国传奇影业、美国环球影业和深圳善为影业股份有限公司（中外合拍）
2019	未来机器城	1687万元	5.7	阿里巴巴影业集团、万达影视传媒有限公司

续表

上映时间	电影名称	猫眼票房	豆瓣评分	主要出品公司
2019	流浪地球	46.86亿元	7.9	中国电影股份有限公司、北京京西文化旅游股份有限公司、郭帆文化传媒（北京）有限公司、北京登峰国际文化传播有限公司
	疯狂的外星人	22.13亿元	6.4	欢喜传媒集团有限公司
	被光抓走的人	7099万元	6.9	北京京西文化旅游股份有限公司、北京合众睿客影视文化传播有限公司
	天火	1.70亿元	4.2	青春未来影视（佛山）有限公司、亚太未来影视（北京）有限公司、中国电影股份有限公司、上海双创文化产业投资中心（有限合伙）、北京聚合影联文化传媒有限公司
	上海堡垒	1.24亿元	2.9	华视娱乐投资集团股份有限公司、中国电影股份有限公司、天津北方电影集团、北京聚合影联文化传媒有限公司、腾讯影业文化传播有限公司
2020	我的女友是机器人	4246万元	3.7	宁洋影业（佛山）有限公司、北京天悦东方文化传媒有限公司、北京光线影业有限公司、天津汉裕影业有限公司
	无线信号	63万元	暂无评分	山西天域文化传播有限公司
	致命复活	49万元	暂无评分	生态环境部宣传教育中心、北京巨坞影视文化传媒有限公司
2021	熊出没·狂野大陆	5.95亿元	6.3	华强方特（深圳）动漫有限公司、浙江横店影业有限公司、乐创影业（天津）有限公司、北京联瑞影业有限公司、方特影业投资有限公司
	指引	12万元	暂无评分	上海师焉文化传媒有限公司、大象点映（上海）网络技术有限公司
	星际侠探	46万元	暂无评分	苏州琪桐文化发展有限公司、北京基点影视文化有限公司

上映时间	电影名称	猫眼票房	豆瓣评分	主要出品公司
2021	平行森林	22万元	6.5	北京蒲落影视文化传媒有限公司、嘉荫大可雨田文化发展有限公司
	反击者	445万元	暂无评分	（山西）交城县夏鹏动画设计工作室

注：2020年、2021年部分国产科幻电影因疫情影响上映很短时间就转为网络播出，所以票房较少。票房数据截至2021年12月31日。

（四）国产科幻电影的品质和口碑亟待提升

与国产科幻电影作品的较高数量形成对比，其质量问题比较突出，品质和口碑亟待提升。从豆瓣评分的情况看，科幻院线电影的最高分作品是《流浪地球》（7.9分），7分至7.9分的作品占14%，6分至6.9分的占15%，低于6分的占57%，还有部分评分过低或暂无评分的作品，和《流浪地球》同年上映的《上海堡垒》的评分只有2.9分。

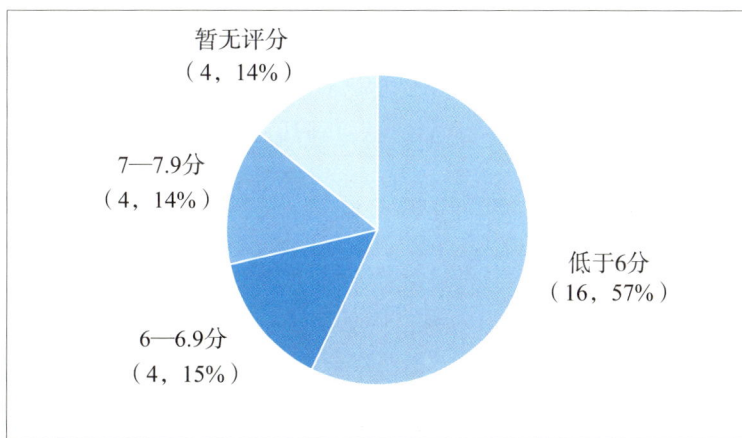

图7-17　国产科幻电影豆瓣评分分布情况

科幻网络电影的品质不足问题更加严重，大部分作品是披着"科幻"的外衣，以猎奇方式吸引眼球，实则是一些怪兽片或灾难片，如《大蛇》《水怪》《陆行鲨》等，其余的要么与超能力有关，如《电磁王之霹雳父子》《超自然事件》等，要么是与神话、传说相关的奇幻片，如《大鱼》。总体来说，科幻网大的制作仍然相当粗糙，特效技术水平较低。从豆瓣评分看，近70%的科幻网络电影暂无评分，有评分的作品的分值也非常惨淡。但2020年播出的网络科幻《平行森林》是个例外，其凭借悬疑剧情和较好品质，收获粉丝好评，在2021年登陆院线上映，豆瓣评分6.5分，并被好莱坞买下翻拍权，是国内首部确认被国外翻拍的科幻影片。此外，2021年有三部航天题材的网大出现，分别是《太空群落》《火星异变》《重启地球》，契合了我国航天科技的瞩目成就和全民的航天热情。

国产科幻电影品质不足的原因：一是国产科幻作品中，"软科幻"居多，《流浪地球》式"硬科幻"作品凤毛麟角，在好莱坞大片的对照下口碑差距尤为明显；二是大部分科幻作品定位模糊，科学逻辑欠缺，严格意义上属于"奇幻"作品。无论是叙事能力、制作品质和技术水平，国产科幻电影急需加强"内功"。

反观好莱坞科幻电影，亚马逊旗下的电影产业数据库（IMDb）数据显示，高分8.5分以上的就逾30部，包括我们熟悉的《阿凡达》《星际穿越》等。好莱坞出品的科幻电影经历了从20世纪80至90年代持续到2010年近30年的高速发展期，以其科技性、艺术性、商业性兼具的特色和优势，长期受到全球电影观众的喜爱，其先进经验仍然需要我们借鉴和学习。

（五）备案电影中科幻电影占比微小，需要政策和市场的大力培育

我国电影的拍摄制作，需要经过国家电影局的备案。备案电影的数量反映了两到三年内（电影通常的制作周期）电影产业的生产趋势与创作偏好。

近5年，全国电影剧本备案从2017年至2019年，成小幅下降趋势，但都保持在每年3000部以上的水平；2020年的新冠肺炎疫情对备案电影有一定影响，下降为2781部；2021年备案作品总数为2800部，其中科幻电影的备案数量达到108部，数量增长比较明显，占全国电影备案数量的3.86%，已经能够体现出鼓励性政策对于备案电影的影响。国家的电影管理部门可以考虑从策划和备案环节给科幻电影更多的鼓励和激励，带动更多的科幻电影产出。

图7-18　2017—2021年电影剧本备案数量

在近5年备案的300多部科幻电影剧本中，仅有12部左右是中外合拍电影。随着我国自身的影视技术进步，国产科幻可以省去境外合作的各项成本，真正生产自己的科幻电影。但未来，国产科幻电影为了更好地走出国门，如何通过境外合作加强国际市场的发行，是未来的重要议题。

表 7-5　全国科幻电影备案情况

时间	全国电影剧本备案数量（部）	科幻电影备案数量（部）	备案科幻电影占比	中外合拍科幻电影数量（部）
2017	3795	50	1.32%	3
2018	3563	61	1.71%	3
2019	3205	65	2.03%	2
2020	2781	31	1.11%	2
2021	2800	108	3.86%	2

三、科幻动漫

动漫产业包含院线上映的动画电影和视频网站上线的网络动漫两大类，前者收入模式为票房和IP衍生品，后者收入模式为付费点播收入和IP衍生品。大多数报告将二者合在一起进行数据统计，加上院线动画电影数量较少，下线后也会很快转为网络播出，所以我们统计的动漫作品也包含二者的汇总。

（一）国产动画电影佳作频出，科幻动画品质亟待提升

根据前瞻产业研究院《2017—2021年全球及中国动漫行业研究报告》的数据，2017—2021年，我国动漫产业总产值逐年增长，2017年产值为1496亿元，2020年到达2140亿，2021年动漫产业产值突破2300亿元。

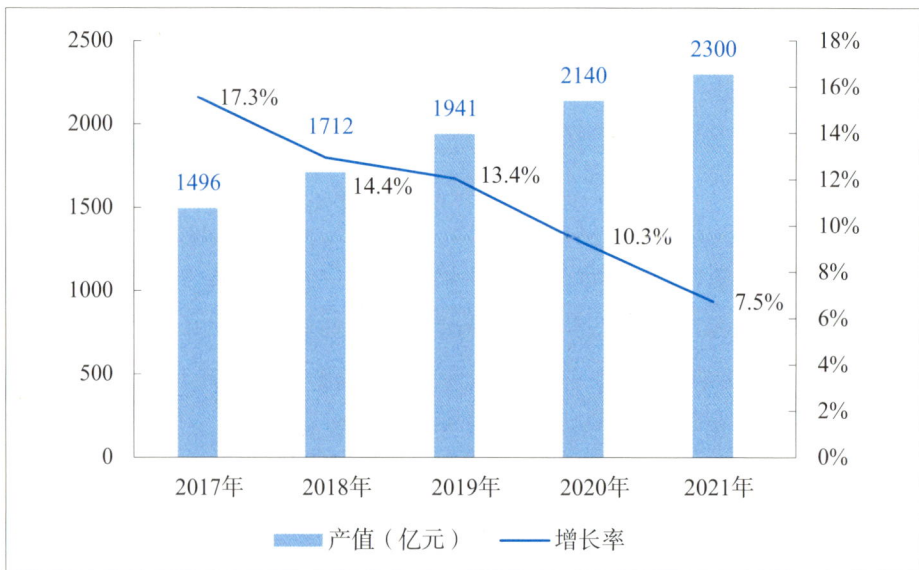

图7-19　中国动漫产业产值及增长率

国产动画电影自20世纪90年代开始发展，出现了融合水墨画、剪纸等传统文化元素的佳作，但相较于美国和日本的动漫产业，尤其是美国的院线动画电影，在品质、口碑和票房方面均有较大差距。比较可喜的是，国产动画电影发展初期以面向青少年的动画电影为主，近几年开始打破受众群体局限，涌现出适合成年人群体的动画电影作品，比如《西游记之大圣归来》（2015年，9.56亿元）、《哪吒之魔童降世》（2019年，50.35亿元）、《大鱼海棠》（2016年，6.56亿元）、《白蛇：缘起》（2019年，4.33亿元）等佳作，2021年底上映的《雄狮少年》取得了2.49亿元票房（截至2022年2月）和豆瓣评分8.4分的佳绩。可以说，我们迎来了"国漫"崛起的时代。

"国漫"的兴起也带动了科幻动画电影这一类型的发展。2016年至2021

年国产科幻动画电影的产量在2019年达到顶峰,有5部上线。2020年受新冠肺炎疫情影响产量有所降低,有2部上线。2021年产量有所恢复,回升为4部。

从近5年的票房表现看,科幻动画电影曾在2016年票房过亿,之后2017年、2019年的票房差强人意,2018年、2020年票房惨淡,一直到2021年,因为动画电影《熊出没·狂野大陆》的票房大卖(5.95亿元),科幻动画电影票房突涨到6.5亿元。

图7-20 2016—2021年国产科幻动画电影上映数量及票房收入

需要注意的是,科幻动画电影整体偏向青少年甚至低幼,2016年至2021年上映的所有科幻动画电影中,以青少年为观影对象的占到45%。从票房效应来看,面向大众、成人的动漫更能拉动票房,成人向的科幻动画电影尚有很多发展空间。从科幻动画电影自身的健康发展来看,可以继续在青少年向的科幻动画电影上深耕精品。

从口碑方面来看,国产动画电影的品质还需要大幅提升。有豆瓣评分的影片比例占60%,暂无评分的占40%。在有评分的影片中,7分以下的占55%,8分以上的仅占5%,这与高口碑的国产动画电影形成鲜明对比。青少年向的科幻动画电影评分尤其低,如《钢铁飞龙之再见奥特曼》(2017年,4101万元)与《钢铁飞龙之奥特曼崛起》(2019年,4465万元)的豆瓣评分分别为2.6分与3.3

分。再如，上海淘米网络科技有限公司出品的"赛尔号大电影"系列，从2011年到2019年已推出7部，但该系列豆瓣平均得分仅在5分左右。

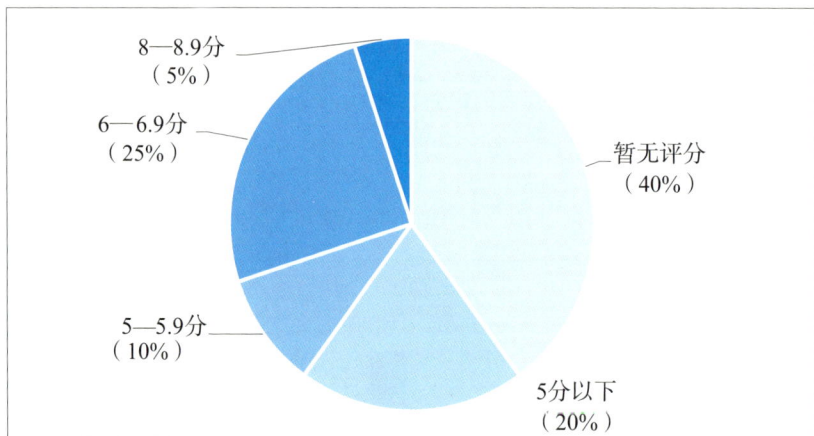

8—8.9分（5%）
6—6.9分（25%）
暂无评分（40%）
5—5.9分（10%）
5分以下（20%）

图7-21　国产科幻动画电影豆瓣评分情况

国产动画电影的崛起，证明我国在动画电影的创意、制作和营销上已经具有相当实力，如何在科幻这一垂直类型上精耕细作，是电影界和动画界需要思考和解决的问题。

表7-6　2016—2021年国产科幻动画电影明细

电影名称	上线时间	豆瓣评分	主要出品公司	猫眼票房
熊出没·狂野大陆	2021	6.3	华强方特（深圳）动漫有限公司、浙江横店影业有限公司、乐创影业（天津）有限公司、北京联瑞影业有限公司、方特影业投资有限公司	5.95亿元
反击者	2021	暂无	（山西）交城县夏鹏动画设计工作室	445万元
星际侠探	2021	暂无	苏州琪桐文化发展有限公司、北京基点影视文化有限公司	46万元
海底小纵队：火焰之环	2021	6.7	万达影视传媒有限公司、万达儿童文化发展有限公司、央视动漫集团有限公司	5326万元
士兵顺溜：兵王争锋	2020	暂无	深圳市环球数码影视文化有限公司、北京完美影视传媒有限责任公司	200万元

电影名称	上线时间	豆瓣评分	主要出品公司	猫眼票房
龙神之子	2020	暂无	安徽广电传媒产业集团、安徽五星东方影视投资有限公司、安徽星动卡通影视有限公司、安徽卓扬影视文化传媒有限公司	200万元
钢铁飞龙之奥特曼崛起	2019	3.1	广州蓝弧动画传媒有限公司	4465万元
未来机器城	2019	5.7	阿里巴巴影业集团、万达影视传媒有限公司	1687万元
萤火奇兵2：小虫不好惹	2019	暂无	浙江祥源文化股份有限公司、北京其卡通弘文化传播有限公司，浙江其飞祥文化传播有限公司、绍兴其云祥文化传媒有限公司、中视金桥文化发展（北京）有限公司、四川其道名扬文化传播有限公司、沈阳万其社动漫影视传播文化有限公司	454万元
重甲机神	2019	暂无	（台湾）乾坤一击创意工作室	无
疯狂斗牛场	2019	暂无	陕西鸣达鑫雨科技发展有限公司、中影动画产业有限公司	230万元
吃货宇宙	2018	5.7	无锡天工影业有限公司、北京圣壹门文化传播有限公司、上海鸣涧影业有限公司	486万元
钢铁飞龙之再见奥特曼	2017	2.6	广州蓝弧动画传媒有限公司、乐视影业（北京）有限公司	4101万元
超能龙骑侠	2017	暂无	恒大影视文化有限公司、北京华映星球文化发展股份有限公司	307万元
昆塔：反转星球	2017	6.1	浙江博采传媒有限公司	5065万元
新大头儿子和小头爸爸2：一日成才	2016	4.8	央视动漫集团有限公司	9040万元

续表

电影名称	上线时间	豆瓣评分	主要出品公司	猫眼票房
太空熊猫英雄归来	2016	2.7	合肥泰尚文化科技有限公司、峨眉电影集团有限公司、北京锋尚锐志文化传媒有限公司	2102万元
麦兜·饭宝奇兵	2016	6.4	广东新华展望传媒有限公司	2134万元

注：票房数据截止到2021年12月31日。

（二）网络科幻动漫作品数量和口碑表现良好

2016年至2021年播出的国产网络科幻动漫作品，从2016年的18部增长到2018年的20部、2019年的24部，2020年、2021年疫情期间数量也在10部及以上，近6年共有近百部网络科幻动漫作品上线，生产和播出量都比较高。

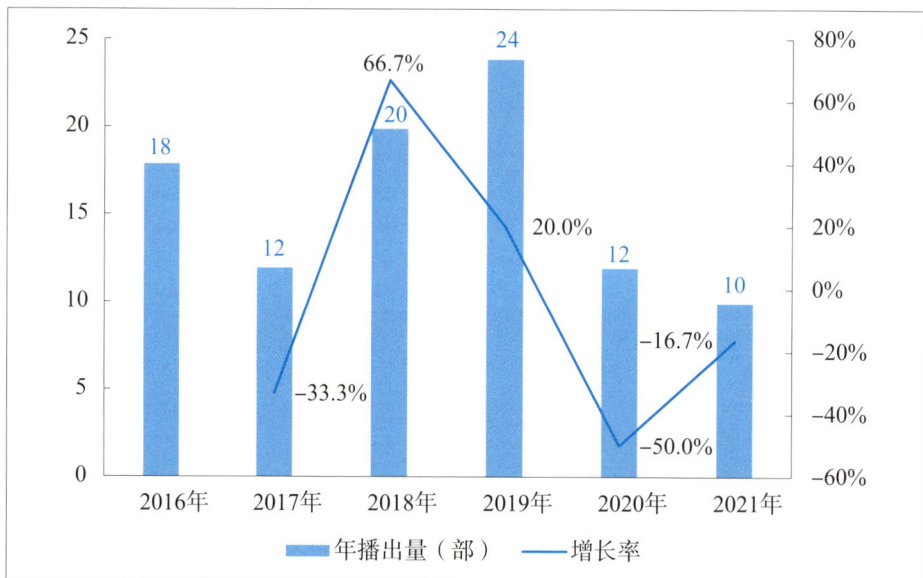

图7-22　2016—2021年国产网络科幻动漫作品年播出量及增长率

有豆瓣评分的作品占比40%，其中高评分的占比较高，7分以上的占比高达78.26%，8分以上占比60.87%。好的口碑是对网络动漫公司创作和制作实力的一种肯定，这也说明"国漫"崛起和持续发展的动力更多来自网络动漫。

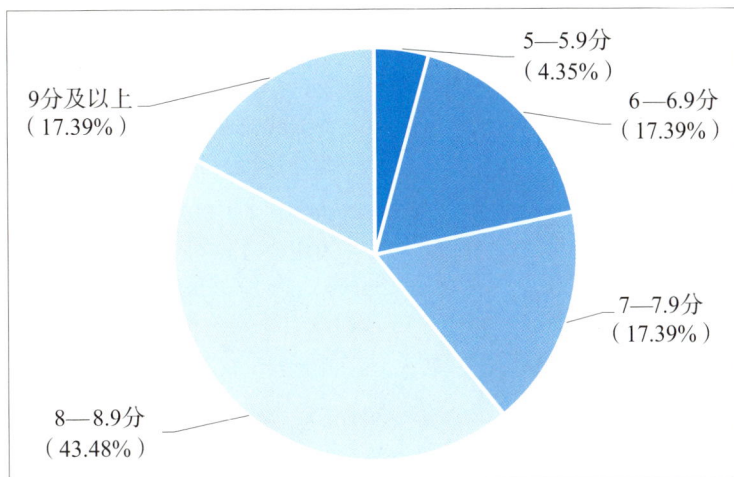

图7-23 国产网络科幻动漫作品豆瓣评分情况

8分以上的高评分网络动漫作品是《纳米核心》《雄兵连》，都形成了系列IP。还有《三体》的衍生动漫作品，借助头部IP效应，在豆瓣评分榜上高居榜首。《三体》书迷神游八方自发创作了小说衍生动画《我的三体》，用动漫+游戏风格讲述《三体》故事，引发了巨大反响。目前《我的三体》已经成功推出两季，豆瓣评分均在9.5分及以上。

表7-7 国产网络科幻动漫作品2016—2021年代表作

作品名称	上线时间	豆瓣评分	主要出品公司
我的三体之罗辑传	2016	9.5	—
超神学院之黑甲	2016	8.8	广州骏豪宏风网络科技有限公司（原虚拟印象工作室）
开心超人联盟之英雄归来	2016	9.1	广东明星创意动画有限公司
神奇阿呦之最强流星人	2016	8.8	优扬（天津）动漫文化传媒有限公司
丙级超人快递侠（第二季）	2016	8.1	咸蛋动画（所属公司：北京葫芦文化传媒有限公司）
双月之城	2016	6.5	上海龙沧文化创意有限公司

续表

作品名称	上线时间	豆瓣评分	主要出品公司
纳米核心（第二季）	2016	8.6	海岸线动画（所属公司：上海欣雨动画设计有限公司）
凹凸世界（第二季）	2017	7.3	七创社（所属公司：上海尚地文化传播有限公司）
小绿和小蓝	2018	7.9	上海绘界文化传播有限公司
酷杰的科学之旅——森林探险	2018	暂无	中国科学技术出版社
末世觉醒之入侵	2018	7.2	上海腾讯企鹅影视文化传播有限公司、北京天工艺彩文化传播有限公司、广州星辉娱乐有限公司
斗罗大陆1	2018	7.3	杭州玄机科技信息技术有限公司
灵笼	2019	8.3	深圳市中汇影视文化传播股份有限公司、武汉艺画开天文化传播有限公司、南派泛娱股份有限公司
雄兵连2：诸天降临	2019	8.3	虚拟印象工作室（所属公司：广州骏豪宏风网络科技有限公司）
绝命响应	2019	5.8	上海腾讯企鹅影视文化传播有限公司
巨兵长城传	2019	8.4	两点十分动漫（所属公司：武汉两点十分文化传播有限公司）、电动画TINKID（所属公司：北京美术星空文化艺术发展有限公司）、优酷信息技术（北京）有限公司
异常生物见闻录	2019	5.0	北京漫漫淘科技有限公司
望古神话之天选者	2020	6.9	哔哩哔哩（所属公司：上海幻电信息科技有限公司）、崇卓动画（所属公司：杭州崇卓科技有限公司）、博易创为（北京）数字传媒股份有限公司
末世觉醒之溯源	2020	7.7	上海腾讯企鹅影视文化传播有限公司、北京天工艺彩文化传播有限公司、广州星辉娱乐有限公司
星骸骑士	2020	7.1	上海腾讯企鹅影视文化传播有限公司、杭州黑岩网络科技有限公司
吞噬星空	2020	6.9	上海腾讯企鹅影视文化传播有限公司

续表

作品名称	上线时间	豆瓣评分	主要出品公司
我的三体之章北海传	2020	9.6	三体宇宙（上海）文化发展有限公司
红荒	2021	6.8	哔哩哔哩（所属公司：上海幻电信息科技有限公司）、深圳市谜谭动画有限公司
时光代理人	2021	8.1	哔哩哔哩（所属公司：上海幻电信息科技有限公司）、哆啦哔梦（上海）文化传播有限公司
海底小纵队：火焰之环	2021	6.7	万达影视传媒有限公司、万达儿童文化发展有限公司、央视动漫集团有限公司

（三）经由视频网站引进，美日科幻动漫带来较大竞争

爱奇艺、优酷、腾讯视频、哔哩哔哩等视频网站，不仅播放国产动漫，也引进国外科幻动漫，是美国和日本动漫进入中国的主要渠道。近5年各平台共引进日本科幻动画48部，平均每年9部左右，如《精灵宝可梦》《数码宝贝》《高达》等；共引进美国科幻动画22部，平均每年4部左右，如《驯龙高手》（动画电影）、《超人正义联盟》（动画电影）、《星际恐龙》（动画片）等。

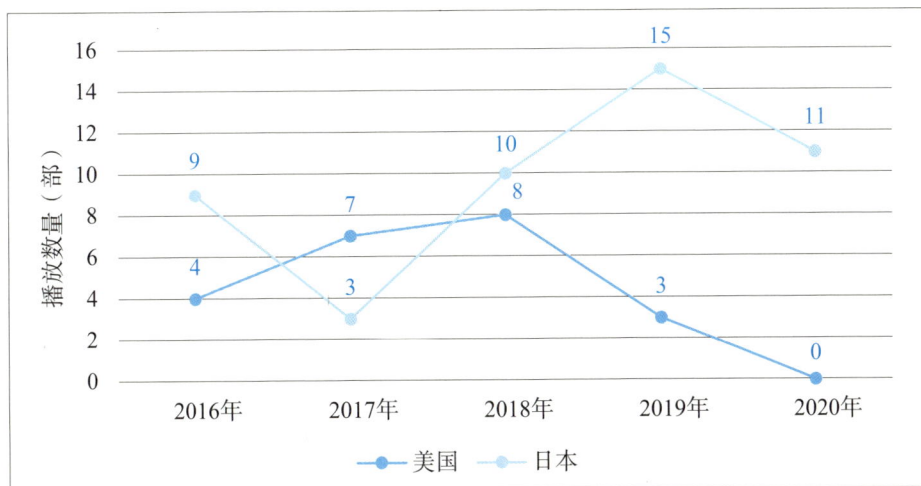

图7-24　2016—2020年上线网络科幻动画播放数量

《高达》是日本科幻动画的代表作，自1979年诞生以来，成为日本机器人题材卡通作品中最著名、最经久不衰，也是盈利最高的IP系列（与"宇宙战舰大和号""新世纪福音战士EVA"并称为日本动画史上的三大经典）。该系列以全新的战斗形式和场景，描绘在严苛战争中少年与少女的成长和带给人类的希望。由于剧情结构复杂而严密、制作精美，受到动画迷的热烈支持，其IP形象和故事不断被移植到小说、漫画、手办和游戏中。

从播放平台的特征来看，国产科幻动画采用多平台发行策略，在爱奇艺、优酷、腾讯视频、哔哩哔哩等视频网站平台均可观看。其中，腾讯视频拥有许多国产科幻动画的独播资源与版权。日本科幻动漫多集中在哔哩哔哩上播出。近年来引进的48部日本科幻动漫作品中，哔哩哔哩上可观看的便有33部，超过整体的2/3，包括独播资源28部，充分体现了哔哩哔哩的"二次元文化"特色。美国科幻动画则沿用美剧的形式进行宣发与播映，重视品牌IP，以签约与季播的方式不断更新。2016年以来引进的美国科幻动画作品22部，近半数（10部）在优酷平台播出（其中含独播8部）。优酷作为国内最早引进美剧版权的视频网站，海外版权的渠道优势明显。

视频网站对于美日科幻动漫作品的引进，给国产科幻动漫带来竞争的同时，也有有利的一面，一是培养了国内观众对于科幻动漫的观看习惯，二是

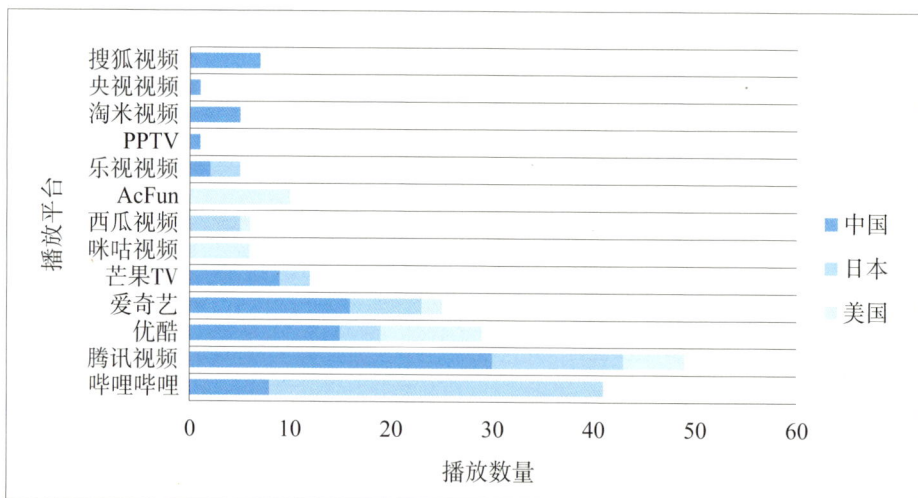

图7-25　2016—2021年各网络视频平台科幻动画分布

有利于国产动漫企业多学习和借鉴他人之长。

四、科幻游戏

科幻游戏包括各类主机游戏、手机游戏、网页游戏等。科幻游戏是电子游戏种类中的重要类型与热门题材，通过建构不同的世界观，最大程度发挥人类对未来时空的想象，吸引玩家进入，展开主题式冒险。近年来，我国游戏产业获得了各类政策与资本的支持，发展势头良好。一方面，IP影游联动模式，不断探索着游戏产业的新边界；另一方面，不断完善的知识产权保护制度以及多样的游戏付费模式，为游戏产业获得了巨额收益。"中国科幻银河奖"于2015年开始设置游戏奖项，也意味着游戏作为科幻产业的重要环节不可或缺。

表 7-8　近 3 年年度游戏 10 强企业

	2019年	2020年	2021年
1	腾讯科技（深圳）有限公司	广州网易计算机系统有限公司	北京比特漫步科技有限公司
2	网易（杭州）网络有限公司	深圳市腾讯计算机系统有限公司	北京蓝亚盒子科技有限公司
3	珠海金山网络游戏科技有限公司	四三九九网络股份有限公司	波克科技股份有限公司
4	盛趣信息技术（上海）有限公司	波克科技股份有限公司	杭州电魂网络科技股份有限公司
5	完美世界股份有限公司	北京比特漫步科技有限公司	三七互娱网络科技集团股份有限公司
6	广州多益网络股份有限公司	盛趣信息技术（上海）有限公司	厦门吉比特网络技术股份有限公司
7	游族网络股份有限公司	芜湖三七互娱网络科技集团股份有限公司	上海鹰角网络科技有限公司
8	上海米哈游网络科技股份有限公司	北京金山数字娱乐科技有限公司	盛趣信息技术（上海）有限公司

续表

	2019年	2020年	2021年
9	上海莉莉丝科技股份有限公司	上海莉莉丝科技股份有限公司	完美世界股份有限公司
10	上海巨人网络科技有限公司	完美世界股份有限公司	在线途游（北京）科技有限公司

（一）游戏产业平稳发展，科幻游戏空间巨大

中国游戏产业发展较为平稳，从中国游戏市场实际销售收入及其增长率来看，近5年有持续向上发展的趋势。2020年游戏市场实际收入达2787亿元，同比增长21%。2021年增速明显下降，游戏市场实际销售收入2965亿元，同比增长6%。

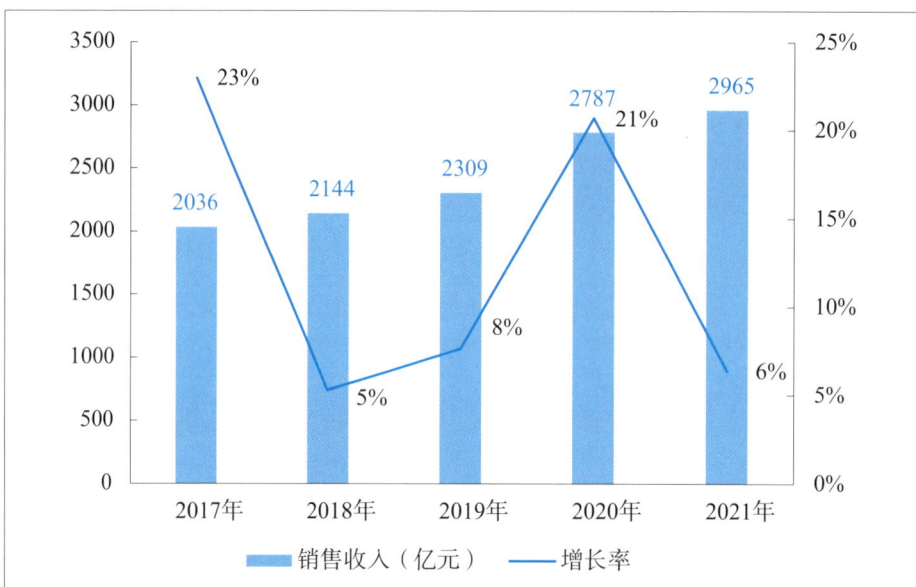

图7-26　2017—2021年中国游戏市场实际销售收入及增长率

近5年来，中国科幻类游戏市场呈现良好发展态势。在产值方面，近3年的增长明显，2019年科幻游戏产值超430亿元，同比增长120.5%；2020年疫情影响了游戏公司的开发制作进程，但也使得许多用户增加了日常游戏时间，游戏需求大大增加，同比增长11.6%，达到480亿元，占当年科幻产业总产值

的80%以上。2021年科幻游戏产值进一步增长，上半年的产值已接近300亿元，全年总产值达到590亿元，比2020年增长约23%。未来，科幻游戏仍然有着巨大的发展潜力。

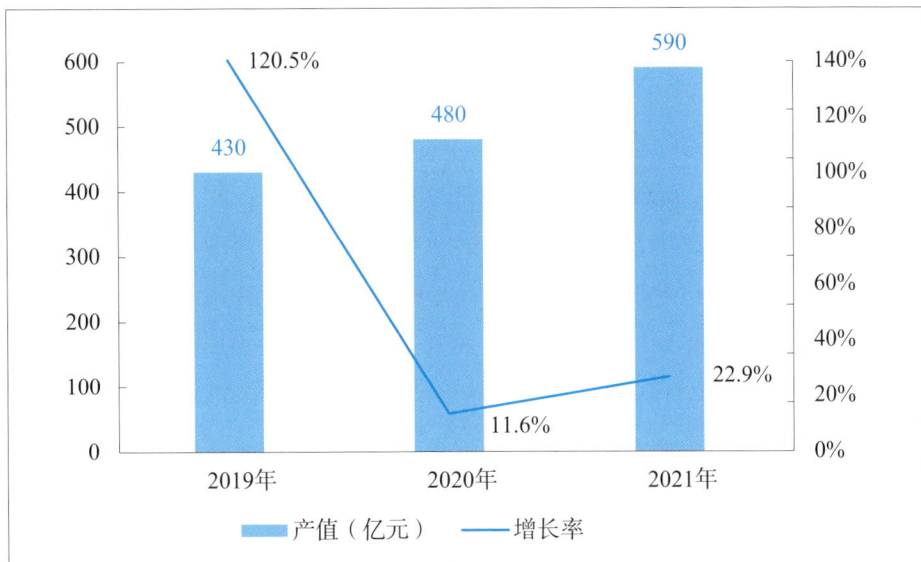

图7-27　2019—2021年中国科幻类游戏产值及增长率

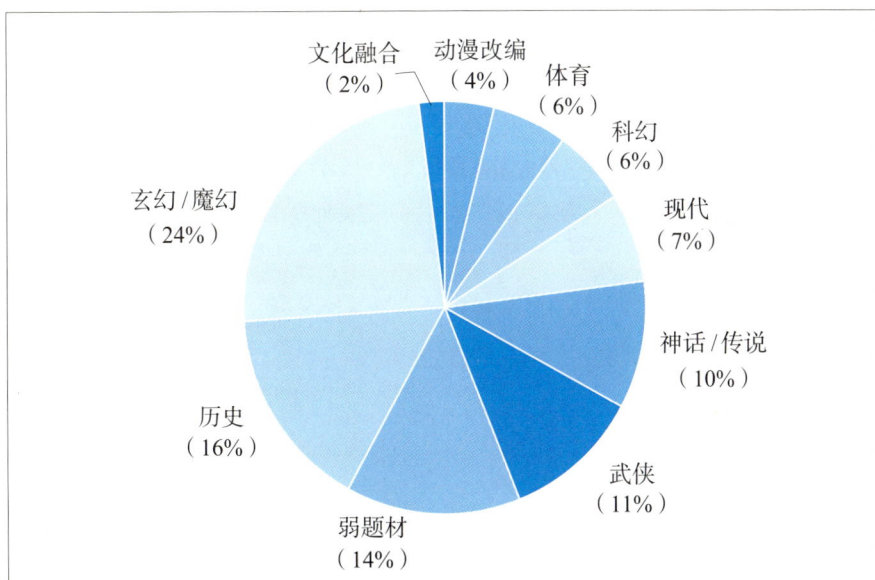

图7-28　收入排名TOP100移动游戏产品题材类型数量占比

根据中国音数协游戏工委《2020年中国游戏产业报告》数据，2019年国产网络游戏共审核上线1380款，其中科幻类型题材游戏约占15%。2020年国内移动游戏收入前100名的作品中，科幻题材游戏占比6%。尽管相较于同属于"想象力消费"类型的玄幻/魔幻类作品（24%）仍有较大差距，但是随着科幻游戏的数量增长，以及科幻产业发展的带动，科幻游戏也必将继续提升营收。

（二）国内游戏巨头占据科幻游戏市场主导

以腾讯、网易、完美世界等为代表的大型游戏公司占领了科幻游戏市场的绝大部分份额。其中，网易与腾讯借助老牌互联网公司的用户基础及强大的研发团队，具有绝对优势。腾讯游戏是腾讯旗下品牌"腾讯互动娱乐"的电子游戏业务部，成立于2003年，总部位于中国广东省深圳市，负责电子游戏开发、发行、运营等业务。其自主研发的游戏代表作为《英雄联盟》《王者荣耀》《和平精英》。腾讯还获得了暴雪旗下《魔兽世界》在中国内地的独家运营权，还代理了《雷霆战机》《虚幻争霸》《尖塔奇兵》等多款国外手游。

网易游戏是网易公司于2001年正式成立的在线游戏事业部，是全球七大游戏公司之一，自主研发了《梦幻西游》《天下3》《新倩女幽魂》等端游，以及《阴阳师》《荒野行动》等手游，打造了众多知名游戏IP。在科幻游戏上，网易的自主研发优势明显，推出了《星际争霸2》《突击英雄》《量子特攻》《全息战场》等游戏产品。

表 7-9　四大游戏巨头发行科幻游戏明细

年份	腾讯（12款）	网易（20款）	完美世界（5款）	巨人网络（5款）
2008				巨人：风云再起
2009		星际争霸2*		
2011	逆战			艾尔之光*
2014	天天炫斗			
	雷霆战机*			
2015	王者荣耀	突击英雄		狂野星球*
		风暴英雄*		球球大作战

续表

年份	腾讯（12款）	网易（20款）	完美世界（5款）	巨人网络（5款）
2016	虚幻争霸*	守望先锋*	活锁	
	变形金刚	无尽战区	创世战车*	
2017	火箭联盟*	超维对决	深海迷航*	圣斗士星矢：小宇宙幻想传*
		秘境对决		
	火源	荒野行动	HOB	
2018	罗博造造*	Project Battle		
		明日之后		
	堡垒之夜*	终结战场		
2019	尖塔奇兵*	OMG欧吉		
		全息战场		
	和平精英	量子特攻		
2020		逃离泰拉	幻塔	
		王牌竞速		
		Eve Online*		
		重装上阵		
2021		Eve无烬星河*		
		机动都市阿尔法		

注：*标记为代理国外游戏，无*则为国产自主研发游戏。

国内的巨头公司除了自主研发游戏，还发行代理国内的游戏。从表格中看出，四大巨头经营的科幻游戏总计42款，其中代理的国外游戏16款，占比约38%，国产原创游戏26款，占比约62%。

从TapTap论坛搜索出的科幻标签的游戏列表来看，国产科幻游戏的平均测评得分在8分左右，游戏质量经受了广大游戏玩家的检验。但是从下载量与预约量来看，只有少数作品破10万次预约下载，科幻游戏并未"出圈"，在所有玩家中尚未形成爆点。

（三）泛科幻类游戏《原神》成市场爆款，新兴游戏公司迎来机遇

国产科幻游戏除了四大巨头的主导，还有一些中小游戏公司推出的产品脱颖而出，成为市场黑马。其中，由上海米哈游公司研发出品的融合奇幻、冒险、动作元素的泛科幻类游戏《原神》和《崩坏3》表现十分耀眼。这两款游戏的爆发，让上海米哈游公司成功入围上海游戏百强公司。米哈游的成功，提升了游戏巨头之外中小型游戏公司的市场信心。

《原神》是集知名度与良好口碑于一体的科幻游戏代表作，并借由2021年元宇宙的热潮成为游戏爆款。该游戏是上海米哈游公司制作发行的一款开放世界冒险游戏，于2017年1月底立项，2020年9月公测。游戏故事发生在一个被称作"提瓦特"的幻想世界，在这个世界里，被神选中的人会被授予"神之眼"，能够获得和导引元素之力。游戏玩家扮演"旅行者"的神秘角色，在自由的旅行中邂逅性格各异、能力独特的同伴们，和他们一起击败强敌，找回失散的亲人，并逐步发掘"原神"的真相。《原神》发售4天，手机端下载量达1700万次。Sensor Tower数据显示，自2020年9月底《原神》上市以来，其移动端海外收入已连续3个月保持在1亿美元以上，刷新此前游戏《绝地求生》连续2个月收入破亿元的纪录；12月，该游戏移动端海外收入以1.17亿美元稳居中国手游出海收入榜首，位列海外手游收入榜第4名。

（四）科幻游戏成为游戏产业转型的重要增长点

游戏巨头凭借网络平台资源和资本优势，拥有多款游戏IP的代理权或自主研发权，在"重游戏"或3A游戏市场牢牢把握话语权，但新兴游戏公司可以通过单个游戏IP进行突破，加强游戏的品质性、体验性和创新性，以小博大融合网络游戏和手机游戏的特征，打造融合社交性、体验性的类3A产品，在竞争激烈的游戏市场中找到竞争优势。

科幻是可以融合多种类型元素的集合，比如"科幻+悬疑""科幻+娱乐""科幻+爱情""科幻+亲子"，科幻类型可以尝试多元化、创新化，也同

样可以针对移动游戏进行类3A游戏产品的开发，未来科幻游戏的发展空间非常乐观。

科幻游戏为游戏产业的转型和发展带来重要机遇，开辟了新的增长点。游戏是科技与绿色融合发展的领域，但具有真正文化内涵和科技内涵的游戏非常少。开发出具有真正科技内涵的游戏，对于整个游戏产业转型具有重要的变革性意义。

（五）电竞产业发展迅速，拓展游戏产业发展空间

数字电子竞技是在虚拟环境和统一竞赛规则保障下所进行的对抗性电竞游戏比赛活动。2003年中国国家体育总局将电子竞技运动列为中国正式开展的第99个体育项目。2020年我国电竞游戏市场收入规模1365.57亿元，比2019年增加418.3亿元，同比增长44.16%；电竞用户数达到4.88亿，2021年电竞游戏市场收入规模增长到1401.81亿元，同比增长2.65%，电竞用户数达到4.9亿。

在2018年的雅加达亚运会上，电竞作为表演赛事首次登上亚运舞台，中国队取得2金1银的成绩。2021年11月，由中国珠江集团公司出资组建的EDG电竞俱乐部代表队在冰岛夺得了S11英雄联盟年度总决赛的冠军。电竞还作为正式项目入选2022年杭州亚运会，电竞正在逐步实现规范化、职业化、成熟化和体系化。

上海的电竞产业在全国处于第一梯队。2017年，上海在全国率先提出发展电竞产业，2019年出台《促进上海电子竞技产业健康发展的若干意见》（简称"电竞20条"），力争在3至5年内将上海建成"全球电竞之都"。上海电竞产业链条完备，包括上游的游戏研发，中游的俱乐部和赛事联盟，下游的转播平台、场馆、电竞教育、陪练等，上海聚集了全国80%的头部电竞俱乐部。深圳作为全球首个5G独立组网全覆盖的城市，电竞产业也在不断发展。2020年，深圳龙岗、南山两区相继发布电竞产业扶持政策，为深圳发展电竞产业奠定基础；深圳构建粤港澳大湾区文娱业态新矩阵，以此推动电竞产业发展，也提出了打造"电竞之都"的城市发展目标。

五、科幻周边

科幻周边是指以科幻主题电影、动漫、游戏等为载体，在市场操作下产生的各种附带IP属性、能产生附加值的衍生品，既包括玩具、服饰、模型等实物，也包括主题公园、主题会展、主题商场、主题餐厅等运用科幻元素进行包装的文化场所。这些不同形式的产品在科幻产业周围构成了一个庞大的产业链。《2020中国科幻产业报告》数据显示，我国科幻周边市场在热门作品的带动下逐渐产生且发展稳健。科幻周边具有巨大的商业潜力，是亟待进一步开发的蓝海市场。

一些专门化的公司也加入了周边授权许可的市场。例如，广东森宝文化实业有限公司获得中影授权开发《流浪地球》IP周边商品，以及四川的赛凡科幻空间获得嫦娥奔月航天科技（北京）有限责任公司正式授权，设计生产中国火星探测工程、中国探月工程正版相关产品的品牌。

（一）头部科幻IP撑起周边市场

近3年科幻周边市场发展迅猛，2019年科幻周边总产值达到13.5亿元，品类总和超过1000种。其中《流浪地球》周边产品超过200种，"三体"IP的周边产品总产值达5亿元。2020年科幻周边产值增长到21.2亿元，2021年全年产值达到23.5亿元以上。

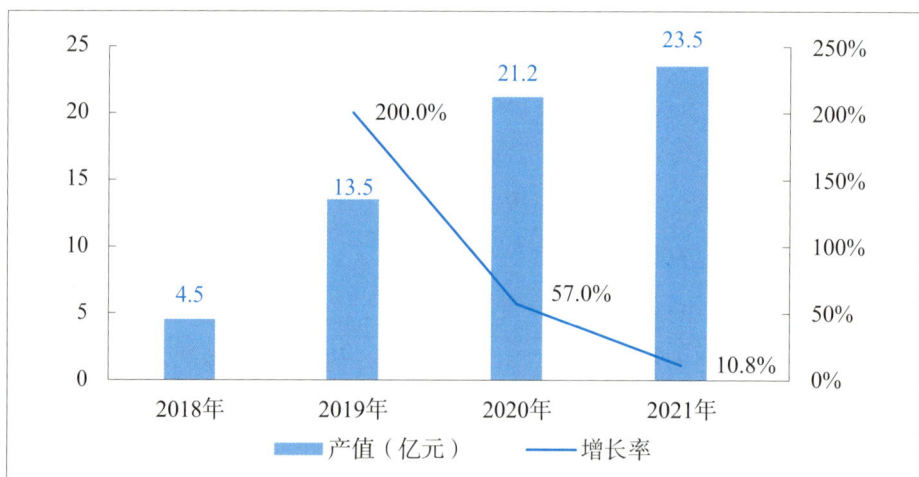

图7-29　2018—2021年中国科幻周边产值及增长率

由中国电影股份有限公司北京电影营销策划分公司授权、运作的电影《流浪地球》相关周边，在电影《流浪地球》上映两年后的今天依然保持了高水平的人气和销售业绩。仅其授权制造模型积木的广东森宝文化实业有限公司，在电影《流浪地球》周边一项上的总销售额就超过了1.2亿元。北京微像国际文化传播有限责任公司致力推进科幻作品的漫画和动画改编，并在电影《流浪地球》的出版物周边上继续发力，其出版的《〈流浪地球〉电影制作手记》已经成为电影《流浪地球》的知名周边产品且出口到海外，将由英国劳特利奇出版社翻译为英文并出版。

四川的赛凡科幻空间创建于2016年，是一处专注科幻粉丝与科幻文化的空间，经营科幻自媒体、网站、淘宝商城和线下展览、咖啡馆等业务。2019年，赛凡科幻空间就和《流浪地球》制片方合作开发《流浪地球》周边产品，包括笔记本、运载车模型、英雄勋章、铭牌等。2020年，赛凡科幻空间获得嫦娥奔月航天科技（北京）有限责任公司正式授权，设计生产中国火星探测工程、中国探月工程等联名周边产品，并且在淘宝平台开设"赛凡科幻空间·天问一号"产品主会场。科幻周边是带动和延续科幻粉丝消费的重要产品，在IP多元化开发、设计和制造上仍具有很大的发展空间。

（二）潮玩经济和二次元文化带动泛科幻周边市场

动漫、游戏和周边形成二次元文化，极大带动娱乐消费，被称为"潮玩经济"。根据艾瑞咨询的统计，我国二次元用户规模已经接近4亿，"90后"至"95后"甚至"00后"的二次元用户渗透率达64%。2020年我国潮玩经济市场规模达到294.8亿元，2021年继续快速增长，增速达30%，达到384.3亿元。科幻周边因为拥有作品IP和科技感的加持，具有巨大的商业潜力，可以成为潮玩经济中非常具有增长力的部分。"科幻+潮玩"的结合，还将逐步打破头部IP的垄断格局，推动多元化的科幻、科技、科普类周边产品大量涌现。

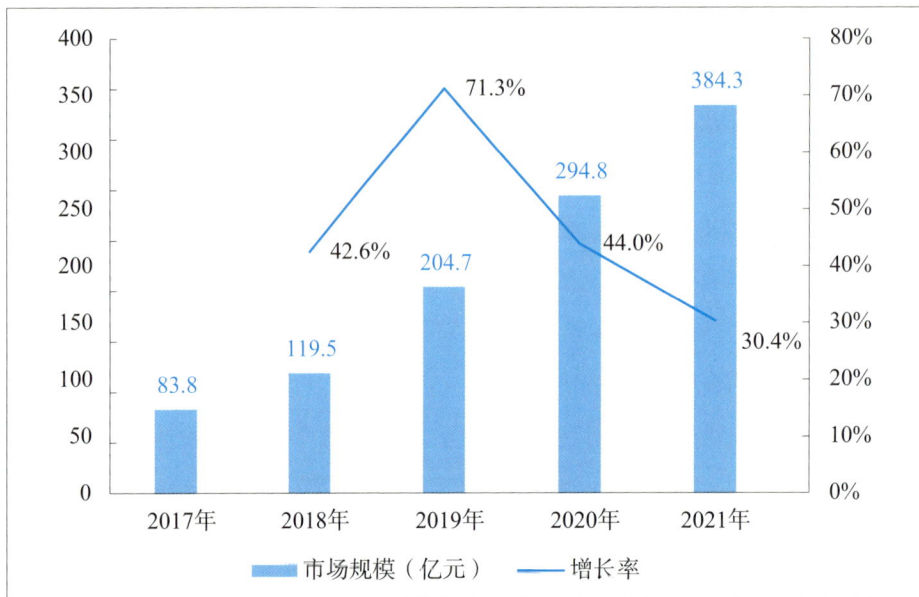

图7-30 2017—2021年中国潮玩行业市场规模及增长率

1. 头部玩具公司积极涉猎科幻领域，以IP授权为主

目前国内潮玩市场的知名品牌，包括以乐高（丹麦）、万代（日本）、迪士尼（美国）、Sanrio（日本）为代表的国外知名品牌，以及以泡泡玛特、奥飞娱乐、52TOYS为代表的国产品牌。潮玩产品中，最受用户欢迎的前三大类型是盲盒、手办、模型，盲盒具有不确定性的刺激感、社交传播的话题感、收藏价值等属性，因此得以快速流行。

中国的玩具产业营收前10的公司是泡泡玛特、kidsland、奥飞娱乐、邦宝益智、彩星玩具、实丰文化、星辉娱乐、裕利智能、奇士达、高乐股份。其中，泡泡玛特、奥飞娱乐、邦宝益智、星辉娱乐、奇士达、高乐股份等超过一半以上的头部玩具公司，都在积极涉猎和拓展科幻相关业务，通过开发IP衍生产品、智能数字产品、科普和教育产品等方式进入科幻领域。

泡泡玛特2017年至2020年的年度总收入分别为1.58亿元、5.15亿元、16.83亿和25.13亿元，年均增长高达167%，成为玩具行业的领军品牌。其比较出名的产品是"哈利·波特"的授权IP产品，最高年营收突破4亿元。2020年，泡泡玛特和上海宇航系统工程研究所的全资子公司——上海埃依斯航天科技有限公司合作，推出了特别款"宇航员"Molly，该款盲盒一经推出大受欢迎，当年的销售收入就超出5000万元。

奥飞娱乐从动漫制作开始延伸至周边玩具市场，拥有《超级飞侠》《铠甲勇士》等原创科幻IP，并且和网易游戏、腾讯游戏等巨头公司合作，推出《阴阳师》（网易IP）、《时空中的绘旅人》（网易IP）、《斗罗大陆》（腾讯IP）达成授权合作关系，建立潮玩品类IP矩阵，2018年至2020年3年的年营业收入分别是28.4亿元、27.2亿元与23.7亿元。

邦宝益智原先为少儿玩具制造商，近些年重点围绕IP授权、盲盒、国潮风等潮流产品进行研发、推广，推出了《斗罗大陆》《樱桃小丸子》《三只松鼠》《京剧猫》《太空学院》《神兽金刚》等国内外热门IP授权产品。邦宝益智2018年至2020年的收入分别为3.9亿元、5.4亿元和5.0亿元。

星辉娱乐和奇士达是主要经营车模玩具的公司。星辉娱乐拥有宝马、奔驰、奥迪、兰博基尼等超过35个世界知名汽车品牌的超300款车模生产的品牌授权；奇士达的智能车模玩具大部分为与知名汽车制造商推出的联名产品。

另外，广东森宝文化实业有限公司是电影《流浪地球》周边模型的主要积木制作厂商，在获得《流浪地球》IP授权之后实现了跨越式的发展，一举成为国内最具知名度和商业效益的模型积木制造企业之一。

2.科普教育产品或将成为玩具公司的转型途径

高乐股份的主要产品包括电动玩具、仿真飞机、智能娃娃、智能写字板等，设立高乐教育培训中心，以K12教育信息化系统集成和运营服务推出智慧云课堂，深入布局互联网教育、教育培训等产业链业务，成为科普玩具的重点品牌。

北京木马智慧玩具作为中国木制玩具领导品牌和教育玩具领先品牌，始终专注于"教育玩具专家"的角色，致力于为全世界儿童提供环保、安全、益智的高品质教育玩具，2008年与迪士尼合作，打造木马迪士尼玩具品牌，也是北京奥运会、上海世博会木制玩具指定生产商。

六、科幻文旅

科幻文旅产业，按照场所类型，主要包括三类：第一类是剧本杀、密室逃脱等科幻室内娱乐类；第二类是科幻主题乐园、文旅景区等科幻户外娱乐和旅游类；第三类是科幻题材的戏剧、演出类。

（一）科幻室内娱乐

1. 剧本杀

剧本杀，又称"谋杀之谜"游戏，是一种通过让玩家扮演剧本中的角色，围绕剧情和线索进行交流、推理，还原故事真相、厘清人物关系，最终揭开秘密或找出真凶的社交型游戏。这种来源于欧美的游戏形式在传入中国后逐渐本土化，因其除娱乐外同时兼具社交功能，吸引了大批年轻玩家，迅速风靡全国。当下青少年的娱乐集中在线上，线下社交缺乏新花样，剧本杀和密室逃脱恰巧打开了线下社交市场，用户付费意愿较高，近5年迎来快速发展。

据相关数据统计，2019年剧本杀市场规模达到109.7亿元，2020年受疫情影响增长率有所下降；但2021年疫情稳定后，线下消费和娱乐需求得到反弹式增长，约达到170亿元，增速达45%，消费人次将破亿，而且预计在2022年还将保持40%的增速，达到238亿元的市场规模，市场发展前景可期。

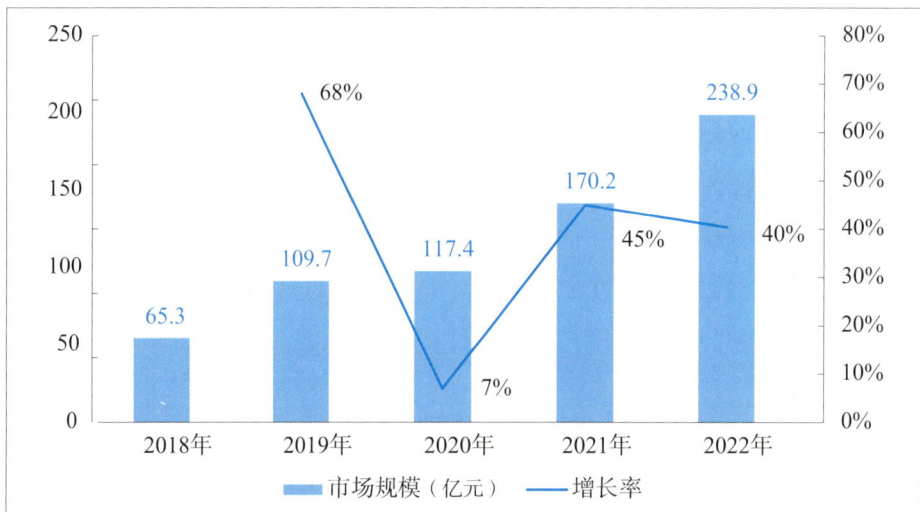

图7-31 2018—2022年中国剧本杀行业市场规模及增长率

全国具有代表性的科幻题材剧本杀有《HERO》《时空之墟》《太空谋杀案》《洛希极限》《反派盛宴》《次元三角》《错位》《生化危机》《异能》《神秘研究所》，但其中仅有《时空之墟》《错位》《异能》《神秘研究所》四个是国产剧本，其余都是国外引进作品。剧本杀的发行企业主要有西安蛛丝马迹文化传播有限公司、剧盟（天津）文化传播有限公司、深圳玉米叔科技有限公司、成都灰烬文化传播有限公司等。

剧本杀的核心竞争力是剧本质量，很大程度上取决于编剧的创意和文笔，然而目前，剧本内容严重同质化已成为剧本杀行业的一大难题，抄袭和盗版问题层出不穷，剧本杀市场的健康发展需要解决版权问题和法律风险。

2.密室逃脱

密室逃脱市场兴起时间略早于剧本杀，但市场规模略小于剧本杀。相比剧本杀更重视角色扮演和剧情设计，密室逃脱更注重场景体验、闯关设计和解密游戏，所以密室逃脱在空间设计上更能融合人工智能、虚拟现实、3D/4D等技术营造场景，而且密室逃脱的机关设置更容易加入语音识别、图像识别、人工智能、红外感应等新技术，增加科技元素和科幻感营造。

疫情前的 2019 年和疫情后的 2021 年密室逃脱行业市场规模都在百亿

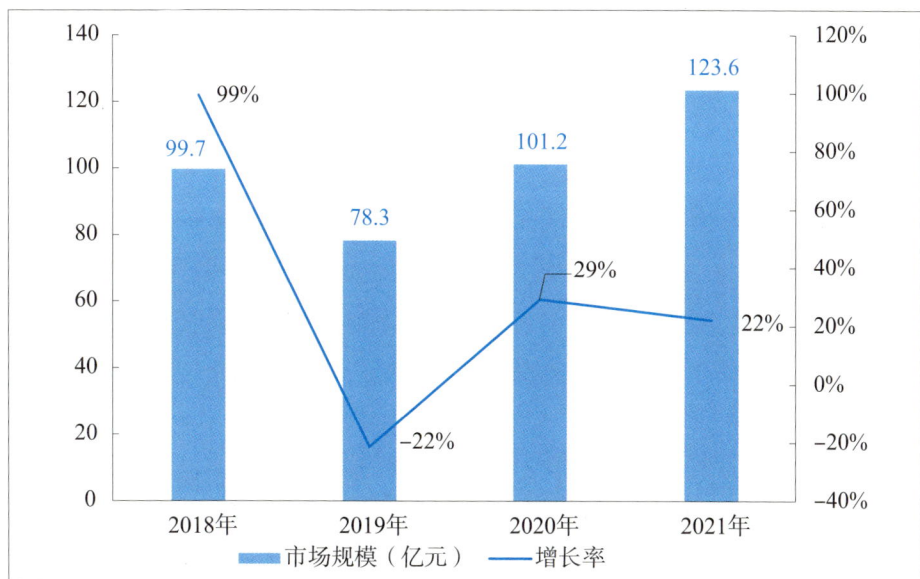

图7-32　2018—2021年中国密室逃脱行业市场规模及增长率

元上下，全国消费人次超过300万，全国门店超过1万家。泛科幻类型和风格的密室逃脱市场营收规模达到30亿元。全国具有代表性的科幻题材密室逃脱品牌如下。

表7-10　全国代表性科幻题材密室逃脱

名称	城市	简介
光洞穴之奇点密室	北京	体验型机械密室，运用虚拟现实技术设计科幻主题的故事背景，制作独特的密室场景造型形式，营造丰富生动的视觉效果
魔方密室：星际迷航	上海	把太空舱搬进密室，突出"科幻场景沉浸体验+烧脑原创剧本"特色
UmePlay	上海	"沉浸式体验+真人NPC+高自由度玩法+同一世界观+全开放式剧情"是UmePlay的最大特色
ZEBRA斑马·超级密室	重庆	硬科幻级别主题，大部分剧情以《异形1》为其创作素材
无畏军团18号生命研究中心·沉浸式剧场	湖南长沙	长沙首家1000平方米超大科幻风主题密室，同行业内角色最多、单主题场馆最大的项目，长沙首家结合CS对战系统玩法的密室逃脱
板砖先生·沉浸式实景娱乐	河南郑州	电玩+军旅+科幻+微恐，全彩蛋型闯关密室

（二）科幻主题乐园

1.全国主题乐园情况

随着近年来我国经济的快速发展，主题乐园产业也迎来了蓬勃的发展势头。从区域分布来看，目前大型主题公园主要集中在以广州、深圳为核心的珠三角，以上海、苏州为核心的长三角，环渤海地区，以及长沙、武汉、成都等中西部新兴一线城市。这种分布与我国区域经济发展水平和国内旅游市场结构基本一致。

我国主题公园可分为四类：主题文化类、休闲娱乐类、情景模拟类和景观观光类。其中，主题乐园代表有迪士尼乐园、环球影城、方特欢乐世界等；情景模拟类有杭州宋城、开封清明上河园等。

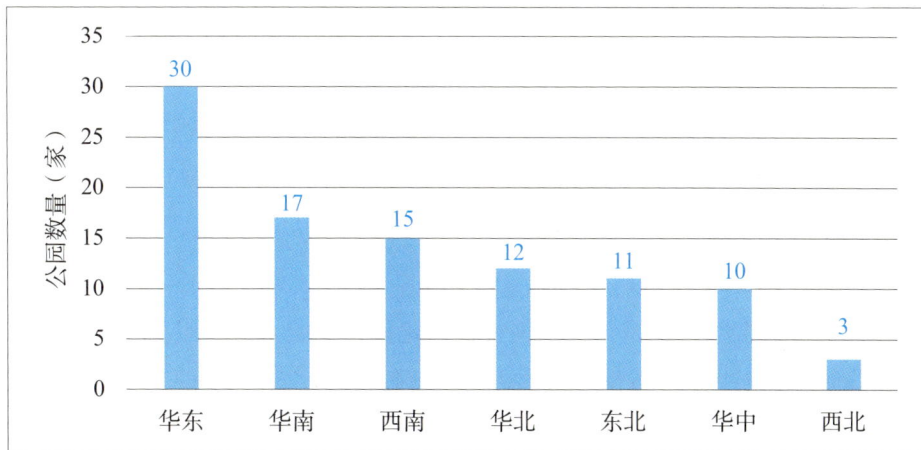

图7-33　2020年中国大型主题乐园分布情况

表 7-11　我国主题乐园分类情况

类别	体验内容	特征	主题公园代表
主题文化	独特文化主题	以独特的文化主题创意为主，融合多种表现方式的主题体验	迪士尼乐园、环球影城、常州中华恐龙园、方特欢乐世界、长春长影世纪城
休闲游乐	游乐设施	提供大型游乐设施，以满足游客的休闲游乐需求	"欢乐谷"系列主题公园、杭州乐园、上海海昌海洋公园
情景模拟	场景模拟和复原	以数字化模拟和再现历史场景为主	杭州宋城、开封清明上河园
景观观光	人造模型和景观	以仿真或人造景观的微缩景观为游览主题	深圳锦绣中华、世界之窗、昆明世界园艺博览园

　　全球前10名主题公园集团分别是迪士尼集团（美国）、默林娱乐集团（英国）、华侨城集团（中国）、环球影城娱乐集团（美国）、华强方特（中国）、长隆集团（中国）、六旗集团（美国）、雪松会娱乐（美国）、海洋世界娱乐集团（美国）、团聚公园集团（西班牙）。中国占了3家，分别是：华侨城集团、华强方特和长隆集团。整体来看，一线城市的主题公园市场已经趋向饱和，国际巨头也纷纷争夺中国市场，如迪士尼落地上海，环球影城落地北京，派拉蒙主题公园落地昆明，法国未来世界落地武汉，时代华纳和梦工厂联合

投资2000亿元将在珠海建设主题公园。国内主题乐园公司开始拓展二线市场，比如华强方特在重庆、四川的绵阳和自贡等地建设方特公园项目；海昌海洋公园分别在重庆和成都开放加勒比海世界和海昌极地海洋公园。主题公园布局将呈现小规模化和下沉趋势。

2.科幻主题乐园代表案例

（1）重庆金源方特科幻公园

方特科幻主题公园是深圳华强方特文化科技集团股份有限公司旗下结合知名动画IP《熊出没》而打造的综合性主题乐园，包括主题项目、游乐设备、休闲及景观项目，主打科技互动、电影特技、创意动漫。重庆金源方特科幻公园于2006年开业，总面积4万余平方米，是重庆市科普教育基地之一。

重庆金源方特科幻公园由银河广场、太空山、恐龙危机、生命之源、童乐城堡、西部追忆、影视特技摄影棚、嘟噜嘟比剧场、海螺湾、熊熊乐园等10个主题项目组成。公园大量运用现代计算机、模拟仿真、自动控制、数字影视、光学与声控等高科技手段，创造了一批形式新颖、内容丰富、活泼健康、惊险刺激、寓教于乐、参与性强的主题项目。公园中项目的规划安排突出了求知、学习、探索、体验的主旋律，每个主题项目的第一部分都是一个学科的知识汇集，第二部分则是结合这些知识的参与性体验。因此，可以说重庆金源方特科幻公园既是一个科技博物馆，一个青少年科技活动的基地，同时又是一个典型的高科技主题公园。

（2）贵阳东方双龙科幻主题公园

贵阳东方双龙科幻主题公园（简称贵阳东方科幻谷）由贵州双龙航空港经济区管委会和东方时代网络传媒股份有限公司下属子公司水木动画有限公司携手打造。项目一期占地500亩，是世界第一个科幻主题公园。贵阳东方双龙科幻主题公园于2016年开工建设，2017年9月试运营，2018年9月关停。贵阳东方双龙科幻主题公园以科幻激发创造，整合全球一流VR、AR、全息等高科技资源，打造了全球科幻娱乐、科教研发与科幻影视拍摄的聚集区，有VR游乐馆、VR电影院、中国西南地区第一个VR过山车、全息外星人基地、儿童科幻世界、机器人乐园等世界独一无二的科幻娱乐项目。虽然这个项目投入巨资建设，但是仅仅开业一年就停业。其中原因值得研究探讨。

（3）常州中华恐龙园

常州中华恐龙园是一家融展示、科普、娱乐、休闲及参与性表演于一体的恐龙主题综合性主题游乐园，创建于2000年，位于江苏省常州市，是国家5A级旅游景区，被称为"东方侏罗纪公园"。恐龙园创造性地提出主题公园"5+3"发展模式，即打造成涵盖主题教育、主题游乐、主题环艺、主题演艺、主题商业五个"主题"，以及管理设施、服务设施、媒体设施三个"设施"在内的主题公园。

中华恐龙园的核心主体——中华恐龙馆，是收藏展示中国系列恐龙化石最集中的专题博物馆，是恐龙园的核心和灵魂，也是恐龙科普知识的海洋。它以古生物的发生、演化和灭绝为线索，弘扬人类与自然界和谐发展的新自然观。恐龙园围绕高科技与恐龙主题设置了70余项惊险刺激、引人入胜的游乐项目，分为主题游乐、科技制作、小品观赏、生态表演、趣味游戏等几大类，与博物展示、园林绿化融为一体，其中"穿越侏罗纪"、"4D恐龙电影"和"冒险恐龙岛"等沉浸式展示和特技表演项目，通过炫酷的高科技、惊险刺激的场景营造、精巧的互动设计，深受年轻游客的喜爱。

（三）科幻演出市场

1.演出市场整体情况

大麦网联合灯塔研究院发布的《2019年演出行业洞察报告》显示，2019年中国演出市场蓬勃发展，市场收入达200亿元，同比增长7.29%，票房增速赶超电影市场，市场消费结构年轻化，呈现"低频次、高单价、稳输出"的特征，"95后"购票能力持续看涨，成为演出消费主力。演出市场类型包括剧场、演唱会、景区演出，其中剧场收入为84亿元，旅游景区的演出增速最快，收入达到74亿元，演唱会收入为43亿元。2020年受疫情影响市场萎缩，2021年收入恢复至170亿元左右。

随着5G时代的到来，VR、AR等数字虚拟技术将打破不同艺术形式和观演人群的壁垒，推动沉浸式观演升级。2020年，发展沉浸式体验写入《"十四五"文化和旅游发展规划》，成为推动文化产业结构优化升级的重要内容，加之我国新基建的发展，创新生态重新改变，沉浸式产业已经成为文旅体验经济的产业制高点和核心竞争力。

根据《幻境·2020中国沉浸产业发展白皮书》数据，2018年国内沉浸式产业产值27亿元，沉浸式项目达到442个；2019年产值增加到48亿元，项目增加到1100个，2020年沉浸式产业产值达到60亿元，发展到40多种业态、1500多个项目，预计2023年沉浸式产业产值将达到200亿元。沉浸式产业分布城市的前六名分别是上海、北京、成都、杭州、西安、重庆。

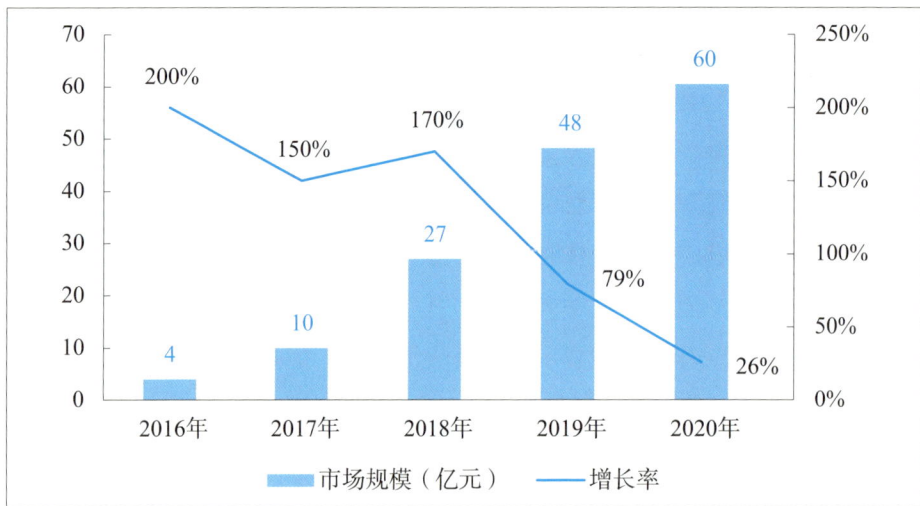

图7-34　2016—2020年中国沉浸体验市场规模及增长率

2.科幻沉浸演出代表案例

（1）杭州宋城：实景+沉浸

宋城（Song Cheng）于1996年开业，位于浙江省杭州市，是杭州市第一个大型人造主题公园。宋城以"建筑为形，文化为魂"为经营理念，仿宋代风格建造，主体建筑依据北宋画家张择端的长卷《清明上河图》而建，并按照宋书《营造法式》建造，还原了宋代都市风貌，是杭州市第一个反映两宋文化内涵的主题公园，年接待游客超过1000万。大型歌舞《宋城千古情》是宋城的灵魂，与拉斯维加斯的O秀、巴黎红磨坊并称"世界三大名秀"。宋城1997年被浙江省旅游局定为"97中国旅游年欢乐浙江游"的王牌景点，并获得"浙江十佳美景乐园"称号；1998年成为中国国家旅游局"98华夏乡游"的首选地；1999年4月获得"世界娱乐与主题公园协会会员"；2000年获得国家4A级旅游景区证书。

（2）苏州"姑苏八点半"之"夜show"：沉浸+虚拟+互动

该项目由NAKED创意团队打造，面向时尚人群、亲子家庭、艺术爱好者等人群，打造具有姑苏特色的沉浸式演出。团队运用高科技声光电技术，对拥有丰厚文化底蕴、悠久历史背景的姑苏进行"换装"，展现一个不一样的"江南水乡"；同时，利用沉浸式的声光电技术，融入姑苏古老的夜晚，打造姑苏"夜show"，利用3D虚拟人物与全息成像技术，加以如梦如幻的沉浸式光影系统、人工智能交互、生物神经系统模拟等新数字技术，将传统昆曲戏剧以全新感官的新艺术形式在苏州开明大戏院的舞台演绎，以此带动观前街乃至整个姑苏老城区的夜经济。项目计划将苏州开明大戏院的传统舞台改造为台上全息高科技舞台，打造全息互动沉浸虚拟剧场演出，让观众身临其境。昆曲不再是单一的布景，从闺房到园林，处处莺声鸟语，水系潺潺，沉浸的空间错觉会让观众陶醉在美妙意境中，犹如人在画中、画在曲中。现场观众在欣赏昆曲时，拿起手机就可以看到空中、身边飘浮的花瓣，飞舞的蝴蝶，以及通过AR/VR技术传递的歌词字幕。

七、科幻场景

科幻场景产业包含两大类：第一类是以会展、科技馆为空间的展览业；第二类是以科幻或文化科技为定位的产业园区、社区、街区等兼具生产和消费功能的综合体，强调城市空间的设计和场景营造，在总体上也属于沉浸式产业的一种延展形态。

（一）科幻会展

1.会展业整体情况

展览业作为投资与贸易的重要平台，不仅能够有效推动产业和消费增长，而且作为现代高端服务业的重要组成部分，对举办城市的住宿餐饮、交通物流、广告传播及旅游购物等行业均具有明显的拉动效应。

根据商务部有关展览数据汇总统计的情况，2019年全国办展11 033场，2020年全国办展5408场，比2019年减少51%；展出面积方面，2019年14 874万平方米，2020年达7727万平方米，比2019年减少48%；会展业直接产值

2019年达6000亿元，2020年达4600亿元，比2019年降低23%，占全国第三产业总值的1%左右。

图7-35 2016—2020年全国展览数量及增长率

上海、广州、北京作为中国展览业三大一线城市，2020年展览数量共计1214场，展览总面积1756.79万平方米，分别较2019年减少40.98%、50.58%，分别占全国展览总数的22.45%和22.73%。

图7-36 2016—2020年一线城市会展数量统计情况

从近5年的平均数据看，会展的主要类型分布为：日用消费品及居民服务类占30%；建筑家装服务类占18%；工业科技（含消费电子）类占11%；文化体育娱乐类占10%。目前尚无科幻类会展这一子类，但科技类（含消费电子类）、文体娱乐类展越来越多地和新技术结合提供高科技会展体验，也体现了科幻类会展的发展空间。

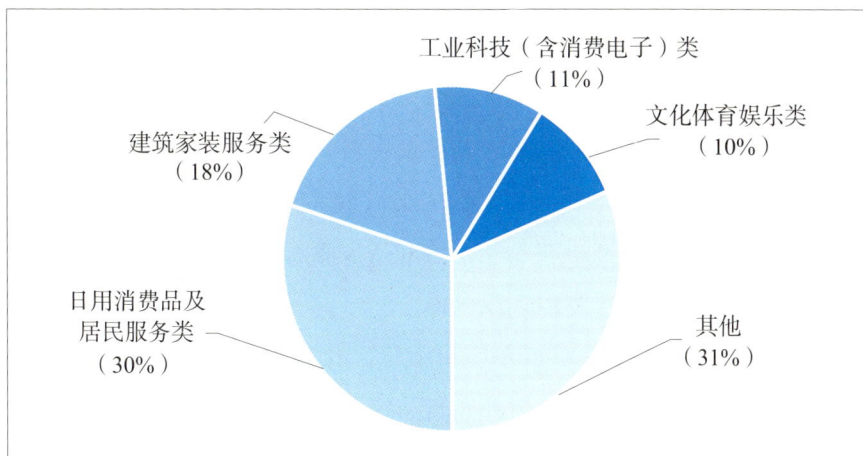

图7-37　近5年会展类型分布

目前国内科幻会展业产值虽然较小，但科幻元素正在对整个会展业进行赋能，在科幻产业调整结构、市场拓展、促进消费、加强产业合作交流等方面都能发挥有效作用。现阶段，科幻展正在进入行业成长期，普通观众对科幻展已逐渐熟悉，基于热门影视作品衍生出的科幻展受到市场及粉丝的认可及追捧。同时，科幻展的展出形式也在不断升级迭代，从早期的电影道具、角色扮演的实物展出，朝着沉浸式互动体验的方向发展，预期未来将吸引更多的用户和观众参展。

2.科幻会展代表案例

（1）中国国际数码互动娱乐展览会

中国国际数码互动娱乐展览会（以下简称ChinaJoy），是由国家新闻出版署和上海市政府共同指导，中国音像与数字出版协会和上海汉威信恒展览有限公司主办，上海市新闻出版局和浦东新区政府协办的综合性国际数字娱乐产业盛会。

2021ChinaJoy于7月30日至8月2日在上海新国际博览中心隆重举办。2021ChinaJoy与时俱进、开拓创新，首度全新增设"Sci-Fi CON科幻主题展"，打造了一场科幻主题的盛宴、一场科幻文化的嘉年华。2021ChinaJoy以"科技创梦，乐赢未来"为展会主题，结合产业跨界融合的强劲需求，主打新科技驱动下"娱乐＋科技"这一数字娱乐新生态，以科技助推数字娱乐新体验，集中展示数字娱乐产业前沿科技和高品质内容产品。

（2）中国国际漫画节动漫游戏展

中国国际漫画节（以下简称CICF），是由国家新闻出版广电总局和广东省人民政府主办，广州市人民政府和广东省新闻出版广电局承办，广州市新闻出版广电局负责执行的国际性动漫节展。CICF历经十年，其主体项目的大型动漫游戏展于2014年重新进行了品牌和资源整合，升级为"中国国际漫画节动漫游戏展"（以下简称CICF EXPO）。

2017年第十届CICF EXPO在广州举行，共有腾讯动漫、Sony游戏、阅文集团、哔哩哔哩等逾百个海内外知名品牌参与，展示动漫图书及衍生品达12 000多种。年轻的二次元人群处于个性追求与自我表达的高度活跃期，对社交互动有着强烈的诉求。对于二次元人群来说，除了热衷于自己喜爱的二次元内容本身外，关注ACG圈子、参与同人创作及参加线下漫展活动也是表达自己对动漫热爱之情的重要途径。

（3）漫威复仇者联盟世界巡回展

新加坡城贸控股有限公司策划出品的"复仇者联盟互动体验站"世界巡回展项目，首创性地将沉浸式互动体验技术融入科幻IP衍生展中，先后在纽约、巴黎、拉斯维加斯、新加坡、曼谷等地开展，2017年5月该项目引入中国，两年时间内先后登陆北京、重庆、长沙、沈阳、上海、厦门、成都等地，所到之处反响热烈。

"复仇者联盟互动体验站·成都站"所打造的复仇者联盟基地以故事为线索，每一个进入体验站的人都将化身成一名漫威复仇者联盟互动体验站的特工，在完成神盾局为你定制研发的黑科技培训、领取特殊战术情报操作系统后，去开辟你自己的专属任务。配合场馆内的光影音系统及先进的科学技术，多个室内互动体验能够使来宾沉浸其中，不需要3D眼镜，就能化身漫威宇宙的真实一员。

（4）上海"三体·时空沉浸展"

2020年1月10日，由三体宇宙官方授权，上海尊安同恒文化创意发展有限公司主办，上海中心合作举办的"三体·时空沉浸展"开幕式在上海中心展览馆盛大开启。"三体·时空沉浸展"以《三体》系列科幻IP为核心内容，用超大开放空间，融合科技美学与内容创新，首次呈现一场线下沉浸式体验盛宴，为用户提供21世纪20年代科幻视觉展览新体验。

上海中心展览馆近2000平方米的展览空间、3层公共开放区域、6大主题场景，完美复刻三体宇宙，将声音、光线、影像等多种元素交织在一起，360度全文字设计的"文字海"，再现原著的金句和重要片段；交错光束编织成时空隧道，漫步浩瀚宇宙；静止、攻击、死亡，全方位展现水滴的力量……突破书本与人之间的次元壁，打造一个多维而浩渺的浸入式空间。本次"三体·时空沉浸展"作为三体宇宙官方授权的首个沉浸式大展，致力于还原原著中的经典场景和科幻故事，融合前沿科技的沉浸式体验，呈现关于"水滴"、三体世界、"三日凌空"、浩瀚宇宙等大型名场面。

（二）科幻园区

1. 全国文化和科技融合示范基地概况

为推进文化科技技术创新、集成应用，促进传统文化业态转型升级和新兴文化业态培育，国家科技部与中宣部分别于2012年、2013年、2019年、2021年分批次认定国家级文化和科技融合示范基地，共认定85家基地，主要分为聚集类和单体类两种主要类型，其中集聚类44家，单体类41家，基本形成了以文化为内容核心、以科技创新为重要支撑、文化科技深度融合的产业业态，重点聚焦于文化大数据、公共服务、数字出版、文化装备制造、媒体融合、文旅综合服务等方向，构建了集聚类基地服务地方产业发展与实体经济、单体类基地服务行业技术研发与集成应用的全方位、多层次、开放式创新发展格局。

根据中国人民大学创意产业技术研究院发布的报告，我国国家文化和科技融合示范基地基本形成了"三极凸显、东部带动、多点辐射"的格局。

三极凸显：北京、浙江、广东成为文化科技融合示范的三极。在示范基地数量上，北京11家，浙江9家，广东8家，上海、江苏、辽宁各有5家，福建、湖南、四川各有4家，安徽、湖北各有3家，甘肃、广西、贵州、河南、山东、陕西、云南、重庆各有2家，天津、河北、黑龙江、吉林、江西、内蒙古、宁夏、山西各有1家，海南、青海、新疆及西藏还未建设基地。

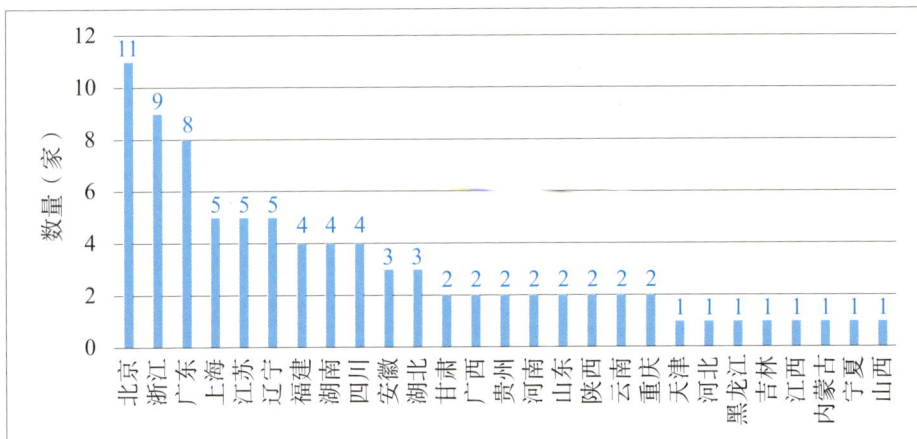

图7-38　国家级文化和科技融合示范基地省市数量分布情况

东部带动：东部地区占据半壁江山，处于主导地位。其中，东部地区53家基地、占比62.3%，中部地区14家基地、占比16.5%，西部地区18家基地、占比21.2%，形成了东部地区带动、中西部地区跟进的示范带动效应。

多点辐射：全国范围内分布着40多家单体类基地，其中数字技术应用、互联网应用与服务、文化装备制造领域是单体类基地的重点技术方向。这三个领域的基地数量均为6家，分别占比14.6%；媒体融合、智慧文博、数字出版领域其次，数量各为5家，分别占比12.2%；文化旅游领域4家，占比10%；文化创意、影视与游戏、文化艺术、智慧广电等领域各1家，分别占比2.4%。

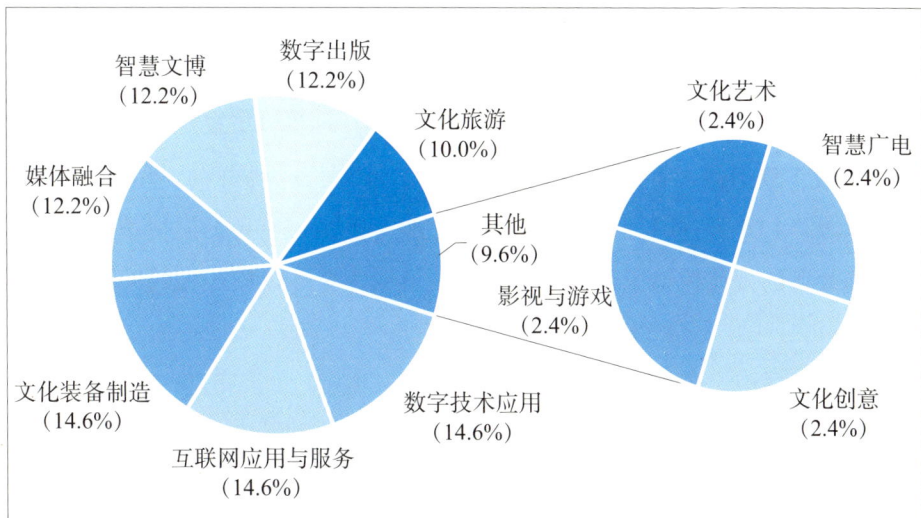

图7-39　国家文化和科技融合示范基地（单体类）的示范领域分布图

2. 全国知名产业园区案例

（1）青岛东方影都

青岛东方影都是全球投资规模最大的影视产业综合项目。"屹立东方、走向世界"的东方影都占地面积约376万平方米，总建筑面积约540万平方米，涵括东方影都融创影视产业园、融创茂、融创乐园、大剧院、高端酒店群、融创游艇会、滨海酒吧街、知名医院、国际学校等业态。东方影都规划了40个全球领先的摄影棚，包括迄今为止世界最大的1万平方米摄影棚和水下摄影棚，覆盖影视产业全产业链，是促进中国电影工业化发展的重要推动力。

东方影都位于青岛西海岸新区灵山湾影视文化产业区。该文化产业区是青岛西海岸新区发展的引擎，是青岛"三湾三城"西部湾城核心增长极，重点培育影视文化、智慧科技、旅游度假三大产业，承载着提升青岛文化产业发展的光荣使命。作为区域龙头项目，东方影都积极发挥带动作用，助力青岛成功申创"世界电影之都"，改变城市定位，促进城市发展。

（2）横店影视城

横店影视城是集影视、旅游、度假、休闲、观光为一体的大型综合性旅游区，以其厚重的文化底蕴和独特的历史场景而被评为国家5A级旅游景区，1996年为配合著名导演谢晋拍摄历史巨片《鸦片战争》而建，并对社会正式开放。横店影视城位于浙江省金华市东阳市横店镇，处于江、浙、沪、闽、赣四小时交通旅游经济圈内。自1996年以来，横店集团累计投入30亿资金兴建广州街、香港街、明清宫苑、秦王宫、清明上河图、华夏文化园、明清民居博览城、梦幻谷、屏岩洞府、大智禅寺、红军长征博览城、春秋·唐园、圆明新园等13个跨越几千年历史时空、汇聚南北地域特色的影视拍摄基地和两座超大型的现代化摄影棚。横店影视城已成为全球规模最大的影视拍摄基地，中国唯一的"国家级影视产业实验区"。

（3）中国科幻城

2017年11月，四川省科学技术协会和成都天府国际空港新城管委会共同签署了《"中国科幻城"战略合作协议》，意味着"中国科幻城"项目正式落户成都。中国科幻城涵盖9大区域，覆盖科创产业全链条，其中包括四川自然科学博物馆、中国科幻博物馆、中国科幻影视拍摄研发基地、科幻文创孵化园、中国科博场馆研究设计中心、科普科幻传媒基地、科幻创意教育园区、科幻世界乐园、科幻城商业配套。

中国科幻城的落户，推动国内外文化、娱乐、动漫、传媒、人工智能等领域的知名企业在成都天府国际空港新城聚集，吸纳全球科幻产业先进科技成果、创新资源和优秀人才。近几年，我国正在加速产业转型升级，众多城市第二产业中的大量工业园区、厂房厂区等亟待处理、改造，而沉浸式体验展在多个城市落地开花，能充分利用工业园区、厂房的空间资源，开发新型旅游产品，打造城市新名片，形成独特的沉浸式体验旅游业态未来，科幻与沉浸式体验相融合的科幻会展将大有作为。

（4）长春国际影都

长春国际影都包括长春净月高新技术产业开发区、莲花山旅游度假区主要区域及双阳区奢岭镇，占地面积1051平方千米，全面打造国际化电影全产业链基地。其中，位于净月区生态大街南端7平方千米的长春国际影都核心区，计划总投资350亿元，高标准建设由影视拍摄基地、5G数字影视基地、影视教育基地、影视文旅基地、影视孵化基地、影视总部基地构成的"六大基地"，协同运营、共同发展。

影视拍摄基地正在建设35个国际一流大型或超大型摄影棚，打造从拍摄、置景、服装、道具、化妆、外景地到影视旅游等一站式影视拍摄地；5G数字影视基地重点集成利用云计算、大数据、人工智能等数字技术，助力影视产业领跑全球；影视教育基地搭建了影视产学研一体化联盟，聚焦影视专业人才培养，打造新时代面向全球的影视人才摇篮；影视文旅基地正在建设吉林省三馆（大剧院、美术馆、近现代史展览馆）、万达MALL、度假酒店群、复华未来水世界、影视主题商街、长春国际电影节主会场金色大厅等，将打造成吸引千万级旅游人口的国际时尚高地；影视孵化基地正在建设创客中心、电影工坊等影视创意空间，孕育具有无限活力的影视创新创业生态圈；影视总部基地占地100公顷，引入长春电影制片厂等影视行业头部企业，打造集聚全球优势影视名企资源的强磁场，建设传承历史、创新未来的高品质影视总部集聚区。2020年起，"六大基地"陆续开工建设，计划三年之内基本建设完成，形成千亿级影视文旅产业生态圈。

北京科幻产业的发展现状

北京作为全国文化中心和国际科技创新中心，文化科技产业发展优势明显，科幻产业在全国占据重要地位，在科幻出版、影视、游戏、周边等产业类型的产值均占全国的30%以上，尤其科幻影视领域，占全国的约50%。2020年北京科幻产业总产值约190亿元，占全国的约34%，2021年全年总产值达到233亿元的规模，占全国的33%左右。

表 8-1 近 3 年北京科幻产业产值规模

产业类型	2019年		2020年		2021年	
	产值（亿元）	占全国比	产值（亿元）	占全国比	产值（亿元）	占全国比
科幻出版	7	35%	8.6	38%	9.4	36%
科幻影视	97	50%	15.3	52%	38	50%
科幻游戏	120	28%	146.6	30%	166	28%
科幻周边	4	30%	7.6	32%	6	30%
科幻娱乐/文旅/会展等	16	18%	8.9	20%	14	22%

从科幻产业的各类型来看，北京的科幻影视产业最具优势。北京的文化产业居全国之首，是全国影视业投资方、制片方和出品方的主要聚集地。国产科幻电影的出品公司主要分布在北京、上海、广东、浙江和江苏五地，北京占到全国的50%以上。近5年播映的170多部国产科幻影片中，有90多部是由北京的影视公司出品或参与出品，占总数的50%以上。2019年的北京科幻影视产业总收入为97亿元，2020年受疫情影响下降为15.3亿元，2021年回温增长，达到38亿元的规模。

在科幻游戏方面，国内游戏产业重点分布在广深等南方地区。四大游戏巨头中的完美世界在北京，先后推出近10款科幻游戏。全国游戏公司10强中北京的游戏公司超过1/3。北京科幻游戏产业的产值从2019年的120亿元增长到2020年的146.6亿元，2021年达到166亿元，约占全国科幻游戏产业的28%。随着北京对游戏产业、电竞赛事的政策扶持，科幻游戏产业还将迎来较大增长。

在科幻出版方面，北京的出版社和出版策划机构（书商）数量众多，聚集了全国近4成的出版机构，近5年全国共计出版了1700多部原创科幻图书，其中由北京的出版机构出版的有近650部，占比接近40%。2019年北京科幻出版产业产值约为7亿元，2020年增长到8.6亿元，2021年产值超过9亿元，其中科幻数字出版占比约50%。北京科幻出版市场头部效应比较明显，很多作家和作品的市场认知度较低，在原创IP转化和影视化上还存在不足。

北京的线下娱乐、文旅、演出市场比较繁荣。相关数据显示，2020年剧本杀和密室逃脱市场规模超160亿元，其中科幻主题占比近30%；2020年沉浸式产业超过200亿元，其中运用数字技术营造奇观景象的"泛科幻"会展、文旅、演出类占比约20%。根据相关数据分析，2019年科幻线下消费市场规模约为16亿元左右，经历2020年疫情后，2021年科幻线下消费恢复增长至14亿元。科幻3.0产业是科幻产业的最前沿部分，在政策和技术双重赋能下具有巨大的发展空间和想象力。

一、科幻出版

科幻文学作品受众范围小、"不出圈"等问题长期制约着北京乃至全国的科幻阅读产业的发展。近年来，《三体》《北京折叠》等科幻作品的出现及《流浪地球》等科幻电影的火爆受到大众的广泛关注，北京的科幻阅读市场呈现良好的发展态势。

北京的科幻阅读产业真正起步于2015年，在科幻阅读市场中，图书出版所占的比例最大，但是从未来发展趋势上看，数字阅读和有声阅读的整体规模呈上升趋势。尤其是2020年受新冠肺炎疫情的影响，实体图书的销量受挫，给予数字阅读和有声阅读市场大幅度的增长空间，数字阅读在北京科幻阅读市场总产值中占比38%，有声阅读占比达到11%。其中，数字阅读包括网络文学与电子书的阅读。

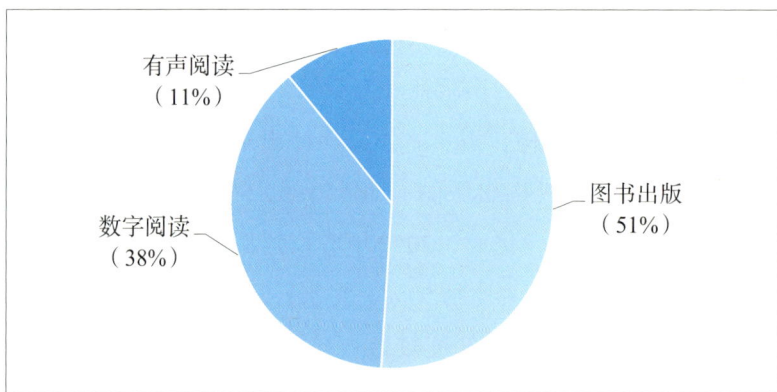

图8-1　2020年北京科幻阅读市场结构图

（一）北京科幻出版的发展现状

1.近5年图书码洋增长迅速，受疫情影响降幅明显，亟待回升

根据中科协科幻产业报告的数据，2016年北京科幻图书市场销售码洋达到200万元，相比2015年不足100万元的销售码洋，增长率超过100%；2017年达到了500万元，相比2016年增长了150%；到了2018年，销售码洋迎来了大幅度增长，达到2200万元，增长率为340%；2019年突飞猛进增长至6000万元，增长率为173%；2020年受新冠肺炎疫情的影响，上半年实体图书销量受挫，下半年大幅度提升，全年销售码洋达到约7000万元。2021年，北京科幻图书市场销售码洋持续回升，上半年就已达到了5300万元，全年达到9000万元。

2.北京的出版社力量相对集中

部分出版机构将"科幻"作为独特的出版类型，启动科幻图书的产品线，成立专门的部分来负责科幻图书的策划与出版。其中，处于头部位置的是科学普及出版社、北京理工大学出版社和新星出版社，第二梯队的是清华大学

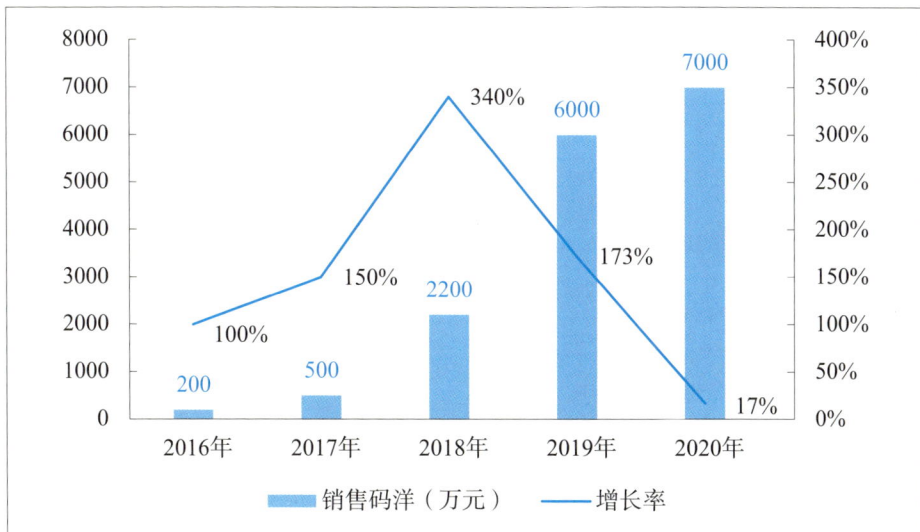

图8-2　2016—2020年北京科幻图书市场销售码洋及增长率

出版社、北京少年儿童出版社、人民文学出版社，第三梯队的是作家出版社、中国纺织出版社，第四梯队的是科学出版社、中信出版社。

表8-2　北京代表性科幻出版社及机构

	出版社和机构名称	出版的科幻类作品列举
第一梯队	科学普及出版社	姚义贤和王卫英的《百年中国科幻小说精品赏析》（全5册）、刘慈欣的《流浪地球》《中国太阳》、江波的《时空追缉》《机器之道》等
	北京理工大学出版社	刘慈欣的《微纪元》、周忠和与王晋康的《藏在科幻里的世界》等
	新星出版社	雷·布拉德伯里的《雷·布拉德伯里短篇自选集》、奥森·斯科特·卡德的《大师的盛宴》、彩虹之门的《地球纪元》等
第二梯队	清华大学出版社	董仁威的《中国百年科幻史话》等
	北京少年儿童出版社	刘慈欣的《超新星纪元》、王晋康的《少年闪电侠》、杨鹏的《超时空少年》等
	人民文学出版社	龙一的《地球省》、刘洋的《火星孤儿》、凌晨的《睡豚，醒来》等

续表

	出版社和机构名称	出版的科幻类作品列举
第三梯队	作家出版社	飞氘的《四部半》、阿缺的《湿润的金属》、江波的《宇宙尽头的书店》
	中国纺织出版社	乔华的《犰先生：锦绣离人》、儒勒·凡尔纳的《凡尔纳科幻经典》
第四梯队	科学出版社	吴季的《月球旅店》
	中信出版社	刘慈欣授权、北京漫传奇文化传播有限公司改编的"刘慈欣科幻漫画系列"（全4册）

从国外引进科幻作品的出版机构来看，TOP5的出版社是新星出版社、人民文学出版社、北京联合出版有限责任公司、中信出版社和时代华文书局，其中新星出版社、人民文学出版社是科幻翻译出版的佼佼者，出版数均超过100。

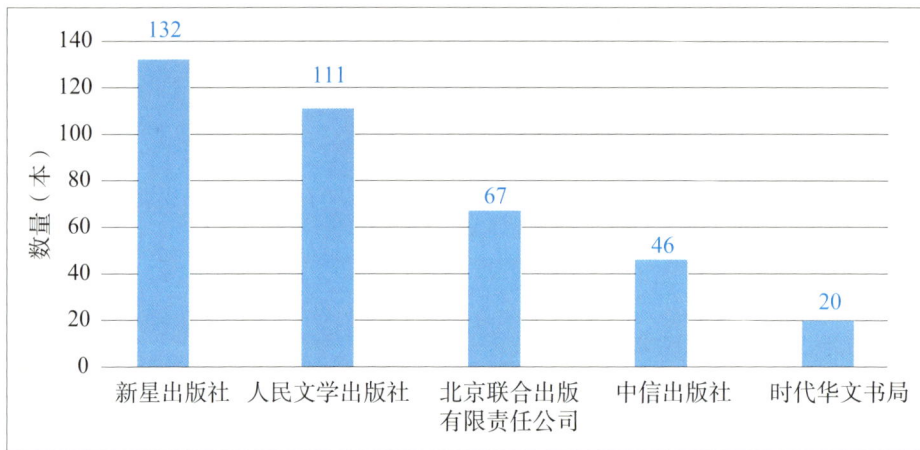

图8-3　引进国外科幻作品的出版机构TOP5

3.科幻专业的书商正在蓬勃发展

目前，国内并未形成专门化、垂直化的科幻出版社，但是形成了"书商（出版策划公司）+出版社"的合作模式，联手策划开发科幻作品，推动国内科幻出版发展。其中，北京地区集合了许多书商（出版策划公司），致力于科幻出版作品的规模化、系列化出品。

最具有代表性的是博峰文化（北京）有限公司，该公司成立于2014年，专注原创图书的策划和出版发行，与国内多家出版社建立深入合作关系，从2020年开始重点开拓科幻图书出版业务。2021年6月与北京的航空工业出版社航空书店合作出版"半人马"科幻系列图书，汇集了40位年轻作者、60篇科幻佳作，这部科幻作品集堪称中国原创科幻佳作的一次综合巡礼，在题材内容上涉及星际探索、人工智能等。出版的科幻类作品有董仁威的《移民梦幻星》、杨鹏的《校园三剑客》、郑文光的《古庙奇人》等。

北京的出版策划公司与全国各地的出版社都有合作关系。未来事务管理局、北京磨铁图书有限公司、雁北堂（北京）文化传媒有限公司、北京果麦文化传媒股份有限公司、北京九志天达文化传媒有限公司、后浪出版咨询（北京）有限责任公司等，均与3家及以上的出版社合作出品过科幻图书。

而出版社也倾向与多家出版策划机构合作，北京联合出版有限责任公司、江苏凤凰文艺出版社、百花洲文艺出版社、四川科学技术出版社等出版社，都与至少3家北京图书公司合作出品过科幻图书。

在地域分布方面，北京的出版策划公司主要落于朝阳区（8家，38%）、海淀区（5家，24%）、东城区（3家，14%）及西城区（3家，14%），这一分布比例与北京文化产业分布状况相似。

表8-3 北京科幻类出版商和合作出版社

序号	书商	所在地	合作出版社	所在地
1	北京磨铁图书有限公司	北京西城区	北京联合出版有限责任公司	北京
			江苏凤凰文艺出版社	江苏
			百花洲文艺出版社	江西
			中国友谊出版公司	北京
			中国华侨出版社	北京
			浙江人民出版社	浙江
			天津人民出版社	天津
2	未来事务管理局	北京东城区	四川科学技术出版社	四川
			江苏凤凰文艺出版社	江苏

续表

序号	书商	所在地	合作出版社	所在地
2	未来事务管理局	北京东城区	作家出版社	北京
			湖南文艺出版社	湖南
			上海文艺出版社	上海
			中信出版社	北京
			化学工业出版社	北京
			百花洲文艺出版社	江西
3	博峰文化（北京）有限公司	北京海淀区	万卷出版公司	辽宁
			北京理工大学出版社	北京
4	北京果麦文化传媒股份有限公司	北京朝阳区	四川文艺出版社	四川
			浙江文艺出版社	浙江
			天津人民出版社	天津
5	后浪出版咨询（北京）有限责任公司	北京东城区	四川文艺出版社	四川
			九州出版社	北京
			海峡文艺出版社	福建
			上海文艺出版社	上海
6	北京漫传奇文化传播有限公司	北京朝阳区	中信出版社	北京
7	联合读创（北京）文化传媒有限公司	北京海淀区	北京联合出版有限责任公司	北京
8	雁北堂（北京）文化传媒有限公司	北京西城区	北京联合出版有限责任公司	北京
			百花洲文艺出版社	江西
			北京日报出版社	北京
			广东旅游出版社	广东
9	中南博集天卷文化传媒有限公司	北京朝阳区	湖南文艺出版社	湖南
			江苏凤凰文艺出版社	江苏
10	北京九志天达文化传媒有限公司	北京海淀区	四川科学技术出版社	四川
			江苏凤凰文艺出版社	江苏

续表

序号	书商	所在地	合作出版社	所在地
11	北京世纪文景公司文化传播公司	北京朝阳区	上海人民出版社	上海
12	北京沐文文化发展有限公司	北京怀柔区	沈阳出版社	沈阳
13	新经典文化有限公司	北京西城区	百花文艺出版社	天津
14	北京读蜜文化传媒有限公司	北京朝阳区	浙江文艺出版社	浙江
15	北京白马时光文化发展有限公司	北京朝阳区	百花洲文艺出版社	江西
16	北京阅然文化发展有限公司	北京海淀区	北京联合出版有限责任公司	北京
17	北京博采雅集文化传媒有限公司	北京海淀区	现代出版社	北京
18	北京美读文化发展有限公司	北京朝阳区	辽宁人民出版社	辽宁
19	北京儒意欣欣文化发展有限公司	北京顺义区	江苏凤凰文艺出版社	江苏
20	理想国青年（北京）文化科技有限公司	北京东城区	广西师范大学出版社	广西
21	京贵传媒（北京）有限公司	北京朝阳区	贵州人民出版社	贵州

4.科幻数字阅读与有声阅读：整体呈上升趋势，有大幅增长空间

数字出版市场主要包括数字阅读和有声阅读两类。而数字阅读又包括网文和电子书。

先看科幻网文方面，从全国范围来看，科幻网文数量较多、规模较大的是起点中文网，但是其总部位于上海，并不在北京。起点中文网隶属于阅文集团，创建于2002年5月，其前身为起点原创文学协会，长期致力于原创文学作者的挖掘与培养工作，开创了在线收费阅读，即电子出版的模式。起点中文经过10多年的努力，建立了完善的以创作、培养、销售为一体的电子在线出版机制，成为国内优秀的文学作品在线出版平台，树立了业内具有影响力的行业领导地位。随着业务的发展，起点中文网还涉足图书出版、影视改编、动漫改编、周边衍生产品的授权开发等。

中文在线成立于2000年，是中国数字出版的开创者之一，主营业务有全媒体出版、无线阅读服务、移动阅读终端服务等。目前，中文在线累积数字内容资源超500万种，网络原创驻站作者430万名，并且与600余家版权机构合作，签约知名作家、畅销书作者2000余位，旗下拥有17K小说网、四月天小说网等多个原创网络平台。中文在线拥有作家刘慈欣《流浪地球》《乡村教师》《中国太阳》《微纪元》《地球大炮》《白垩纪往事》等29部科幻作品的数字版权。近几年，中文在线着力打造"网文连载+IP轻衍生同步开发"的商业模式，通过对优质网文进行衍生，开发音频、微短剧、漫画及文创周边等，实现从网文盈利模式转向IP全生命周期经营的产业链模式。

北京的网文网站还有红袖添香、晋江文学城、飞卢中文网等，这些网站虽都开设了科幻频道或类别，但其大多作品对科幻类型的定义模糊，将科幻和玄幻、悬疑、灵异等类型混搭，具有知名度和代表性的科幻作品不多，有《末世之黎明救赎》（红袖添香）、《科幻之谜》（晋江文学城）等。根据阅文集团发布的《2021科幻网文新趋势报告》，截至2021年，网络文学用户规模达到4.6亿，阅文旗下各网文网站的科幻内容创作者规模超过50万，这说明科幻网文还具有巨大的发展空间。

表8-4　北京代表性数字阅读、有声阅读企业（机构）

		网站名称	创办时间	简介
数字阅读	文学网站	红袖添香	1999	北京红袖添香科技发展有限公司旗下的一个文学网站，其门户网站设有"悬疑科幻"这一单独门类，但大部分作品并不属于科幻类别，存在分类模糊的问题，且通过关键词搜索"科幻"获得的结果也较少，订阅量也很小

续表

		网站名称	创办时间	简介
数字阅读	文学网站	晋江文学城	2003	由北京晋江原创网络科技有限公司创办，比较突出的是 Priest《残次品》，讲述未来星际世界发生的故事，其VIP章节点击量平均在4000次至5000次，且该小说有实体书出版，曾获得2019年科幻银河奖最佳原创图书奖
		飞卢中文网	2005	由北京创阅科技有限公司创立，网站设有"科幻网游"频道，但其中很多是玄幻、奇幻题材作品
		纵横中文网	2008	由北京幻想纵横网络科技有限公司创立的大型中文原创阅读网站，设有"科幻游戏"频道
		天地中文网	2015	北京大麦中金科技有限公司运营的男性阅读平台，网站中设有"科幻灵异"频道
		中文在线	2000	着力打造"网文连载+IP轻衍生同步开发"的创作新模式，实现从单一网文向文学IP全生命周期生产和经营的进化
	电子书	当当网	—	知名综合性网上购物商城，其科幻类电子书销量较高的有《三体》（全三册）、《流浪地球》、《平面国》、《银河帝国》等
		京东	—	中国自营式电商企业，其科幻类电子书销量较高的有《三体》（全集）、《超新星纪元》、《球状闪电》、《银河帝国》等
有声阅读		凯叔讲故事	2014	中国儿童内容领域的知名品牌，曾推出《凯叔神奇图书馆》《凯叔口袋神探》《凯叔荒野大冒险》《凯叔机甲护卫队》等栏目，其中《凯叔口袋神探》颇具代表性

续表

	网站名称	创办时间	简介
有声阅读	凤凰FM	—	作为一款手机音频APP，拥有凤凰卫视、凤凰URadio独家音频节目。曾推出《科技一点通》《科技每日推送》《科技热点》等热播节目

在电子书方面，体量最大的是总部位于北京的当当网和京东商城。截至2021年12月，当当网科幻类电子书销量排在前列的是《三体》（全三册）、《流浪地球》等。此外还有引进国外的《银河帝国》《平面国》等。而京东商城的科幻电子书中，销量居于前列的是《三体》（全集）、《超新星纪元》、《球状闪电》等，还有引进国外的《银河帝国》等。从销售数据的分布来看，京东和当当的爆款科幻图书有一定的重合度。

在有声阅读方面，北京科幻有声阅读市场以"凯叔讲故事"为代表，近几年陆续推出了《凯叔神奇图书馆》《凯叔口袋神探》《凯叔荒野大冒险》《凯叔机甲护卫队》等栏目，其中《凯叔口袋神探》颇具代表性，截至2021年8月31日，收听用户数量突破1000万，收听量突破11亿次。

（二）北京科幻阅读市场存在的问题

1.科幻创作人才不足

北京地区的科幻作家虽然不缺名家，数量在全国的占比也比较高，但从全国范围来看，科幻作家占作家人数的整体比例非常小，而且专职的科幻作家更少，大多科幻作家都是业余创作，凸显了科幻创作人才的不足。在海外发行和推广上，科幻文学作品对翻译的要求较高，对优秀译者的需求量非常大，但是优秀的译者比较少，限制了中国科幻"走出去"。另外，科幻创作人才的不足还体现在科幻影视的编剧领域面临较大的人才缺口。

2.营销方式缺乏创新

科幻图书无论在内容特色还是在读者定位方面都有其特殊性，但是目前的科幻图书营销并没有实现特色化和专业化。相比国外有专门的科幻书店，国内的科幻图书营销也缺少专门的营销渠道。究其原因，一是缺乏专业的科幻营销人员，出版社的营销人员对科幻这一门类并不了解，难以挖掘科幻图书的价值点和卖点；二是市场上并没有形成一套成熟的科幻图书营销方式策略供操作，还需要摸索。

（三）北京科幻阅读市场的发展对策与建议

从当前北京科幻阅读市场的总体趋势来看，未来几年的市场前景比较乐观，会有更多的出版机构加入科幻出版的行列，其产业化程度也将逐步提高，但是想要达到长期、良性的发展，还需要相关各方的共同努力。

1.从供给端加大科幻内容创作和人才培养

科幻创作是需要高智力投入的创造性活动，人才是最核心、最宝贵的资源。相关机构应通过专项资金、有奖征选、举办赛事活动等方式搭建平台，加强科幻创作人才的培养。如中国科普作家协会自2017年以来每年开展"科普科幻青年之星计划"，举办"全国中学生科普科幻作文大赛"等活动。《科普创作评论》于2020年推出"青年科普科幻作家支持计划"，聚集专家为科幻创作爱好者开展科幻培训，培养科幻创作新秀。相关部门还可以成立科幻创作扶持基金，开展人才培养计划，鼓励科幻内容的精品化和IP化。

2.多渠道加强科幻图书营销

产学研联动，着力培养一批既懂科幻又懂市场营销的人，探索科幻图书营销的新思路，打造爆款图书，促进科幻阅读市场的快速发展。鼓励有条件的出版机构、书店和图书馆等开设科幻主题书店，通过线上线下联动的方式加强科幻图书的创意化、特色化、集中化营销。

3.从消费端加强培育科幻阅读消费习惯

以国家倡导"全民阅读"为机遇，举办"科幻阅读季"活动；运用新媒体平台，发挥北京出版机构聚集的资源优势，加强科幻有声阅读产品的开发和推广；加强线上线下联动，开展"科幻作家直播"等活动。全方位培养公众，尤其是青少年的科幻阅读习惯，形成科幻消费新风尚，进一步推动科幻阅读市场的发展。

二、科幻电影

（一）北京科幻电影产业的发展现状

北京科幻电影产业依托北京的影视产业和企业集聚优势，近年来积极创作科幻影视作品。近5年北京影视公司出品或参与出品的科幻电影作品总计91部，其中院线43部，网大48部。2019年由京西文化出品的《流浪地球》火爆以后，院线电影年产量增长明显，2020年达到12部，2021年达到17部。网络电影在2018年增长明显，数量最多，多达16部，2019年至2021年稳定在9部左右。不过需要注意的是，这些科幻电影作品有很多是"软科幻"，北京的影视企业需要在"硬科幻"的创作和制作上发挥领头和带动作用。

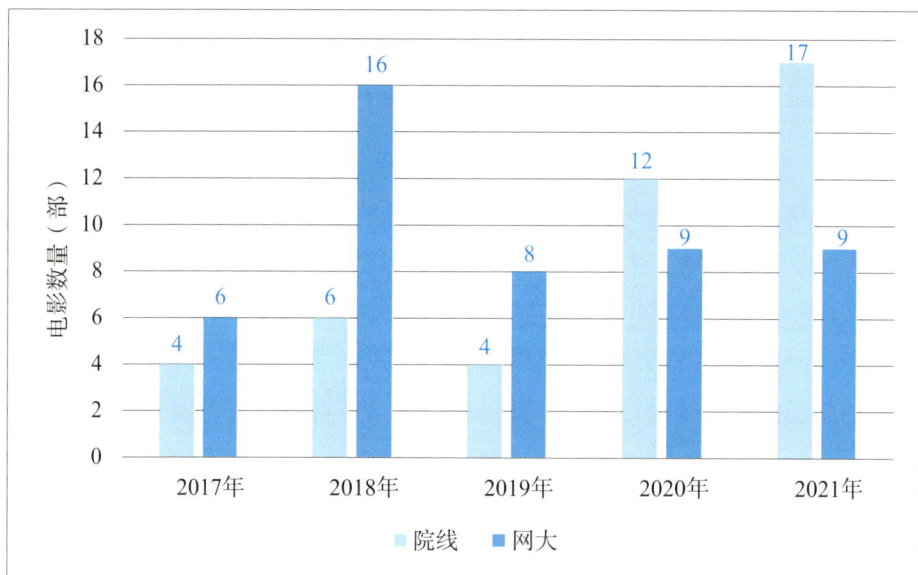

图8-4 2017—2021年北京地区科幻电影（院线和网大）年出品量

1. 全国科幻电影出品公司的1/2集中在北京

从全国来看，国产科幻电影的出品公司主要分布在北京、上海、广东、浙江和江苏五地。在近5年播映的171部国产科幻电影（含院线和网大）中，共有91部由北京注册的影视公司出品或参与出品，约占科幻电影总数的53%。全国范围内，出品或参与出品科幻电影的影视公司共计约190家，其中在北京注册的影视公司有107家，约占全国的56%。北京作为全国文化中心和文化产业中心，是全国影视业投资方、制片方和出品方的主要聚集地。

在北京之外，科幻电影出品地主要分布在上海（24部）、广东（11部），以及东部沿海发达省市（浙江11部，江苏17部），这与我国传媒产业的区域分布格局趋同。其他地区的影视出品公司仅投拍过1至2部科幻作品。

表8-5　全国主要城市的科幻电影出品情况

出品地	出品公司数量	出品科幻电影总数量	出品网大数量	出品院线电影数量	出品科幻电影数量占全国的比例
北京	107	91	48	43	53.2%
上海	29	24	20	4	14.0%
广东	8	11	10	1	6.4%
浙江	10	11	10	1	6.4%
江苏	20	17	15	2	10.0%

2.在北京备案的科幻电影生产量占全国1/2

在2018年至2021年备案的265部国产科幻电影中，北京影视传媒公司参与投拍或制作的共93部，约占全国35%；备案地在北京的影片共61部，约占全国的23%；两个指标加起来占全国的58%，位列全国第一。跟随其后的是广东、上海、江苏、浙江，备案生产的电影数量也较多。

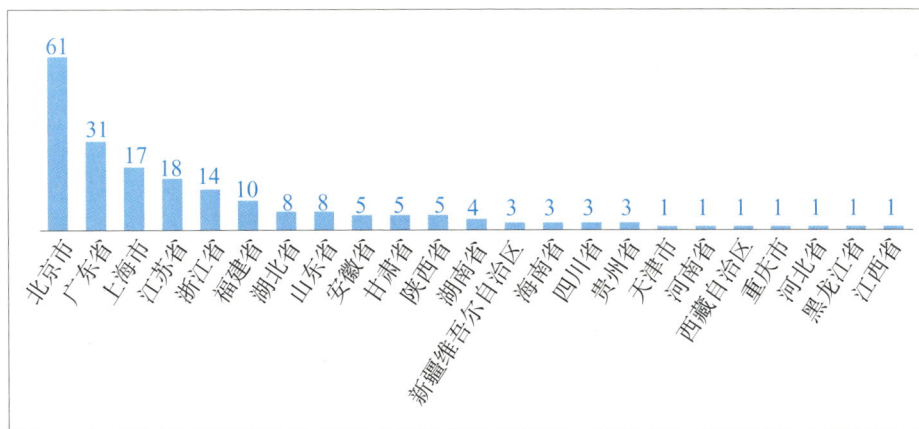

图8-5　科幻电影备案地分布

整体而言，影视科幻相关企业的分布东部多、西部少，超一线与一线城市的传媒生态与经济力量更支持影视传媒公司在科幻影视领域发展。其中北京的影视传媒公司又在其中发挥中流砥柱作用。

3. 北京科幻电影出品公司的集中度较高

北京的影视公司近5年共出品了43部科幻院线电影，按照参与出品的数量对影视公司进行排序，排在前面的公司有中影、阿里影业、光线影业、腾讯影业、京西文化、万达影视、引力影视、拾月国际等。

北京的影视公司近5年共出品了48部科幻网大，按照参与出品的数量对影视公司进行排序，排在前面的公司分别是爱奇艺、优酷、芭乐互动、淘梦影业、微像影视、大盛传奇、雄孩子等。

4. 科幻电影出品公司主要分布在朝阳区与海淀区

从区域分布看，北京的科幻电影出品公司主要分布在朝阳、海淀、怀柔、石景山等区。位于朝阳的科幻电影出品公司约占40%左右，包括阿里影业、万达影视、淘梦影业等知名影视传媒公司；海淀的科幻电影出品公司主要有腾讯影业（北京）、完美影视、中影动画等；怀柔拥有中影集团的怀柔影视基地，拥有爱奇艺影业、博纳影业等知名影视公司；石景山正在建设科幻产业集聚区，拥有芭乐互动、开心麻花影业等影视公司，在科幻影视领域具有良好的优势和基础。

（二）北京科幻电影产业代表企业

北京作为影视创意策划、拍摄生产制作、推广发行、国际交流的中心，影视机构总量、产业规模、产量均居全国首位。中国早期的科幻电影就诞生于北京。1958年，北京电影制片厂拍摄了科幻畅想影片《十三陵水库畅想曲》；改革开放后，中国儿童电影制片厂拍摄了《霹雳贝贝》（1988）、《大气层消失》（1990），开创了中国科幻电影的先河，拓宽了中国电影的类型。随着市场化的发展，中国电影产业开拓进取，特别是在北京诞生了一批致力在科幻电影产业上发展的优秀企业。

表 8-6　北京科幻电影代表性企业

企业名称	创办年份	代表作品
中国电影集团公司	1999	《危险智能》（2003年）、《长江7号》（2008年）、《终极游戏》（2010年）《霹雳贝贝》（1988年）、《大气层消失》（1990年）、《魔表》（1990年）、《疯狂的兔子》（1997年）
中国电影股份有限公司	2010	《骇战》（2013年）、《不可思异》（2015年）、《美人鱼》（2016年）、《孤岛终结》（2017年）、《伊阿索密码》（2018年）、《流浪地球》（2019年）
北京光线影业有限公司	2004	《全城戒备》（2010年）、《赛尔号大电影4：圣魔之战》（2014年），参与《美人鱼》（2016年）的投资拍摄。目前正在拍摄科幻动画片《深海》、科幻电影《冬眠时刻》
腾讯影业文化传播有限公司北京分公司	2015	联合出品发行《毒液：致命守护者》（2018年）、《大黄蜂》（2018年）、《阿丽塔：战斗天使》（2019年）、《流浪地球》（2019年）、《上海堡垒》（2019年）。网络科幻电影《时空送货人》（2017年）等
爱奇艺影业（北京）有限公司	2014	网络科幻电影《我的极品女神》（2016年）《外星痞子》（2017年）、《超级APP》（2018年）
北京淘梦影业有限公司	2015	网络科幻电影《铁血：生死隧战》（2021年）、《陆行鲨》（2020年）、《机甲核心》（2018年）、《超级APP》（2018年）
北京微像国际文化传播有限责任公司	2014	《深空法则》（2021年）。正在开发的科幻电影：《群星闪耀时》《99朵玫瑰》《那一刻来临》
芭乐互动（北京）文化传媒有限公司	2011	网络科幻电影《时间猎杀者》（2017年）、《超神异能者》（2018年）
北京竹蜻蜓文化传媒有限公司	2015	网络科幻电影《机器情人》（2015年）、《机器情人之野蛮女管家》（2017年）
北京京西文化旅游股份有限公司	1997	《流浪地球》（2019年）、《战狼Ⅱ》（2017年）、《被光抓走的人》（2019年）。即将推出《封神三部曲》

（三）北京科幻电影产业发展存在的问题

1.科幻政策落地难度较大，资金投入与产业需求有较大差距

从2020年开始，国家和北京市相继出台了科幻产业的扶持和推动政策，对于提振行业发展信心起到了重要作用。但这些政策并没有得到有效的落实和落地，包括房地产和税收等支持政策并没有起到有效地引导从业人士入驻产业园的初衷。科幻影视产业属于高投入、高产出的行业，其资金的投入与行业的需求并不匹配，导致很多资金并没有发挥最大价值。

2.科幻电影的工业化生产体系薄弱，作品视觉化转换存在困难

以《流浪地球》为代表的科幻电影虽然呈现了较高的工业化水准，但是市场上整体缺少专业的科幻特效团队，目前很多人才是从动画片等传统行业转化而来的，对于科幻特效的创作还处于摸石头过河阶段。科幻作品文字转换为视觉化动画，所有的场景、情节都必须建立在一定的科学依据基础上，需要美术设计人员，尤其是美术主编掌握足够的科学知识，在进行作品创作时能够把控科幻动画的风格和特征，在编剧和制作方面，也需要既懂科幻文学又懂编剧的优秀创作人员，因此技术人才的缺失增加了科幻文学作品向影视转化的难度。

3.科幻电影项目的生产未形成规模化和常态化

即便是在作为"文化中心"和"影视之都"的北京，科幻的投资和出品尚未形成规模，科幻电影的项目生产较为临时化，尚未形成工业化、规模化的体系。大多数影视公司仅把科幻视为一种市场份额不高的类型片进行运作，创作团队不固定，并不存在一家公司专注于某一类题材的创作；同时在商业操作方面，往往是借由一部作品注册一家企业，组建一个团队，既没有把科幻电影制作当作重点业务加大投资，也没有作为新兴业务进行培养。

（四）北京科幻影视产业的发展对策与建议

1.加强政策扶持和落地实施

北京作为科幻影视产业的发展重镇，首先要推出促进科幻生产和运营的相关政策，并积极推进政策落地和实施；要加大对科幻创意人才和工业化人才的培养力度，形成科幻创作和投资氛围，扶持新星，争取涌现一批优秀的

科幻影视编剧、导演和制作人才；还应加大对版权的保护，避免盗版产品流入市场，并且在版权授权经营和交易环节加强法律意识和科学运作。

2.促进科幻网络影视的发展和繁荣

北京作为全国影视产业的高地，在影视产业方面的突出优势，给科幻影视产业的发展带来重要机遇。同时，经过了2020年疫情的网络电影大爆发，未来网络电影无论在制作还是在发行方式上都更加成熟及多元。伴随着疫情防控常态化的继续推进与市场的进一步发掘扩大，网络发行机制将更加成熟，将有越来越多的富有经验的电影人转战网络电影市场，更多优质作品的涌现将成为可能，网络影视市场将迎来新的繁荣。

3.探索中国特色的科幻表达

一方面，2020年以来，进口片和国产片相比，无论在引进数量还是票房上都在急剧衰减，国产影片的票房及好评度极大提升，超过了进口片。2021年全国票房排行榜的前10名中，仅有《速度与激情9》《哥斯拉大战金刚》两部进口影片，分别排在第5和第8名。《尚气与十环传奇》《蜘蛛侠：英雄无归》等影片因引发争议而直接被限制进口。另一方面，国家广播电视总局推出"中国经典民间故事动漫创作工程（电视动画片）"、"中华文化广播电视传播工程"等多项扶持举措，为扶持中国原创、弘扬中华优秀文化、挖掘中国故事元素和中国审美特色的节目，推动中国文化走出国门提供了各种有力扶持。发展中国科幻影视作品、探索中国特色的科幻IP、开创全新的中国科幻表达方式，成为科幻产业实现高质量发展、加强国际传播的必然路径。

三、科幻动漫

（一）北京科幻动漫产业发展现状

1.北京的科幻动漫生产力非常不足

北京公司出品和参与出品的科幻题材动画电影，从数量来看，2016年至2021年总计上映10部，平均每年1至2部，对照全国范围的科幻动画电影上映量来看，占到近一半的比重，在一定程度上体现了北京在影视领域的产业实力和优势。但整体而言，无论从全国还是北京来看，科幻题材的动画电影数量都很少，影视公司对科幻动画电影的创作热情、生产力都非常不足。

从口碑来看，面向低幼儿童的科幻动画电影作品如《萤火奇兵2：小虫不好惹》《新大头儿子和小头爸爸2：一日成才》《钢铁飞龙之再见奥特曼》等占到50%，豆瓣评分较低；而面向大众化、亲子群体的作品如《海底小纵队：火焰之环》《未来机器城》等作品，豆瓣评分较高，以剧情和制作品质赢得口碑，这也给国产科幻动画电影的发展带来希望。青少年是科幻内容的主要消费群体，打造适合青少年群体，既有文化内涵又有科技水平的科幻动画作品，既是促进科幻产业发展的重要内容，又成为促进科幻和科普融合的重要切入口。

表 8-7   2016—2021 年北京公司参与出品的科幻动画电影

序号	作品名称	上线时间	豆瓣评分	出品公司	票房（万元）
1	星际侠探	2021	暂无	苏州琪桐文化发展有限公司、北京基点影视文化有限公司	46
2	海底小纵队：火焰之环	2021	6.7	万达影视传媒有限公司、万达儿童文化发展有限公司、央视动漫集团有限公司	5326
3	未来机器城	2019	5.7	阿里巴巴影业集团、万达影视传媒有限公司	1687
4	萤火奇兵2：小虫不好惹	2019	暂无	浙江祥源文化股份有限公司、北京其卡通弘文化传播有限公司、浙江其飞祥文化传播有限公司、绍兴其云祥文化传媒有限公司、中视金桥文化发展（北京）有限公司、四川其道名扬文化传播有限公司、沈阳万其社动漫影视传播文化有限公司	454
5	疯狂斗牛场	2019	暂无	陕西鸣达鑫雨科技发展有限公司、中国电影股份有限公司、中影动画产业有限公司	230
6	吃货宇宙	2018	5.7	无锡天工影业有限公司、北京圣壹门文化传播有限公司、上海鸣润影业有限公司	486
7	钢铁飞龙之再见奥特曼	2017	2.6	广州蓝弧动画传媒有限公司、乐视影业（北京）有限公司	4101

序号	作品名称	上线时间	豆瓣评分	出品公司	票房（万元）
8	超能龙骑侠	2017	暂无	恒大影视文化有限公司、北京华映星球文化发展股份有限公司	307
9	新大头儿子和小头爸爸2：一日成才	2016	4.8	央视动漫集团有限公司	9040
10	太空熊猫英雄归来	2016	2.7	合肥泰尚文化科技有限公司、峨眉电影集团有限公司、北京锋尚锐志文化传媒有限公司	2102

北京公司出品或参与出品的网络科幻动漫，2016年至2021年合计上线6部（不包含由院线转网播的科幻动画），占全国范围网络科幻动漫总量的不到1/4，生产力不足的问题突出。另有两部正在制作中，预计2022年上线，从品质和口碑来看，普遍高于科幻动画电影，这种情况也和全国范围的网络科幻动漫水平保持一致。

表8-8　2016—2021年北京公司参与出品的网络科幻动漫

序号	作品名称	上线时间	豆瓣评分	出品公司
1	丙级超人快递侠（第二季）	2016	8.1	咸蛋动画（所属公司：北京葫芦文化传媒有限公司）
2	酷杰的科学之旅——森林探险	2018	暂无	中国科学技术出版社、中科数创（北京）数字传媒有限公司
3	末世觉醒之入侵	2018	7.2	上海腾讯企鹅影视文化传播有限公司、北京天工艺彩文化传播有限公司、广州星辉娱乐有限公司
4	异常生物见闻录	2019	5.0	北京漫漫淘科技有限公司
5	望古神话之天选者	2020	6.9	哔哩哔哩（所属公司：上海幻电信息科技有限公司）、崇卓动画（所属公司：杭州崇卓科技有限公司）、博易创为（北京）数字传媒股份有限公司
6	末世觉醒之溯源	2020	7.7	上海腾讯企鹅影视文化传播有限公司、北京天工艺彩文化传播有限公司、广州星辉娱乐有限公司

序号	作品名称	上线时间	豆瓣评分	出品公司
7	隐行者之兵骇	制作中	—	北京天工艺彩文化传播有限公司
8	古都探幽	制作中	—	北京创趣未来文化传媒有限公司

2. 大多数作品为北京和外地影视动画公司合作出品

从全国范围来看，科幻动画电影的出品公司主要集中在北京，占40%；其他公司主要集中在上海、深圳和广州。但北京的出品公司多采用与外地公司合作的形式参与到科幻动漫产业中。独立出品过科幻动画电影的仅有央视动漫集团、北京其欣然等少数公司，阿里影业、万达影视、乐视影业作为主要出品方投资出品了科幻动画电影。

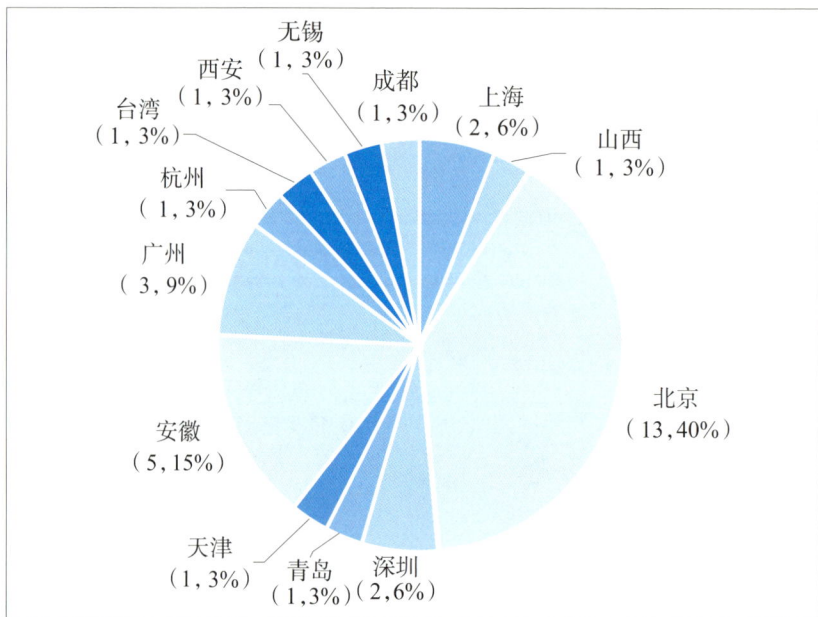

图8-6 国产科幻动画电影出品公司区域分布情况

科幻网络动漫公司集中分布在北京、上海、广州、深圳等地。咸蛋动画（所属公司：北京葫芦文化传媒有限公司）、北京漫漫淘科技有限公司、万达影视传媒有限公司（北京）和中科数创（北京）数字传媒有限公司4家公司作为第一出品方出品科幻动漫，仅北京天工艺彩文化传播有限公司、北京漫漫淘科技有限公司、北京创趣未来文化传媒有限公司3家动画公司独立投资制作了科幻动画电影。而已经形成IP品牌的科幻网络动漫作品主要分布在上海和广州。如上海淘米网络科技有限公司的"赛尔号"系列、上海腾讯企鹅影视文化传播有限公司的"末日觉醒"系列、海岸线动画工作室的"纳米核心"系列、广州超神影业的"雄兵连"系列与"星渊之境"系列、广州蓝弧动画传媒有限公司的"钢铁飞龙"系列等。北京在科幻网络动漫的发展上还需要更多的企业参与进来。

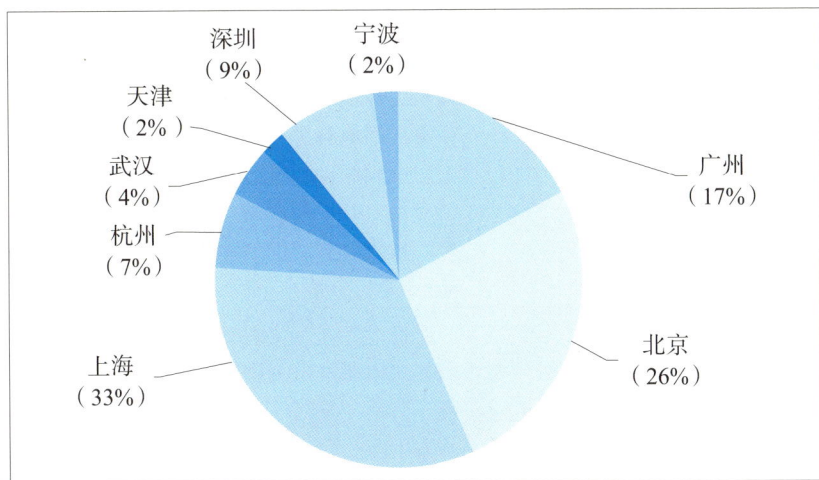

图8-7　国产科幻动漫出品公司区域分布

表8-9　出品或参与出品科幻动漫的北京代表企业

企业名称	注册地（区）	创办年份	简介及代表作品
北京其卡通弘文化传播有限公司	朝阳	2002	注册资本300万元，法定代表人：王云飞。该公司以打造中国高端动画品牌团队为目标，是早期中国原创动画发展的引领者之一，多年来，从早期的8人发展为百人的大型动画团队，先后获国内外动画大奖20余次，创作了家喻户晓的《快乐东西》《马小跳》《钢仔特攻队》等十余部极具影响力的作品，累计制作精品高达12 000多分钟，并为奥运会、世博会、央视、卡酷、联想、奥美等高端客户提供动画视觉内容服务。代表作品：《萤火奇兵2：小虫不好惹》

109

续表

企业名称	注册地（区）	创办年份	简介及代表作品
优酷信息技术（北京）有限公司	海淀	2006	注册资本6000万元，法定代表人：李巍。该公司是一家综合视频服务商，从内容生产、宣发、营销、衍生商业到粉丝经济，贯通文化娱乐全链条的综合视频服务商。代表作品：《巨兵长城传》
博易创为（北京）数字传媒股份有限公司	海淀	2006	注册资本3888万元，法定代表人：宋海龙。该公司是以数字阅读为基础、IP运营为核心的综合性数字文化娱乐企业。代表作品：《望古神话之天选者》
央视动漫集团有限公司	东城	2007	注册资本25 000万元，法定代表人：蔡志军。该公司原名央视动画有限公司，2020年揭牌为中央广播电视总台下的央视动漫集团，重点发力短视频和动画电影，围绕核心IP进行全产业链布局，开发新产品，拓展新渠道，探索新业态，构建总台动漫全媒体传播新格局。代表作品：《海底小纵队：火焰之环》
万达影视传媒有限公司	朝阳	2009	注册资本7.5亿元，法定代表人：曾茂军。万达影视集电影、电视剧的开发、投资、制作、宣传、营销、发行等多方位影视功能为一体，并致力于海外影视业务的发展。代表作品：《海底小纵队：火焰之环》《未来机器城》
万达儿童文化发展有限公司	朝阳	2016	注册资本8亿元，法定代表人：张春远。该公司是万达旗下的儿童影视内容制作和发行公司。代表作品：《海底小纵队：火焰之环》
北京聚合影联文化传媒有限公司	昌平	2011	注册资本1333.33万元，法定代表人：易常春。该公司是集电影投资、渠道发行、营销策划、版权商务等为一体的综合电影公司，推行"城市宣发一体化""平台化运营""线上线下双向发行"等管理理念，屡次创造票房佳绩。代表作品：《星际大逃亡》
北京天工艺彩文化传播有限公司	海淀	2012	注册资本827万元，法定代表人：邹羲。该公司有超过16年CG行业经验，以原创动漫为核心，集IP孵化、动漫制作、技术服务、IP运营为一体，在量产动画方面拥有绝对优势。代表作品：《美食总动员》《末世觉醒之入侵》《末世觉醒之溯源》《隐行者之兵骇》

续表

企业名称	注册地（区）	创办年份	简介及代表作品
中科数创（北京）数字传媒有限公司	海淀	2015	注册资本1000万元，法定代表人：宁方刚。该公司是中国科协旗下中国科学技术出版社转制成立的融媒体制作和运营公司，拥有国内一流的科普传播、电子出版、动画和影视制作、数字信息等技术和服务。代表作品：《酷杰的科学之旅——森林探险》
北京创趣未来文化传媒有限公司	朝阳	2020	注册资本6000万元，法定代表人：李建军。该公司是由乐动天元集团控股的致力于游戏、动漫、影视不同媒介联动出品的新型文化传媒公司。代表作品：《古都探幽》

3.科幻动漫的内容类型多元化

科幻动漫的播出平台主要是腾讯视频、爱奇艺、优酷和哔哩哔哩，除了哔哩哔哩在上海，其他都在北京。我们统计了2016年至2021年上线的国产科幻动漫作品（含科幻动画电影和网络科幻动漫）的类型分布，可以看出，国产科幻动漫的类型分布多元化，形成了明显的梯队：第一梯队为超级英

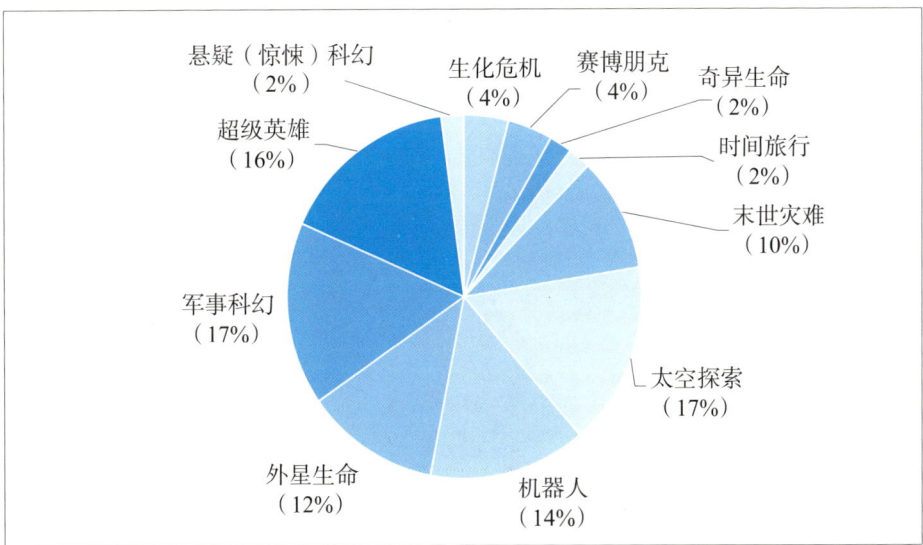

图8-8　2016—2021年国产科幻动漫类型划分

雄、军事科幻、太空探索类型，数量最多；第二梯队为机器人（人工智能）、外星生命、末世灾难类型；第三梯队为赛博朋克、生化危机等类型，数量较少。

表 8-10　国产科幻动画作品代表作

题材类型	作品名称
超级英雄	"英雄再临"、《你在星光深处》
军事科幻	"我的三体"系列、"纳米核心"系列、"雄兵连"系列
太空探索	"飞天少年"系列、《超级伊仔》
机器人	"末世觉醒"系列、《崩坏星河》
外星生命	"哈哈！地球人"系列、《异常生物见闻录》

2016年至2020年引进的日本科幻动画中，超级英雄科幻动画独占鳌头，共13部，占比超27%。机器人、时间旅行、军事科幻、赛博朋克等题材作品数量4至6部，也是较受创作者喜爱的题材类型。以上五类题材共占总数的3/4，其余作品则零星分散在其他题材。

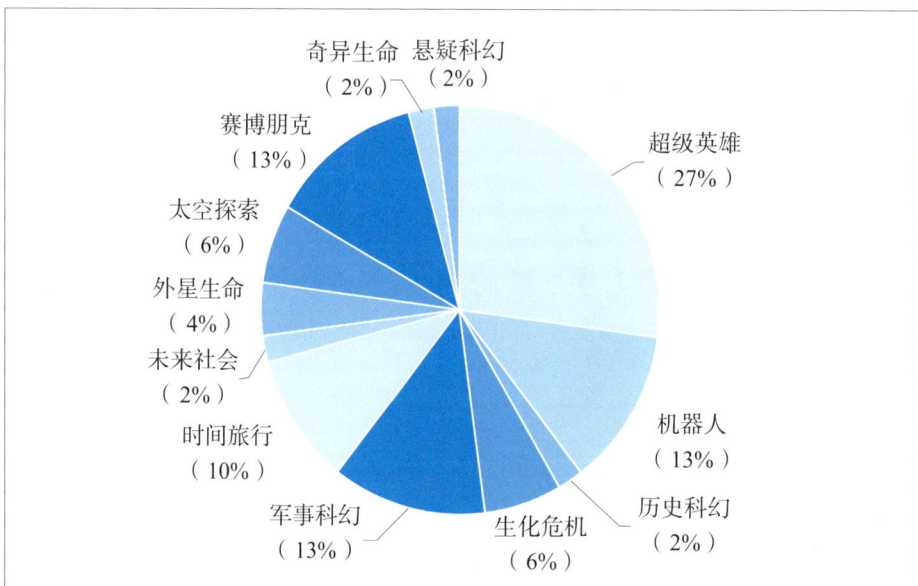

图 8-9　2016—2020年引进日本科幻动画类型划分

表 8-11　日本科幻动画作品代表作

题材类型	作品名称
超级英雄	"奥特曼"系列、《战翼的希格德莉法》
机器人	《异度侵入ID：INVADED》《卡罗尔与星期二》
时间旅行	《命运石之门0》《重返17岁》
军事科幻	《攻壳机动队SAC_2045》《宇宙战舰提拉米斯》
赛博朋克	"高达创形者再起"系列

与中、日科幻动画题材多元的情况不同，2016年至2020年引进的美国科幻动画作品中分类较为集中，主要为军事科幻（11部）与超级英雄（5部），其他作品题材包括机器人、太空探索、生化危机、未来社会、地球旅行、历史科幻。

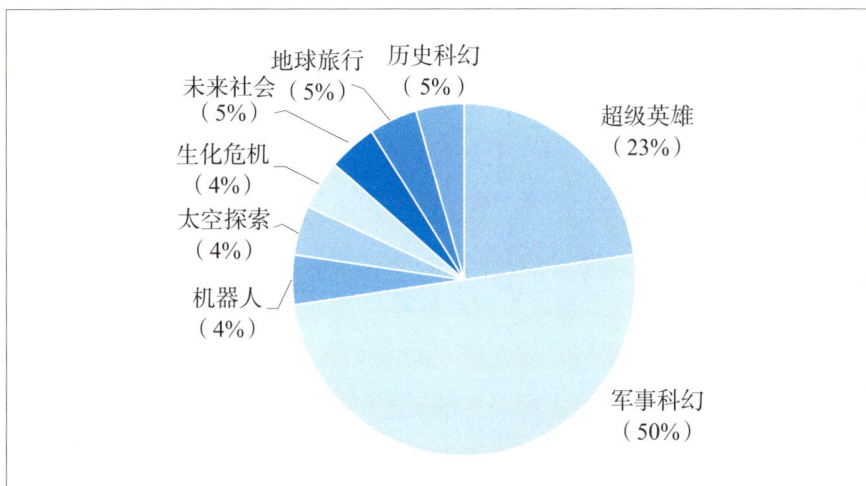

图 8-10　2016—2020年引进美国科幻动画类型划分

表 8-12　美国科幻动画作品代表作

题材类型	作品名称
军事科幻	"战神金刚：传奇的保护神"系列、《变形金刚》
超级英雄	《乐高DC超级英雄：闪电侠》《太空英雄》

网络科幻动漫的类型多元和制作品质是我国科幻动漫创作活力和生产能力的体现。网络科幻动漫的生产基础、制作经验和渠道优势，也能反哺科幻动画电影，助力我国科幻动漫市场的繁荣。

（二）北京科幻动漫产业发展存在的问题

1.科幻动漫生产力严重不足，人才培养和产业实践不匹配

北京在影视公司分布和影视产业发展基础上优势明显，但是科幻动画电影的生产仍然不足。网络科幻动漫的生产和制作方式区别于传统影视公司，目前网络科幻动漫的制作公司大都分布在上海、广东地区，北京在科幻网络动漫上的力量更为薄弱。科幻动漫主要面向青少年群体，好的科幻动漫作品既需要深厚的文化内涵，又需要制作技术的支撑，因此科幻动漫是促进科幻产业发展的重要内容，又成为促进科幻和科普融合的重要切入口，亟须得到政产学研各界的重视和扶持。

北京集中了大量高校，尤其是北京电影学院、中国传媒大学等都开设了动漫设计和制作相关专业，北京邮电大学、北京交通大学等高校也开设了数字媒体专业，北京高校的动漫人才培养并不缺乏，但是科幻动漫的创作仍然非常不足。究其原因，还是产业、企业对于科幻动漫的重视度不够，造成了人才培养和产业实践的错位和不匹配。

2.科幻动漫作品缺乏分层，影响品质提升

目前，科幻动漫作品的目标人群主要为低幼人群，角色形象简单化、叙事模式低幼化，不能延展覆盖更多年龄层人群，没有充分发挥动画这一艺术形式的全部潜力。近几年成功的国漫都是面向大众化、全年龄层人群的优秀作品，无论是叙事内涵还是制作水准都达到了和国外动漫竞争的水平。科幻动漫作品缺乏分层、定位模糊是影响生产规模和内容品质的主要原因。

（三）北京科幻动漫产业发展对策与建议

1.加强产学研联动，优化市场和人才结构

从北京的高校专业培养体系来看，北京并不缺乏动漫创作人才，需要从产业、企业的角度拉动和激发北京动漫人才的活力，优化市场需求和人才匹

配。发挥产学研联动的力量，从供给端加大对科幻动漫作品的生产和创作，建立校企合作人才培训基地，开展定向的人才培养和实践计划，鼓励优秀的原创科幻动漫作品。

2. 集中力量提升品质，打造青少年向的科幻动漫IP

科幻动漫是促进科幻产业发展的重要内容，又是促进科幻和科普融合的重要切入口，借着国漫崛起的大好环境，也迎来了黄金发展机遇。北京具备较强的文化和科技实力，尤其影视产业的发展基础良好，可集中多方资源，瞄准青少年群体，打造融合科幻、科技、科普内容的动漫IP作品，打破目前科幻动漫低龄化、口碑低下的现状，带动提升全国科幻动漫的品质和水平。

3. 加强科幻动漫产业的政策扶持

从全国范围来看，科幻动漫产业相对薄弱。北京作为全国文化中心，具有突出的首都优势和文化产业实力，在科幻动漫产业的引领方面应发挥更强的示范作用。科幻动漫既具有影视化呈现的传播优势，又具有制作成本较低、衍生转化便捷的产业优势，动漫IP往周边和主题乐园衍生开发的空间非常大，可以更好地推动文化产业的发展。从政策扶持上，北京可以推出鼓励原创科幻动漫、建设动漫创作交流平台，支持科幻动漫IP的多元转化等相关政策，抢占科幻动漫产业的发展先机，打造科幻动漫产业高地。

四、科幻游戏

（一）北京科幻游戏产业发展现状

1. 游戏产业增长态势明显，政府支持力度大

根据北京动漫游戏产业协会数据统计，2021年北京游戏市场收入达到1022.61亿元，较之2020年的904.23亿元增长了约11.58%，约占全国游戏市场收入的34.4%。北京市委宣传部2019年发布的《关于推动北京游戏产业健康发展的若干意见》提出，到2025年，北京市游戏产业年产值将达到1500亿元的目标。随着数字经济的发展、数字文化产业的繁荣，人们的数字文化消费需求得到激发，成为拉动北京动漫游戏产业增长的主要原因。

根据科协科幻产业报告的数据，北京移动游戏市场规模持续扩大，2020年北京移动游戏市场总销售收入达到894.29亿元，比2019年增加了178.6亿元；北京移动游戏用户已达508.1万人，比2019年增长了16.6万人。在海外市场方面，北京游戏产业也有良好的表现。2020年北京游戏出口总产值为419.29亿元，比2019年增长30%。

北京市游戏产业的快速发展，离不开政府部门的引导和支持。2020年9月，首届北京国际游戏创新大会（BIGC）由北京市委宣传部、中国音像与数字出版协会指导，北京海淀区委宣传部支持，北京海淀中关村科学城电子竞技产业协会等主办。大会以"科技·创新·未来"为主题，80余家国内外游戏企业、上百位知名游戏人参与大会，举办了游戏产业创新峰会、主题分享会和前沿科技展等精彩纷呈的活动，为推动国际网络游戏中心建设，促进游戏行业繁荣发展，搭建了国际创新合作和交流的平台。

2.游戏巨头掌握市场主导，科幻游戏在游戏产业中占比较小

游戏产业集中度高，游戏巨头公司掌握市场主导。北京最大的游戏巨头公司——完美世界，先后制作、出品和发行过7款科幻类型游戏产品：《活锁》（2016年）、《创世战车》（2016年）、《深海迷航》（2017年）、《HOB》（2017年）、《幻塔》（2020年）、《我的起源》（2019年）、《Project：棱镜》（2021年）。完美世界在科幻游戏上的引领作用非常明显，在游戏出口方面也表现突出，荣获2021年"走出去"优秀游戏企业等奖项。但从整个游戏产业和市场来看，科幻游戏的占比仍然较小，尚处在培育期。

根据《中国科幻产业报告》的相关统计，北京地区目前注册的游戏公司有101家，但出品过科幻游戏的公司仅有24家，在所有游戏类公司中占比仅约1/4。科幻游戏产业在整个游戏产业中占比较低，科幻游戏也尚未成为热门的游戏类型，游戏公司更热衷于开发魔幻、冒险、战争等游戏。要促进科幻游戏的发展，既要发挥领军企业的引领作用，又要鼓励和扶持中小游戏公司积极参与，尽快培育科幻游戏IP，抓住北京大力发展游戏产业的机遇，将科幻游戏做大做强。

表 8-13　完美世界发行的科幻游戏产品

游戏名称	上线时间	题材类型	游戏类型	简介
活锁	2016	机器人	端游（单机）	一款上帝视角的快节奏设计游戏。故事背景发生在1500年后的"后人类"时代，人类世界被机器人破坏得面目全非。玩家作为一个将人类意识和机器人融合的战士，为了地球的未来而战斗
创世战车	2016	机器人	端游（网游）	游戏将沙盒游戏的脑洞创造与载具游戏的激烈对战融为一体。每位玩家都可以使用丰富、可自定义更换的部件创造独一无二的战争机器，操控它们冲锋战斗、摧毁敌人，感受破坏的快感
深海迷航	2017	地球旅行	端游（单机）	一款深海主题沙盒生存建造游戏。背景设定在22世纪晚期，阿尔特拉远途采矿船极光号在海洋行星4546B坠毁，玩家所扮演的次级系统维护官Ryley Robinson（雷利·罗宾逊）和5号逃生舱坠毁在4546B的海洋里。玩家在想办法生存下去的同时，要尝试探索飞船失事的原因，且想办法离开星球
HOB	2017	机器人	端游（单机）	一款卡通渲染风格的动作解谜游戏，拥有独特的世界观和清爽怡人的画风。辨识度极高的红衣主角、奇怪可爱的土著生物、机械与植物共存的世界……这个世界的谜题需要玩家自己去探索揭秘。当一切揭晓，一个震撼的结局就会呈现在面前
幻塔	2020	外星生命	手游（网游）	一款轻科幻卡通风格、多人在线角色扮演游戏。游戏音画采用业内顶尖的虚幻引擎和时尚卡通渲染美术风格，展现了独特的画面美感和充满神秘感的异幻绚丽星球场景

续表

游戏名称	上线时间	题材类型	游戏类型	简介
我的起源	2019	时空穿梭	手游 （网游）	一款以生存创造、复苏世界文明为主题，支持万人同服在线的沙盒MMO手游。在这个色彩斑斓的幻想大世界里，玩家可以自由探索全新星球、研究万物解锁科技、珍惜每次邂逅的惊喜、探索高等文明遗迹，解开世界的谜题
Project：棱镜	2021	科幻异星	手游 （网游）	一款异星科幻题材游戏，启用时下最为火爆的"开放世界"题材，在现有的品类玩法基础上扩展了游戏的自由度，给玩家更为独特的游戏体验

3.新兴游戏公司表现亮眼

除了游戏巨头之外，也有较多游戏公司发展迅速，显示了竞争实力。北京比特漫步科技有限公司、在线途游（北京）科技有限公司、金山数字娱乐科技有限公司等游戏公司都进入过中国音数协游戏工委颁布的"年度游戏十强企业"榜单。

北京石景山区作为科幻产业集聚区所在地，游戏产业基础雄厚，聚集了较多优质的游戏企业。畅游时代，即北京畅游时代数码技术有限公司，成立于2007年8月，是北京石景山区的代表游戏公司。畅游时代于2009年4月在纳斯达克上市，前身是2002年7月成立的搜狐公司游戏事业部。畅游时代自主研发的《天龙八部》是中国最受欢迎的大型多人在线角色扮演游戏之一；2011年7月22日，畅游四年磨一剑的自主研发大作《鹿鼎记》正式公测；2014年10月29日，畅游自主研发的首款3D武侠MMORPG手游巨作《天龙八部3D》全渠道上线。近几年，搜狐畅游在科幻类游戏上开始积极尝试，推出《幻想神域》《灵魂回响》《星际战甲》等。

悠米互动，即北京悠米互动娱乐科技有限公司，也是石景山区的新兴游戏公司。公司成立于2016年，2018年正式通过国家高新技术企业认定，2019年获得B2轮融资，融资金额过亿元。国内领先的虚幻引擎4手游开发团队，拥有成熟的移动端引擎应用经验，致力于自研引擎框架，保证引擎优化，并基于自研成果打造移动端主机级品质游戏。悠米互动自主研发了3款科幻游戏《天空之门》《救赎之地》《代号：奥德赛》，受到业界广泛关注。其中《天空之门》已上线运营，是中国第一个虚幻引擎4研发的MMORPG产品，在国内同类型手游中处于领先地位，荣获2017年硬核黑石奖"最受期待游戏"奖和2018年互联网第九届牛耳奖"年度最受期待游戏"，仅这一款游戏就给公司带来6000万元的收入。另外两部游戏尚在研发和即将公测阶段。《救赎之地》是基于虚幻引擎4研发的全新次时代沙盒竞技手游，采用PBR工艺打造主机级渲染品质；《代号：奥德赛》对标《赛博朋克2077》，将打造下一代MMORPG革命之作。

4.政府推动下电竞产业迎来发展机遇

2020年北京发布《北京市文化产业发展引领区建设中长期规划（2019年—2035年）》中提出集中打造电子竞技活动、电子竞技赛事、电子竞技品牌中心，办好"电竞之光"展览交易会和国际电竞创新大会。

2020年8月，北京市集中推出了"电竞北京2020"三大重磅活动——北京国际电竞创新发展大会、"电竞之光"展览交易会、王者荣耀世界冠军杯总决赛。在国际电竞创新发展大会上，来自全球电竞产业的行业协会代表、专业学者、头部企业玩家代表、电竞俱乐部代表等共同出席，畅谈电竞产业发展现状、前沿技术及未来趋势，重点为北京增加专业的电竞俱乐部建设加强电竞人才培养建言献策。最重要的是，大会发布了《北京经济技术开发区电竞游戏产业政策》和《北京智慧电竞赛事中心建设规划》，展现了北京市政府对于电竞产业发展的战略布局和决心。

《北京智慧电竞赛事中心建设规划》指出，将在亦庄新城建设全国首家智慧电竞赛事中心，总占地面积200亩，总建筑面积20万平方米，建成后将具备各类电竞赛事举办、电竞俱乐部训练办公、电竞产业孵化、电竞赛事直转播、电竞行业培训、青少年健康引导、电竞展览展示等系列功能，有效满足北方特别是京津冀地区电竞从业者和爱好者的刚性需求，将其打造为"经开区科文融合产业发展示范基地、亦庄新城智慧生活网红打卡地、新消费新服务新时尚融合发展高地"。

在原创研发支持方面，经济技术开发区鼓励企业运用前沿技术，推动电竞游戏技术创新和智能设备研发，对企业研发投入给予资金支持，与国家广播电视总局广播电视科学研究院共同投资建设"5G+8K"超高清电视应用实验室，搭建电竞赛事云转播实验系统，支持电竞直转播媒体落地，提高电竞产业服务水平；还将对云游戏全程监审、版号保护、青少年防沉迷平台建设给予资金支持。

未来战场是北京电鲸科技有限公司运营的全球首个真人线下电子竞技2.0平台。场地内拥有全球最大的真人VR电竞场地，核心技术全部自主研发，技术为全球首创且具备核心知识产权及技术壁垒。未来战场赋予游戏玩家更身临其境的带入感，使得游戏从平面真正走向立体，为玩家带来仿佛置身异次元空间的真实体验。未来战场竞技中心最大的优势就是联网对战，玩家可以在不同的场馆、不同的城市进行组与组之间对战，在不远的未来，未来战场竞技中心将会成为未来VR游戏赛事的重要板块之一。

（二）北京科幻游戏产业发展存在的问题

1.游戏品质较低，内容同质化严重

游戏产业因为门槛较高、竞争激烈，大多游戏开发商追求短期利益，采用"短、平、快"（开发周期短、内容品质一般、快速上线）策略，重复利用和过度消耗同一个游戏IP，甚至"模仿""抄袭""盗用"，导致市场上充斥着低质、同质的产品，游戏行业的生态环境恶劣。在这样的环境下，科幻游戏缺乏原创，成长艰难。而科幻游戏对内容、制作、体验等各方面的要求较高，更难制作出好的作品。

2.行业集中度高，中小企业竞争压力大

游戏产业的竞争格局较为稳固，市场和资源集中度高，中小型游戏企业面临残酷的市场垄断环境，缺乏竞争优势，生存压力较大；加上大企业对市场的掌控能力过强，抬高行业的资金、技术和运营门槛，不利于健康开放的市场竞争，限制新兴游戏公司的快速发展。

3.社会接纳程度限制了游戏的产业化

游戏行业在较长时间里受到诟病，特别是沉迷游戏对青少年的不良影响，导致游戏的社会接纳、认可程度较低。游戏产业需要加强管理和自律，寻找

科学引导、健康发展和转型突破的路径，而科幻游戏因为具有科学性、科普性的天然优势，为游戏产业的转型提供机遇和条件。

（三）北京科幻游戏产业的发展对策与建议

1.发挥北京的文化资源优势，鼓励游戏原创

北京作为首都具有悠久的历史和深厚的文化，具有丰富的文化内涵，运用创新思维和发挥想象力，将传统文化艺术融入前沿的、先锋的科幻游戏创作中，不仅能为传统文化艺术开拓一条新的路径，也将为中国科幻游戏打上独一无二的文化烙印。挖掘传统文化的价值点，发挥首都优势和树立首善标准，开发精品游戏，或将给北京及周边地区游戏产业带来新的增长点。

2.加强新技术应用和影游联动，增加市场活力

5G、游戏引擎、VR/AR等新技术的发展，成为促进游戏产业发展的重要因素。加强新技术应用，不断创新游戏形式，打造VR/AR游戏等新一代游戏形式，给游戏市场注入新鲜活力，增加市场竞争力。而且，北京具有较强的影视生产优势，加强影游联动开发，能够增加游戏的创意来源、生产条件和营销优势，最大限度地发挥IP的价值。

3.加强政策引导和支持，推动游戏和电竞产业融合

把握北京市对于游戏和电竞产业的政策支持机遇，将线上游戏和线下电竞融合，融合内容、互动、社交和沉浸体验优势，打造科幻游戏的新应用和新场景，推动游戏和电竞产业的融合，加速文化科技消费升级，将对游戏产业带来巨大的发展空间和增长点。

五、科幻周边

（一）科幻周边产业的发展潜力巨大

科幻周边产品主要包括科幻元素和科幻形象授权设计的消费品，通常在商场专卖店、影院展厅、主题乐园等渠道进行销售。北京作为科幻出版机构和科幻影视企业聚集的阵地，具有丰富的科幻IP资源，也因此具有丰富的科幻周边市场的发展潜力。

当下，玩具厂商大多聚集在广深地区，北京在科幻周边制造生产上不具有优势，但在IP授权、品牌经营、宣发营销上优势明显。科幻周边产业链条上的头部IP授权公司，即使生产业务不以北京为重心，也会在北京开设分公司，方便向全国辐射和开展业务，如上海果阅文化创意有限公司、三体宇宙（上海）文化发展有限公司等。

（二）影视文化公司在周边开发上具有优势

由中国电影股份有限公司北京电影营销策划分公司授权、运作的《流浪地球》的相关周边，在电影《流浪地球》上映两年后依然保持较高的人气和销售业绩。仅其授权制造模型积木的广东森宝文化实业有限公司一家，在电影《流浪地球》周边一项上的总销售额就超过了1.2亿元。

北京微像国际文化传播有限责任公司在电影《流浪地球》的出版物周边上发力，其出版的《〈流浪地球〉电影制作手册》已经成为电影《流浪地球》的知名周边产品，且出口到海外，将由英国劳特利奇出版社翻译为英文出版。

52TOYS是国内知名的玩具品牌，成立于2015年，隶属于北京乐自天成文化发展有限公司，目前已拥有BEASTBOX、MEGABOX、CANDYBOX、"超活化"等多个产品系列，52TOYS主张让收藏玩具提升当代年轻人的生活乐趣，为世界各地的用户提供"有品·有趣"的娱乐产品和服务。2021年9月，收藏玩具品牌52TOYS宣布完成4亿元C轮融资，由前海母基金和国中资本联合领投，中金资本旗下基金、新瞳资本、兼固资本跟投，本轮融资用于研发彰显"中国创造"的优质产品，打造中国本土的玩具品牌，建设中国收藏玩具生态，投资与孵化本土艺术家、设计师等。2019年，未来事务管理局和52TOYS联手举办52TOYS第四届原型创作大赛，旨在用赛事的形式发掘科幻周边创意设计人才并生产相应科幻周边产品。大赛历时7个月，众多参赛作品中涌现大量优秀创意，吸引了共计500多名选手报名参赛，共产出作品178件，其中传统雕塑组81件，数码雕塑组97件，也吸引了众多业内人士的目光。

（三）盲盒经济激活北京科幻周边市场

成立于2010年的泡泡玛特，是集潮流商品零售、艺术家经纪、新媒体娱乐化平台和大型展会举办于一体的IP综合运营服务集团，售卖包含自主开发商品与国内外知名潮流品牌的商品，包括盲盒、二次元周边、BJD娃娃、IP衍生品等多个品类。泡泡玛特以年轻人为主要消费人群，将盲盒引入潮玩市场，贩卖一种惊喜、满足感、快感。泡泡玛特在2017年至2020年的总收入分别为1.58亿元、5.15亿元、16.83亿和25.13亿元，年均增长高达120%，成为玩具行业的领军品牌。其比较出名的产品是"哈利·波特"的授权IP产品，最高年营收突破4亿元。2020年，泡泡玛特和上海宇航系统工程研究所的全资子公司——上海埃依斯航天科技有限公司合作，推出了特别款"宇航员"Molly，该款盲盒一经推出大受欢迎，当年的销售收入就超出5000万元。

据报道，泡泡玛特与北京朝阳公园达成合作，朝阳公园将授权泡泡玛特使用园区内"欧陆风韵"项目及其周边街道、森林。目前项目调研和概念设计已经完成，正处于方案设计阶段，双方致力于将项目打造成集潮玩IP、文化传播、沉浸式体验、休闲娱乐于一体的潮流文化乐园。

（四）北京科幻周边产业的发展建议

1.重视IP版权开发和运营

科幻周边产业的根基与核心是科幻IP。IP周边的开发，一是要有前置策划的理念，在IP文学、影视、动漫、游戏产品的开发阶段就提前植入周边开发的想法，进行统筹设计；二是要有高水平的创意策划和形象设计，好的IP周边对造型、形象、审美都有较高的要求，需要绘画师、造型师、画家和艺术工作者的介入。同时也要注意版权保护，当下盗版问题仍然困扰很多周边厂商，仍有不少网络店铺公然售卖知名科幻IP的盗版周边，进一步挤压正版科幻IP周边的生存空间，不利于科幻产业的健康发展。

2.加强科幻周边设计和运营人才培养

科幻周边是第二产业和第三产业的跨界融合，涉及版权授权、投资开发、研发设计和市场营销诸多细分领域，对从业者的投融资运营能力、策划能力、业务能力、营销经验都提出了较高的要求。而北京科幻周边产业又处在发展期，人才的缺口较大，需要借助高校、企业、行业协会的力量，加强周边设

计和运营相关的人才培养和社会培训，为北京科幻周边产业的高质量发展保
驾护航。

六、科幻文旅

（一）室内娱乐

1.北京剧本杀和密室等室内娱乐整体情况

表8-14　大众点评网上北京地区排名前10的剧本杀

品牌店	评分	地址	单价（元）	类型	剧本总数（个）
空白·沉浸式剧情推理桌游馆	4.9	望京	137	桌面本	74
落尘·沉浸式全息实景剧本推理演绎馆	4.9	王府井	189	桌面本/实景本	73
豪横大侦探·实景搜证剧本杀馆	4.9	望京	196	桌面本/实景本	36
速博·沉浸实景推理游戏	4.9	世贸天阶	272	实景本	8
逗牛探案推理馆	4.8	苏州桥	137	桌面本	69
有猫腻剧本杀推理社	4.9	双井	150	桌面本/实景本	86
EMO亦莫之境沉浸式实景剧场	4.9	青年路	303	桌面本/实景本	79
迷丁·沉浸式剧本推理馆	4.9	常营	129	桌面本	167
猪猪堡综合娱乐空间剧本推理俱乐部	4.9	高碑店	418	桌面本	15
九饼Genius剧本杀侦探馆	4.9	东直门	155	桌面本	49

表8-15　大众点评网上北京地区排名前10的密室

品牌店	评分	地址	单价	人气指数	剧本名称
游娱联盟-密室工厂	4.5	高碑店	400	16290	摸金校尉、雾散·狐谍、雾散·魄战、雾散·狐谍-序章、埃博拉Ⅲ型、刺客信条、零号工厂

续表

品牌店	评分	地址	单价	人气指数	剧本名称
奥秘之家	4.5	崇文门	120	23094	空想命运馆、小丑精神病房、逃离猫士底狱、幽灵船长的挑战、霍格沃茨的挑战、房间欧米茄、圣殿监狱
TFS超级密室	4.5	双桥	300	12281	反恐、生化危机、古墓、瓦尔基里计划
暴风岛-次时代密室	4.5	奥体中心	300	16934	无人生还、小恶魔复仇记
梦径超级密室	4.5	十八里店	360	19310	灵蝶、锦衣寻龙、救赎
光洞穴奇点密室	4.5	西红门	300	18113	外太空飞行、体感游戏、环幕电影
王子向上密室逃脱	4.5	后海	110	19390	逃出黑白2.0、妹妹的画室
STARROOM密室逃脱	4.5	望京	120	20576	寂静岭、钢铁苍穹、机甲风暴、神庙逃亡
EGO密室逃脱	4.5	国贸	150	16474	哆啦A梦、爱丽丝、海贼王、"代号潘多拉"系列
消逝的光芒密室逃脱	4.5	望京	360	15623	末日丧尸生存

2. 代表案例——北京光洞穴

北京光洞穴位于北京市大兴区金星西路12号，光洞穴奇点密室突出科幻特色，无论是场地布景还是内部设备，已经超越了一般密室的范畴。奢华繁复的装置艺术构筑一个耀目绚烂的梦幻殿堂，玩家置身其中，仿佛穿越时空的隧道，能感受时空的灵性。

游戏背景故事：13年前，在一次暗物质对撞试验中，由于大量伽马射线的意外释放，造成时空扭曲，一段未知文明的建筑结构塌陷，掉落实验室，造成大量设备损坏，珍贵资料被遗留在建筑内，实验室人员无力进入实验室。玩家作为高级人才，能够加入特工组织，进入实验室，解除危机警报，继续探索未知文明。

（二）室外娱乐：主题乐园

1. 北京环球影城

北京环球度假区位于北京市通州区，毗邻东六环和京哈高速公路，是亚洲第三座、全球第五座环球影城主题乐园。作为一个汇集了科技、文化、资本，全新打造的大型主题公园，它不仅呈现了环球影城既有的风格和特点，还以全球仅有的功夫熊猫主题游乐区和飞越侏罗纪等全球首发、唯一的游乐设施成为具有标志性、领先性的文化旅游新高地。

2. 石景山游乐园

北京石景山游乐园位于长安街西延长线，地铁1号线八角游乐园站北侧，距天安门15千米，地铁1号线和多条公交线直达园区，占地面积约35万平方米。近几年，石景山游乐园陆续被评为国家4A级旅游区（点）、全国精神文明建设工作先进单位、全国先进游乐园、北京市爱国主义教育基地，石景山区重点企业。石景山游乐园自1986年9月28日建园以来，已形成较深厚的品牌文化积淀，是北京地区家喻户晓的娱乐休闲目的地。

3. 欢乐谷

北京欢乐谷是国家4A级旅游景区、新北京十六景、北京文化创意产业基地，由华侨城集团创办，是集国际化、现代化的主题公园，位于北京市朝阳区东四环四方桥东南角，占地56万平方米。北京欢乐谷设置了50余项主题景观、10余项主题表演、30余项主题游乐设施、20余项主题游戏及商业辅助设施，每天提供近80场表演，可以满足不同人群的需要；获得过"中国文化创意产业高成长企业百强""首都旅游紫禁杯先进集体""首都文明旅游景区"等荣誉。

（三）科幻相关演出

1. 北京演出市场概况

北京作为全国文化中心，有着深厚的文化底蕴和庞大的文化消费市场。2017年至2019年北京演出市场的年平均收入超过17亿元，年均观演人次超过1000万。2020年受疫情影响，北京演出市场经历了市场停滞期，演出场次大大缩减，观众减为185.1万人次，票房收入只有2.8亿元。2021年开始，北京演出市场迅速复苏，观众达到513.5万人次，收入接近8亿元。北京的演出市场类型多元，最受欢迎的类型是话剧、马戏杂技魔术、儿童剧、音乐会、舞台剧等，这些类型的收入占到总演出市场的60%以上。

2021年北京演出市场出现两个新变化：一是正值建党100周年，主旋律题材演出备受瞩目，如《伟大征程》《长征》《党的女儿》等；二是将传统文化和现代科技结合，虚拟现实舞台剧兴起，如舞蹈诗剧《只此青绿》取材于国家宝藏《千里江山图》，在舞台上运用虚拟现实舞台场景和真人舞蹈结合，重现大宋美学的风雅韵致，一经推出就受到市场热议和追捧，并登上了2022年春晚舞台。

表8-16　北京演出市场情况

年度	演出场次	观众人次（万人）	票房收入（亿元）
2017	24557	1075	17.17
2018	24684	1120	17.76
2019	22823	1040	17.44
2020	6984	185.1	2.80
2021	20597	513.5	7.83

2.科幻类演出的代表案例

（1）《远去的恐龙》

《远去的恐龙》由北京演艺集团主办，贺立德先生、覃晓梅女士策划和制作，2017年在国家体育馆开始演出，是当时国内最大的科幻实景剧项目。大型全景科幻演出《远去的恐龙》以恐龙从兴盛到灭绝的经历为主线，让观众穿越到6500万年前，揭秘前所未见的恐龙世界。项目云集国内外顶级制作团队，组织近百位艺术家、工程师、技师工匠参与项目制作，通过将恐龙时代的故事与仿生机器人、高清巨幕视频、全景灯光舞美、现场全息音效、计算机程序控制等多种元素进行融合，打造出一台无与伦比的演出。

（2）北京的《三体》科幻舞台剧

2019年5月，《三体》科幻舞台剧在北京保利剧院演出。它是由Lotus Lee

127

未来戏剧工作室出品的大型多媒体舞台剧,通过能充分延展想象空间的汽幕投影、让人如临其境的余光投影,展现三维虚拟场景等黑科技,突破传统话剧舞台限制,把原小说中"水滴大战""摇篮计划""太空大战"等精彩情节一一在舞台上进行呈现,达到故事、舞美、特效、场景完美结合的沉浸式观影体验。

（3）当红齐天SoReal超体空间

当红齐天集团成立于2015年,是一家致力于创造极致沉浸式体验,集"内容制作+IP运营+数字实景体验"于一体的文化科技公司。知名导演张艺谋是该公司的联合创始人。当红齐天推出的代表性文旅演出是"SoReal"超体空间,是集合"XR+乐园""XR+科技秀""XR+影视""XR+电竞"一体化的大型沉浸式体验空间。当红齐天于2018年在北京王府井推出首个SoReal超体空间体验馆,凭借其炫酷的科技感及激光设计、黑客帝国般的氛围营造、互动的游戏体验,成为北京网红打卡地。2020中国科幻大会上,当红齐天与首钢集团正式签约,将在首钢园打造"1号高炉SoReal超体空间"项目,将VR/AR作为主要科技和百年工业遗存结合打造全新国际文化科技乐园,进行炫酷的VR/AR、全息影像等最前沿的创新科技技术改造尝试,包含沉浸式剧场、电竞等新消费和新业态。该场馆面积将达2.2万平方米,分为不同体验区域:虚拟现实博物馆、世界顶级艺术互动光影秀、世界顶级艺术作品展览展示、VR体验区、智能潮流赛事电竞馆、特色商品区、未来光影互动餐厅及酒吧等,呈现世界顶尖的沉浸式文化娱乐体验。

（4）北京繁星戏剧村

繁星戏剧村是国内首家集群式剧场,隶属于北京天艺同歌国际文化艺术有限公司,位于宣武门内大街抄手胡同64号,面积近5000平方米,一期开放5个小剧场,总投资约2700万元;拥有200座剧场两个,150座剧场一个,80座剧场两个,设有艺术展览、酒吧、书吧、餐厅等相关经营空间。

繁星戏剧村于2021年推出的《画皮2677》,由青年导演领军人物丁一滕和国际著名魔术师Yif联手创作,以传统经典《聊斋志异》中的名篇《画皮》为创作灵感,深度挖掘中国传统文化中"真""善""美"的精神内核,融入西方魔幻艺术的创意,讲述了在未来世界发生的"研究"与"探索"、"真实"

与"假象"、"操纵"与"成全"的爱情故事，让现场玩家沉浸在充满科幻感的未来世界当中。繁星戏剧村是由传统的剧场演艺模式向文旅及多元化空间、沉浸式演出内容方向探索的典型尝试。

七、科幻场景

（一）科幻会展、科技馆

1.北京会展业整体情况

根据智研咨询发布的数据，自2016年以来，北京展览的数量呈轻微减少态势，2019年北京展览数量为324场，占全国展览数量的3%，北京的展览经济不具有明显优势。

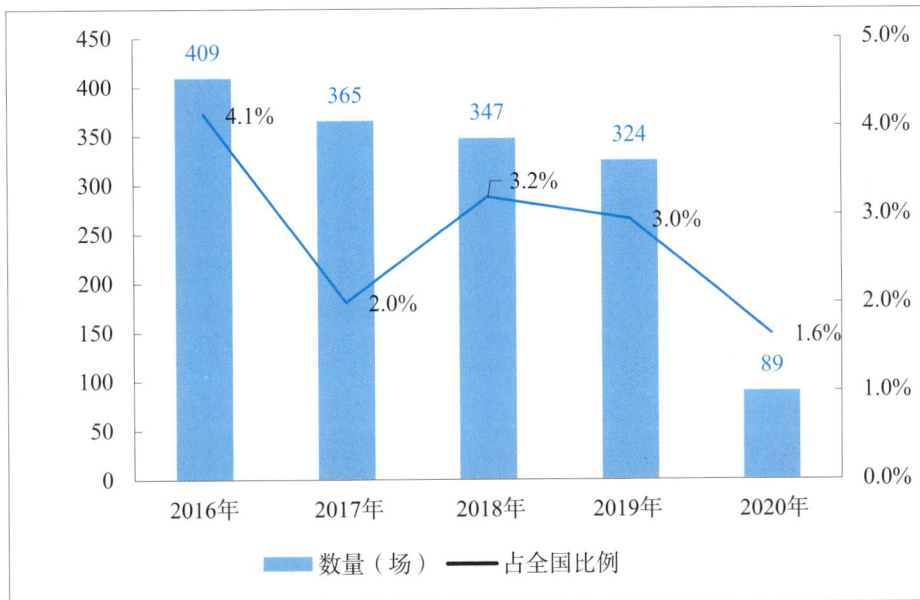

图8-11　2016—2020年北京会展数量及占全国比例分析

2.北京的科幻特色会展

北京的科幻特色会展分为政府和事业单位主办的公益性展览、企业主导的行业展览两大类。

第一类：政府和事业单位主办的公益性展览。

（1）北京科技周科幻分会场"科幻世"展览

2021年，北京科技周首次设立了科幻分会场，由北京市科委主办，举办了"科幻之夜"灯光秀、科幻产业高峰论坛、科幻大咖直播等线上线下系列活动，依托北京石景山区的首钢园三高炉的特色空间，以"创新科幻、智享未来"为主题，推出"科幻世"高科技展览，为观众呈现了创意十足、科学与艺术相结合的科幻视听盛宴，开创了科幻主题会议与展览融合的新模式。

（2）中国科幻大会"科幻·共同体"新技术和新产品展

"科幻·共同体"沉浸式科幻产业展围绕科幻产业底层及应用技术，包括人工智能技术、网络及运算技术、物联网技术、区块链技术、交互技术、数字孪生、航空航天、科幻电影工业制作等技术，组织北京33家单位的39个相关新技术、新产品参展，展示前沿技术与科幻产业发展成果，显示北京在科幻产业发展中的技术基础与潜力。此次展品最具特色的《未来之光》光影艺术装置是元宇宙中心。"光是人类与宇宙联系的重要通道。这道靓丽光束从秀池底部向上发出，既是飞向太空的核能喷射之光，也是象征人类世与科幻世、现实世界与元宇宙平行世界的联结桥梁。"

（3）中国科技馆科幻科普展览

中国科技馆自2018年开始每年推出以科幻为主题的"科学之夜"活动，2020年推出"平行宇宙"科幻展，创新运用集装箱为展出载体，设置6个独立展示空间，可灵活搭配展出单元和组合，已计划在全国巡展。中国科技馆以科普教育和公益展览为特色，将科幻故事、科幻角色、科技展示、科学传播结合，运用人工智能、数据编程、VR/AR、交互技术等科技手段，融入科幻元素、营造科幻效果，将科普体验活动变得生动有趣，拉近科技与公众尤其是青少年的距离，激发青少年的想象力、点燃青少年的科学梦想。

第二类：企业主导的行业展览。

（1）北京媒体艺术双年展

北京媒体艺术双年展由中央美术学院主办，中央美术学院设计学院、中央美术学院实验艺术学院、中央美术学院美术馆承办。展览主体将分为三部分，分别为"数据生命""机械生命""合成生命"，将存在于算法中的虚拟生命、基于机械构架的仿生生命，作为介于生命定义模糊边界的合成生命来阐释生命这一主题。作品类型包括但不局限于动态影像、互动装置、沉浸式艺术、生物艺术、机械装置、声音视觉、网络艺术、声音艺术和混合媒介等。展览以"后生命"为主题，重点探讨在生物基因、人工智能和机器人等科技飞速发展的影响下，在后人类主义语境下，"生命"这一古老概念的拓展和延伸，以及人在与地球上其他物种共处时，从"人类中心主义"到"非人类中心主义"伦理观转变的问题。

（2）北京游戏动漫展

北京国际动漫游戏嘉年华（IDO）（以下简称IDO漫展）是集二次元聚会、还原次元世界、面基交友、知名嘉宾见面会、动漫游戏作品展示体验、动漫游戏衍生产品购买等娱乐互动与观赏活动于一体的大型综合性漫展。IDO漫展是打通动漫、游戏、COSPLAY 文化、电竞、二次元影视、国风音乐、小说的B+C综合大展，是庞大的资源平台和媒体平台。

IDO漫展目前已经在北京成功举办32届，期间得到了政府的大力支持，分别承办了北京市文化局主办的"动漫北京"，北京市文资办主办的北京市惠民文化消费季动漫游戏嘉年华，文化和旅游部、国家广播电视总局、贸促会主办的文博会动漫游戏嘉年华分会场，并获得了相关政府主管部门的大力表彰。公司目前拥有中国动漫游戏爱好者联盟、中国 COSPLAY 联盟北京分会、中国动漫游戏媒体人联盟等涵盖二次元群体、企业、媒体人等多领域的资源；辐射北方地区1000余万二次元、每届10万二次元聚会大狂欢，数万名 COSER 参会，全年100万人次以上二次元参展，是全国主打"中国国漫"为主题的漫展之一。

（3）砂之盒沉浸影像展

砂之盒沉浸影像展（Sandbox Immersive Festival，简称：SIF）由砂之盒发起，2018年第一届SIF在青岛亮相，发展到今天已举办了四年。作为全球展映规模最大、作品品质最高的沉浸影像盛会，SIF 已成为全球一线 XR、影像、音乐、科技、艺术、戏剧等各领域优秀创意人的聚集地，是每年优秀沉浸体验作品最重要的展示舞台。观众可以在这里看到全球最新的 VR/AR/MR 叙事及交互作品，体验到前所未有的大空间装置、沉浸戏剧和新媒体艺术作品。举办沉浸影像展旨在聚焦前沿沉浸叙事体验，致力于捕捉国际沉浸艺术未来的潮流和趋向，拓展沉浸叙事的边界，探讨沉浸叙事内容的更多可能，同时构建全球最广泛的内容创意合作网络，是未来沉浸体验的摇篮。2021年的SIF活动主题延续了2020年的主题"叠加宇宙"，试图探索地球生命、科学关系发生演变后的新时代。2021砂之盒沉浸影像展于10月13日—11月7日在北京嘉瑞文化中心举办。精选来自全球的40多部VR/AR等不同形式的先锋内容，用最直观的体验，感受最先锋的新媒介沉浸式体验。不仅有沉浸式交互作品、360度全景视频，还有实时线上演出，艺术装置及声音交互等丰富体验形式，让观众亲自解锁。

3.北京科幻会展的问题和对策

科幻展的市场规模受限于其用户群体规模较小而产值偏低，可转化的优质国产科幻IP较为稀缺。国内动漫、游戏等专业会展类别现阶段都已经建立起了相关知名品牌，而科幻展缺乏一个标志性的会展品牌，宣传力度及传播影响力十分有限。相对而言，尽管在动漫、游戏、影视等各类文化产业会展中都能看到科幻展陈元素，但科幻展尚未自成体系，在北京目前也欠缺一个旗舰型的科幻会展品牌。如果能在北京举办一个上述集合的标志性科幻会展，不仅对推动北京科幻产业的发展有所裨益，对北京打造世界级城市名片也将产生示范效应。

（二）科幻类、文化科技类园区

1.整体概况

北京拥有国家级文化和科技融合示范基地12家，其中集聚类1家，单体类11家。完美世界是科幻游戏领域的代表公司，中文在线和掌阅等数字出版企业在科幻出版上有良好表现，利亚德新型显示技术产品和成果被应用于科幻类沉浸演出等新兴业态中。

表 8-17　北京市国家级文化和科技融合示范基地

序号	基地
1	北京中关村国家级文化和科技融合示范基地
2	故宫博物院国家文化和科技融合示范基地
3	北京四达时代软件技术股份有限公司国家文化和科技融合示范基地

序号	基地
4	利亚德光电股份有限公司国家文化和科技融合示范基地
5	掌阅科技股份有限公司国家文化和科技融合示范基地
6	北京蓝色光标数据科技股份有限公司国家文化和科技融合示范基地
7	中国华录集团有限公司国家文化和科技融合示范基地
8	北京北大方正电子有限公司国家文化和科技融合示范基地
9	完美世界（北京）软件科技发展有限公司国家文化和科技融合示范基地
10	北京影谱科技股份有限公司国家文化和科技融合示范基地
11	中文在线数字出版集团股份有限公司国家文化和科技融合示范基地
12	新维畅想数字科技（北京）有限公司国家文化和科技融合示范基地

北京市委宣传部评选出98家北京市级文化产业园区，各区分布如下图所示。可以看出，东城、西城、朝阳、海淀四个城区占比为78%，其中位于朝阳区的园区有32家。现阶段北京的文化产业园区分布不均，除了朝阳区、东城区、海淀区、西城区外，其他区域的文化产业园区仍然有很大的发展空

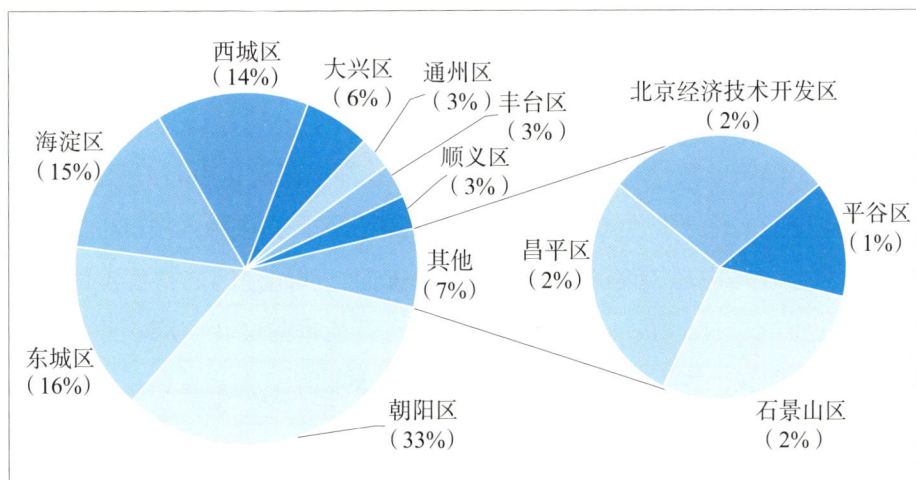

图8-12　北京市级文化产业园区

间。与传统文化企业相比，部分科幻企业对产地、科技和人才资源需求更高，因此，科幻产业园区能够更加充分利用各区域现有资源，满足各区科幻企业对协同发展平台的需求，在弥补文化产业园不均衡的空缺方面具有一定优势。

2.代表案例

（1）首创·郎园

首创·郎园成立于2009年，由北京尚博地投资顾问有限公司开发，历经十多年发展，首创·郎园已成为首创集团大力发展文化创意产业板块的重要品牌线，是北京首批市级文创园运营品牌和城市更新领域的知名品牌。首创·郎园作为发轫于北京CBD的文化产业运营品牌，如今在北京朝阳和石景山分别拥有郎园Vintage、郎园Park、郎园Station三个园区，在杭州、厦门等地输出了文创园区运营管理及方法论。北京是郎园发展的根，也是全国文化发展风向触角最敏锐的大本营。

郎园运营的创新之处在于其独有的文化"空间+内容+产业"融合运营平台和"四位一体""五大平台"文创产业战略布局，并且以园区为载体，为入驻企业提供了完整的产业服务链条。首创集团积极培育拓展文创产业，构建包括文化空间、文化内容、文化金融、软实力服务在内"四位一体"的业务布局，助力全国文化中心建设。首创集团探索"空间运营+内容运营"，推出首创·郎园文化平台、首创非遗创新发展平台、首创传媒科创平台、首创城市更新平台和首创数娱平台，开创文化产业发展的全新模式。

首创·郎园以数字化运营为特色，立足首都全国文化中心，面向全国，打造有温度的文化产业生态、氛围活跃的文化园区，提供融入城市生活的公共文化服务。在物理层面的文化空间建设方面，郎园建园之初就预留出自持的文化空间，打造了一系列自带内容、自带流量的文化空间。此外，首创·郎园采用线上线下联动的运营方式，以数据驱动智慧运营，在国际交流方面也做了很多努力。

（2）首钢园区

"新首钢高端产业综合服务区"（简称首钢园区），西临永定河，背倚石景山，是城六区唯一集中连片待开发的区域，是长安金轴的西部起点、西山永定河文化带的重要组成部分，也是新版北京城市总体规划重要的区域功能节点。在地理区位、空间资源、历史文化、生态环境上，首钢园区具有独特优势，是落实首都功能定位的重要支撑。在产业生态方面，优质产业项目逐步落地。围绕"体育+""科技+"定位，持续推进冬奥会、人工智能、游戏电竞、科幻产业项目等重大合作项目对接，获得市级文化产业园、北京市体育产业示范基地、智能网联汽车示范运行区、中关村智能创新应用产业园、北京市电子竞技产业品牌中心、北京市游戏创新体验区和科幻产业聚集区授牌，推动5G、自动驾驶等前沿科技率先在园区示范应用，实现百度、京东、北汽、美团等企业无人驾驶汽车入园测试和智慧机器人示范应用，两项科技冬奥课题落地实施并验收。首钢园区正发展成为产业转型升级典范和首都城市复兴新地标。

（3）怀柔影视基地

怀柔影视基地位于北京市怀柔区杨宋镇，东临密云、南接顺义、西临101国道。怀柔影视基地以中影集团电影生产数字基地为核心，其周边1千米范围作为集聚产业发展的核心区，总面积5.6平方千米，是一个以影视前后期制作为核心，将影视拍摄、声音录制、数字制作、设备租赁、光盘生产等多种功能融为一体的电影生产工厂，被列为国家"十一五"文化发展规划重大文化产业项目。怀柔影视基地2006年被认定为北京市首批10个文化创意产业集聚区之一。2014年设立了中国（怀柔）影视产业示范区，博纳、华谊、海润、爱奇艺等600多家影视企业入驻。示范区主要包括影视文化产业核心区——重点发展影视核心产业，影视科技功能拓展区——重点发展为影视、科技产业配套的综合性服务业及影视衍生品开发、承接科技成果转化项目等。迄今为止，中国（怀柔）影视产业示范区已累计接待剧组拍摄作品3000部，诞生了《流浪地球》《战狼Ⅱ》《中国机长》等多部国产票房过亿的大片。怀柔影视基地1500多套影视设备中，92%是进口的一流设备，随之而来形成高端专业技术人才的聚集，怀柔将搭建吸引国内外专业技术服务公司进驻平台，把怀柔建设成为设备类型齐全、专业领域健全、服务项目完整、跟踪国际先进水平的专业技术服务中心。

（4）798艺术区

798艺术区（798 ArtDist）位于北京市朝阳区酒仙桥路2号，为北京的文化创意产业集聚区。798艺术区前身是由苏联援建、东德负责设计建造、总面积达110万平方米的重点工业项目718联合厂，于1952年筹建，于1964年4月拆分为多个厂，798厂为其中之一。从2002年开始，由于其租金低廉，诸多艺术家工作室和当代艺术机构开始聚集于798艺术区，逐渐形成了一个艺术群落。798艺术区总面积60多万平方米，大致可分为6个片区，其中798路两侧的D区和E区文化机构最集中。该区设计具有典型生产性规划布局的特点：路网清晰，厂、院空间清晰；一部分厂区建筑作为工业遗产完整地保留下来，根据其内部车间的大尺度空间，改造成现当代艺术展示空间。798艺术区汇集了画廊、设计室、艺术展示空间、艺术家工作室、时尚店铺、餐饮酒吧，以及动漫、影视传媒、出版、设计咨询等各类文化机构400余家。

（三）建设北京科幻产业园区的思考

1. 建设全产业链经营模式，打造生产消费综合体

科幻产业园在建设过程中除为入驻企业提供相应服务之外，还可以融合主题公园的娱乐功能，或者文创园的旅游休闲功能，打造生产消费综合体，并且与其他文化产业园区形成集聚效应。比如，京西地区较大规模的北京石景山游乐园于1986年9月28日建园，位于长安街西延长线，占地面积约35万平方米，拥有五大主题区域的50余项游艺项目及丰富多彩的主题文化活动。近几年，石景山游乐园陆续被评为国家4A级旅游区（点），获得全国精神文明建设工作先进单位等文明称号，是石景山区重点企业。近年来，首钢园区一直致力于打造北京科幻产业集聚区，其与石景山游乐园相近的区位优势将会提升协同发展势能，为建设首钢科幻产业集聚区奠定良好的基础，同时为石景山游乐园科幻文化赋能，为其吸引更多的人气。

2. 注重文化与科技的融合发展，提升园区功能和体验

科幻产业是基于科技发展的一种产业，因此自带科技属性。环球影城与电影制作关联度高，但是电影IP的成功并不能直接带来环球影城主题公园的成功，想要吸引游客，必须利用高科技的手段将其中的一些片段制成互动娱

乐项目，在环球影城主题公园中再现电影场景，为游客提供深入电影的独特体验感。北京市在建设科幻产业园的过程中，依托北京科技发展基础，迎合科幻产业发展要求，必然需要在科技支持科幻产业方面下更多功夫，支持鼓励高新科技在科幻企业发展中的应用，尽最大可能助力科幻产业园中主题公园功能的实现。

3.双线融合带动新兴业态、载体建设、空间布局的协同发展

随着疫情防控的常态化和后疫情时代的开启，我国已逐步摸索出一套相对成熟的应对机制与管理模式，文化和科技产业也都发展出了各自的应对策略。一方面，传统线下产业积极寻找新的市场通路，开辟生存空间；另一方面，线上产业不断加力发展，积极推出创新性产品，增强用户的线上体验。双线融合，推动形成更加多元化的数字文化新业态。科幻产业园区通过双线融合的发展模式，在引进企业和鼓励生产上可以引入更多网络文化科技企业，鼓励科幻企业创作和生产出更多数字文化产品；在服务体系上，可以搭建更多的公共服务平台，包括建设科幻素材和数字资源库、科幻技术和生产工具的研发和服务平台、科幻原创作品版权库、科幻关键技术的知识产权库和专利池等；在品牌建设和赛事活动举办上，可以加强线上的园区品牌传播，吸引更多企业入驻和公众参与，在举办赛事活动的同时，推出线上直播和融媒传播平台，扩大赛事活动的传播力和影响力，从而带动新兴业态、载体建设、空间布局的协同发展。

第九章 北京市科幻企业的发展状况

为了掌握北京市科幻企业的发展状况，课题组进行了网络数据收集、实地企业调研、天眼查平台查询，并与北京市统计局进行对接和数据核实工作。截至2021年10月30日，收集和筛选出北京地区科幻内容、科幻科技支撑、科幻文旅、科幻场景、科幻运营服务五类科幻企业共计428家。后来，课题组又重点聚焦石景山科幻产业集聚区，跟石景山区科委和统计局等部门进行对接，对石景山区的科幻企业名录进行完善和补充，截至2021年11月30日，共收集石景山区科幻企业133家。由此建立科幻企业名录库，进行数据分析，力求反映现阶段北京市科幻企业的规模、类型、分布和基本业务发展情况（因企业名录库初步建立，会持续更新，所以数据会动态变化）。

一、北京市科幻企业的规模和类型

（一）科幻企业的产业类型分布

在428家科幻企业中，科幻内容类企业数量为210家，占企业总数的近50%，主要以影视公司为主，充分说明内容生产是科幻产业的基础，也体现了影视在科幻产业中的产值贡献。

科幻科技支撑类企业数量排在第二，数量规模达到155家，远超其余三个类型的企业数量，以信息技术、虚拟现实、人工智能、游戏开发等技术公司为主，说明科技在科幻产业中的应用已经逐步深入。

科幻文旅、科幻场景、科幻运营三类企业规模较小，占比均在10%以下。科幻运营类企业以营销服务类、研究咨询类机构为主，占比9%；科幻场景类产业主要以科幻会展企业为主，占比为4%；科幻文旅类企业占比仅为3%，

138

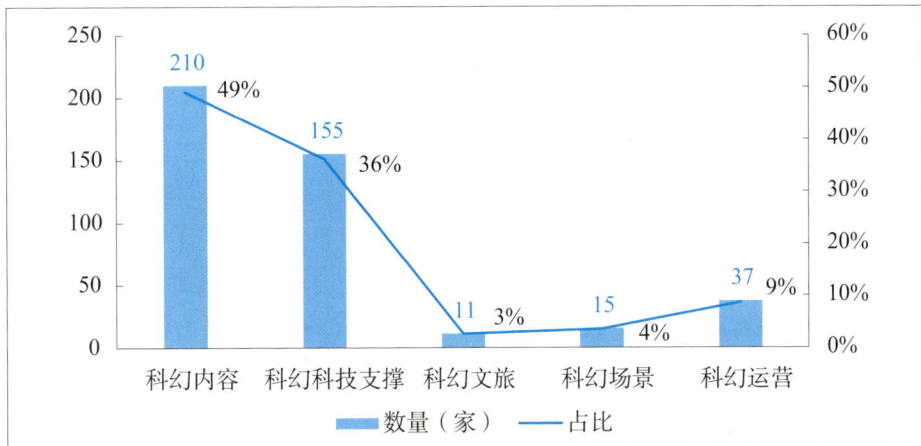

图9-1　北京科幻企业的主要类型和数量

这说明科幻线下娱乐和文旅消费市场还有很大空间。

（二）科幻内容类企业的细分类型与数量

科幻内容类企业包含科幻影视、科幻出版、科幻游戏和科幻动漫四类企业。从各类科幻企业的数量看，科幻影视类企业数量最多，有107家，占总数的51%；排在第二的是科幻出版类企业，有66家，占比为31%；排在第三的是科幻游戏类企业，24家，占比11%；科幻动漫类企业数量最少，仅有13

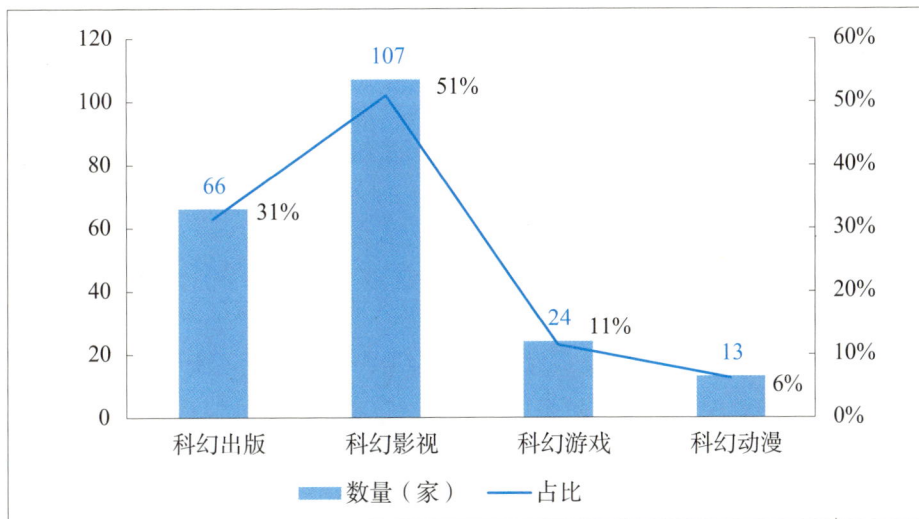

图9-2　北京科幻内容企业的主要类型和数量

家，占比6%。北京拥有数量较多、规模可观的科幻影视类企业、科幻出版类企业，体现了北京作为全国文化中心的特色和优势，在科幻内容生产能力上比较突出。

（三）科幻科技支撑类企业的细分技术领域分布

科幻科技类企业的技术领域集中在：影视制作（19%）、通信算力（17%）、虚拟现实（30%）、人工智能（29%）、区块链（5%）。这说明科幻影视应用新技术比较多，是新技术影响科幻产业的最重要的体现。科技作为科幻产业的底层支撑，技术领域最突出的集中在虚拟现实、人工智能，这些技术带动科幻影视、游戏、线下娱乐、文旅演出的沉浸体验和消费升级；而通信算力和区块链是新技术应用的基础。

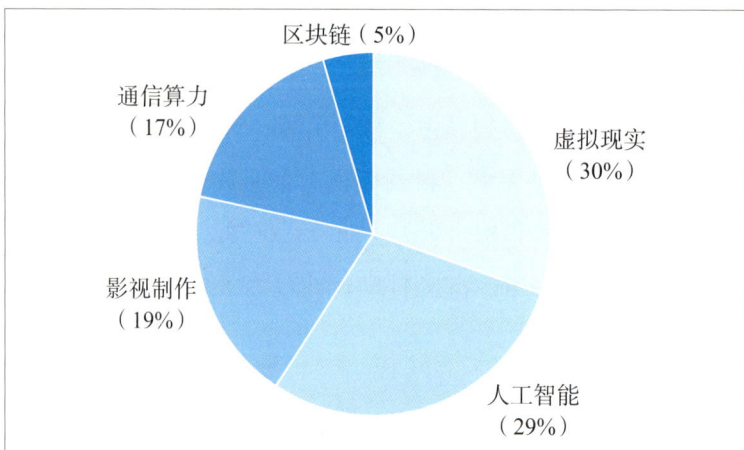

图9-3　北京科幻科技支撑类企业的技术领域分布

二、北京市科幻企业的区域分布

428家科幻企业中，按照所在区的分布，排在前五位的分别是海淀、朝阳、石景山、东城以及西城，其中海淀科幻企业数量最多，达到120家，占比约28%；朝阳紧跟其后，科幻企业数量也超百家，占比约24%；石景山排在第三位，达到83家，占比约19%，表明石景山文化科技企业的聚集优势比较明显。这五个科幻强区都属于北京市的主城区，说明科幻产业需要区域经济、科技、文化实力的支撑。其他区只有少量科幻企业分布，实力相对薄弱。

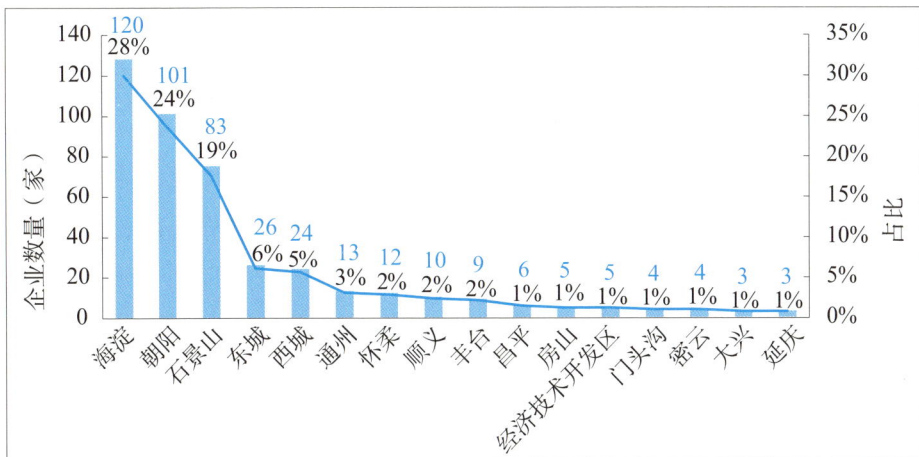

图9-4 北京科幻企业的区域分布

（一）重点区的科幻企业类型分布

北京前五大科幻强区中，朝阳区的科幻企业类型主要集中在科幻内容类企业，达到72家，其中以科幻影视类企业为主，科幻内容类企业约占全区科

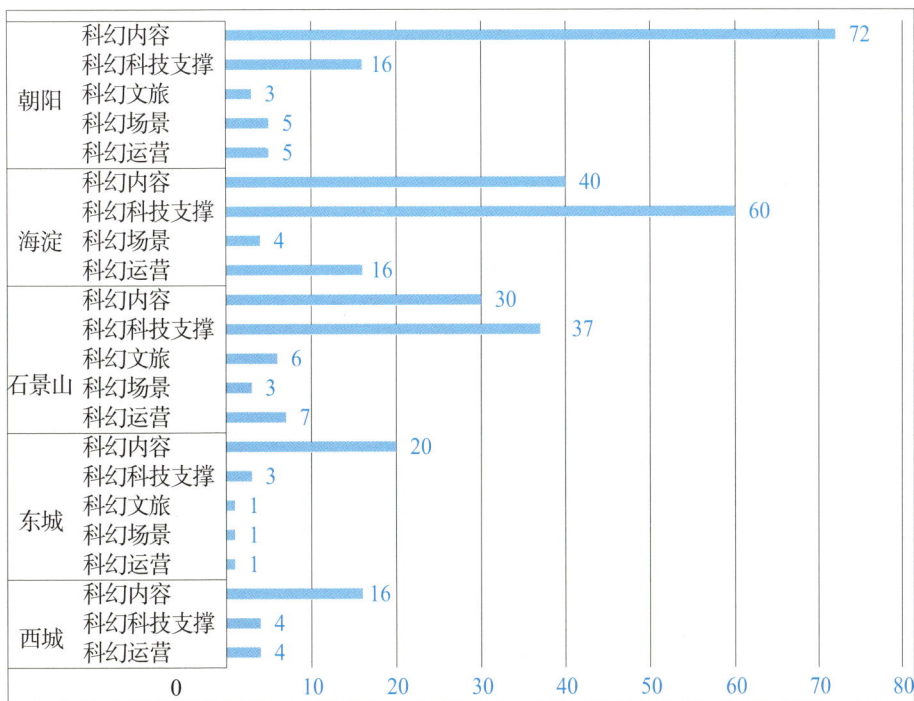

图9-5 北京五大重点区的科幻企业类型分布

141

幻企业总数的71%。海淀区聚集高新技术企业，科幻科技支撑类企业达到60家，约占全区科幻企业总数的50%，科幻内容类企业占近33%，科幻文化方面实力较强。石景山区的科幻科技支撑类和科幻内容类企业数量分别为37家和30家，分别占比约45%和36%。海淀区、朝阳区、石景山区的科幻企业各个类型都有一定数量，具备比较完善的科幻产业基础。另外，东城、西城以科幻内容类企业为主，科幻科技支撑类企业数量较少，科幻企业类型很单一。

（二）分类型科幻企业的区域分布

1.科幻内容类企业的区域分布

（1）科幻出版类企业的区域分布

科幻出版类企业主要集中在朝阳、西城、海淀和东城四个区，朝阳区占比最大，为36%，西城、海淀和东城占比较为均衡，在17%—21%之间。其他区占比非常少。

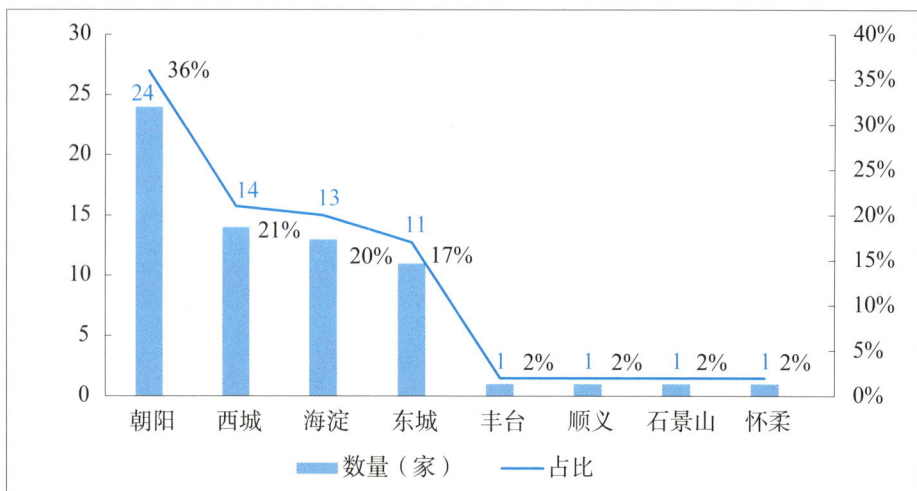

图9-6　北京科幻出版类企业的区域分布

（2）科幻影视类企业的区域分布

如图9-7所示，科幻影视类企业分布区域较为广泛，但分布不均衡，主要集中在朝阳、石景山、海淀。其中，朝阳最多，占到36%；排名第二的是石景山，分布18家，占比17%；海淀分布13家，占比为12%。科幻影视类企业

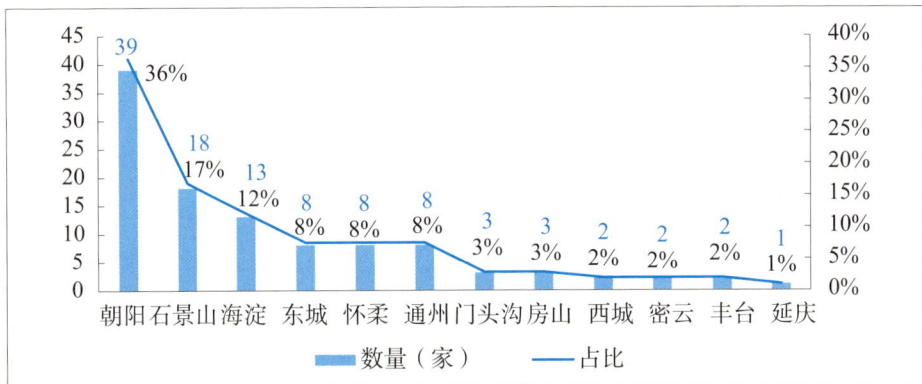

图9-7 北京科幻影视类企业的区域分布

在东城、怀柔、通州的分布接近10家，占比约为8%。其余6个区占比微小。

（3）科幻游戏类企业的区域分布

如图9-8所示，科幻游戏类企业分布区域较为集中，主要分布于海淀和石景山，分别占比50%和33%，朝阳、密云、昌平的游戏企业非常少。

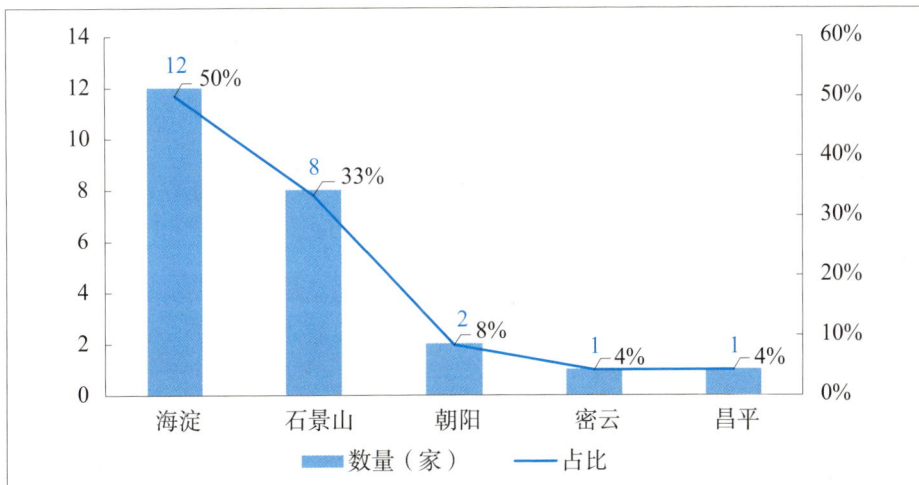

图9-8 北京科幻游戏类企业的区域分布

（4）科幻动漫类企业的区域分布

如图9-9所示，科幻动漫类企业总数较少，主要分布于朝阳、石景山和海淀，数量均未超过5家，朝阳排名第一，有5家，占比为38%；排在其后的为石景山和海淀，均有3家，占比23%。通州和东城仅有1家。

143

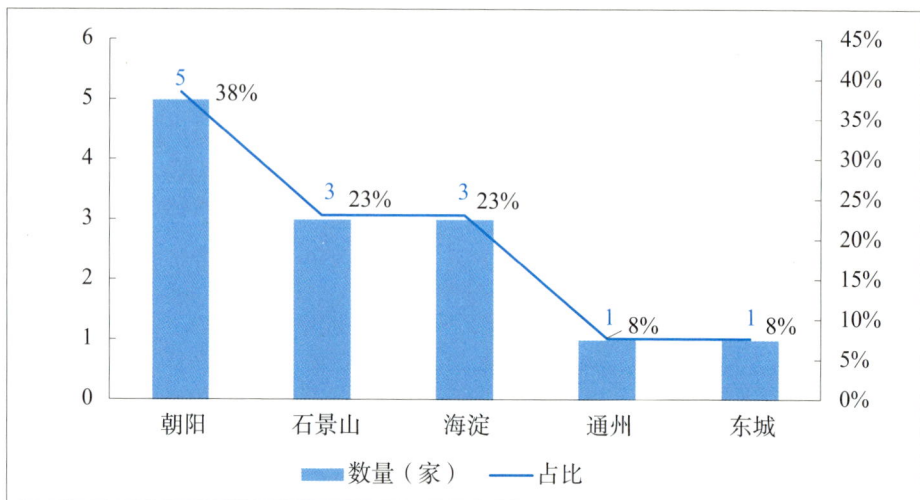

图9-9　北京科幻动漫类企业的区域分布

2.科幻科技支撑类企业的区域分布

科幻科技支撑类企业分布区域较为广泛，但企业数量分布不均衡，呈长尾趋势，主要集中在海淀区、石景山区、朝阳区。海淀区占绝对优势，科幻科技支撑类企业有60家，占比为39%；排名第二的为石景山区，有37家，占比24%；第三是朝阳区，有17家，占比11%。其余12个区占比较少，比较分散。

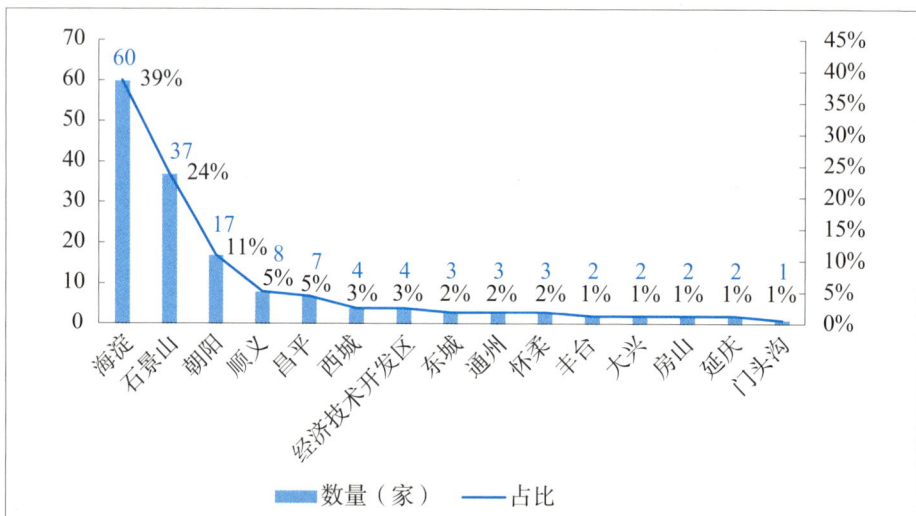

图9-10　北京科幻科技支撑类企业的区域分布

3.科幻文旅类企业的区域分布

如图9-11所示，科幻文旅类企业分布非常集中，全北京有11家科幻文旅类企业。其中在石景山有6家企业，占比为55%，石景山作为科幻产业集聚区，以及拥有的首钢工业园区资源，体现出在科幻文旅和演出方面的独特优势。此外，朝阳有3家企业，占比27%。其余2家分别在东城和丰台。

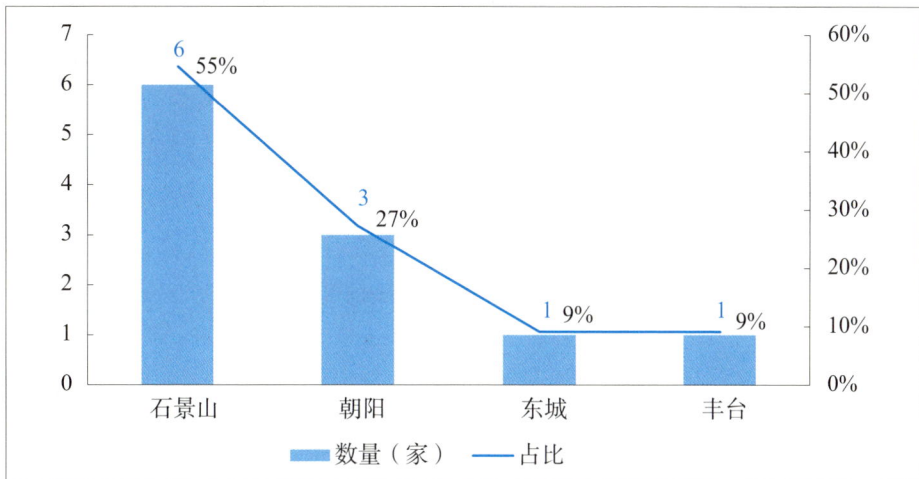

图9-11　北京科幻文旅类企业的区域分布

4.科幻场景类企业的区域分布

如图9-12所示，科幻场景类企业主要以会展等企业为主，共有15家，分布区域较为集中，主要分布在朝阳、海淀和石景山，分别占比为33%、27%和20%，差距相对较小，石景山在科幻会展类公司上可以积极拓展。东城、大兴、密云均仅有1家科幻场景类企业。

5.科幻运营服务类企业的区域分布

如图9-13所示，科幻运营服务类企业主要是科普教育、版权转化、投资、研究机构等企业或机构，分布区域较为集中。海淀区排名第一，优势明显，运营企业有16家，占比43%。排名第二的是石景山，有7家企业，占比19%。朝阳有5家、西城有4家，分别占比14%、11%。其他区数量和占比较少。

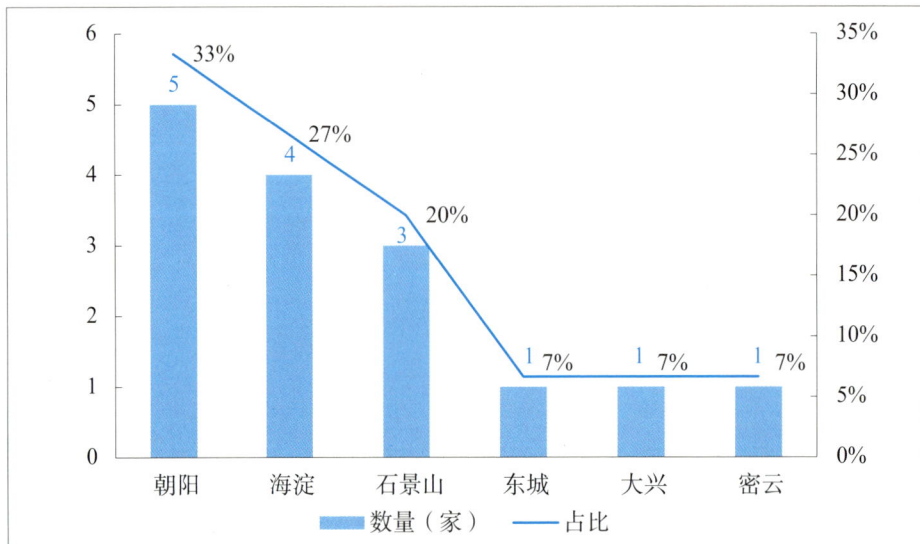

图9-12 北京科幻场景类企业的区域分布

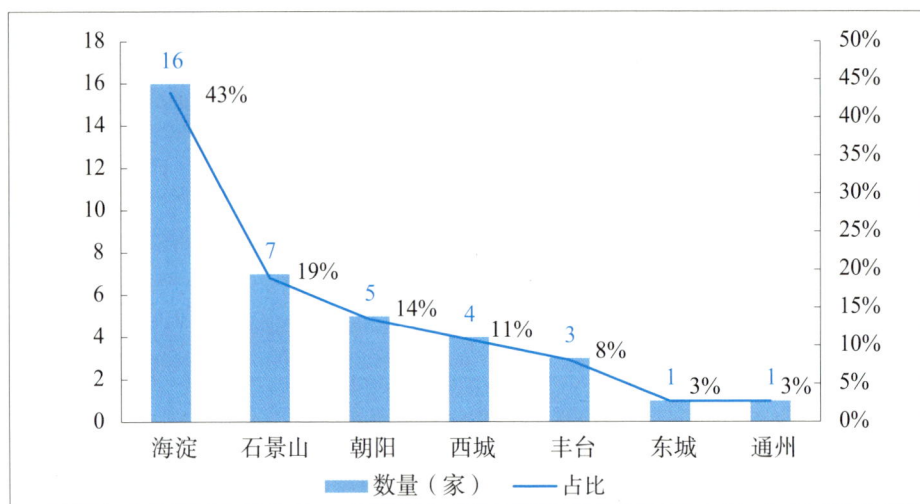

图9-13 北京科幻运营服务类企业的区域分布

三、石景山区科幻企业的类型和特征

（一）石景山区科幻企业的类型分布

根据石景山区内企业调研和石景山区科委及统计局的数据对接，截止到2021年11月30日，共收集石景山区科幻企业总计133家。从企业类型看，主要集中在科幻科技支撑类企业（64家）和科幻内容类企业（45家），分别达到约48%和34%，体现出石景山在文化科技融合方面具有深厚的产业基础。而科幻文旅、科幻场景、科幻运营服务类企业的占比均不到10%，这些产业细分类型属于新兴业态，尚有巨大发展空间。

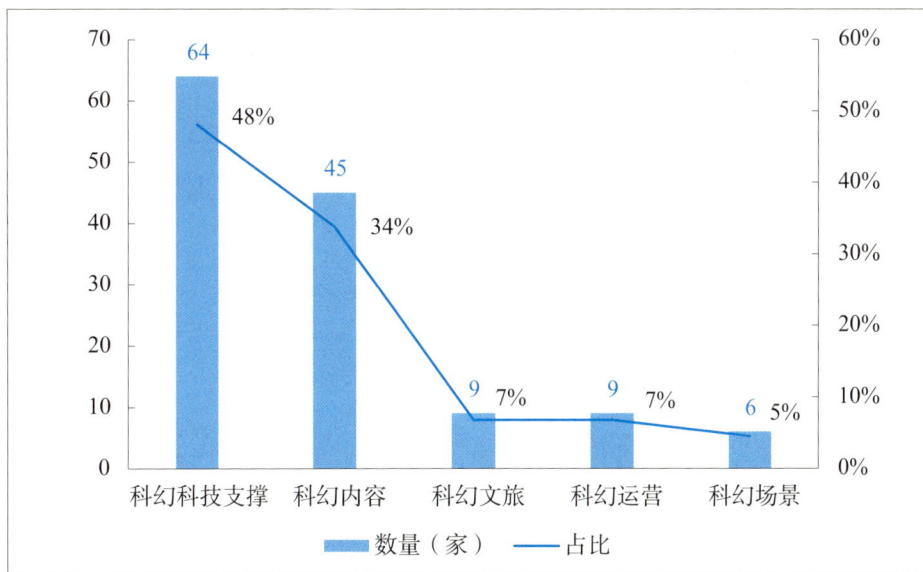

图9-14 石景山区科幻企业类型分布

（二）石景山区科幻内容企业的类型和数量

根据石景山区内企业调研，截止到2021年11月30日收集的企业数据，石景山区科幻内容企业的主要类型是科幻游戏（20家）和科幻影视（18家），分别占到44%和40%。此外，科幻动漫和科幻出版企业的总数不到10家，占比较小。

影视企业和游戏企业是石景山区发展科幻产业的有力支撑，影游融合还将为石景山科幻产业带来新的增长点。科幻动漫和科幻出版在整个科幻产业中占比都比较小，在全国和北京的科幻产业中的产值贡献率也非常小。

但科幻动漫作为和游戏一样的二次元产业形态，可以借助科幻游戏的发展成为科幻IP的衍生产业形态，加上国家鼓励传统文化和国漫热潮的兴起，是石景山区发展科幻动漫的重要机遇。

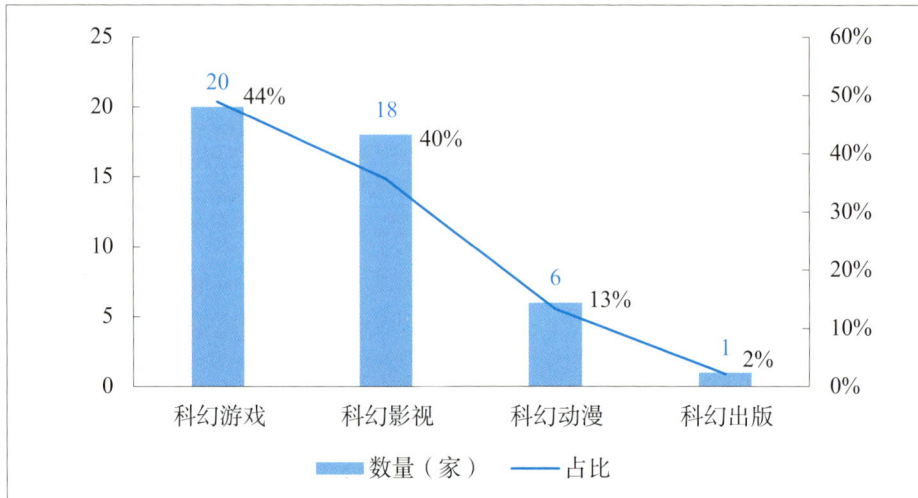

图9-15　石景山区科幻内容企业的类型和数量

（三）石景山区科幻科技支撑类企业的技术领域

根据石景山区内企业调研，截止到2021年11月30日收集的企业数据，石景山区科幻科技支撑类企业达到64家，主要类型是：虚拟现实（24家）、人工智能（20家）、通信算力（13家）、影视制作和视频传输（5家）、区块链（2家）。其中，石景山区虚拟现实技术企业占全区科幻技术类企业总数

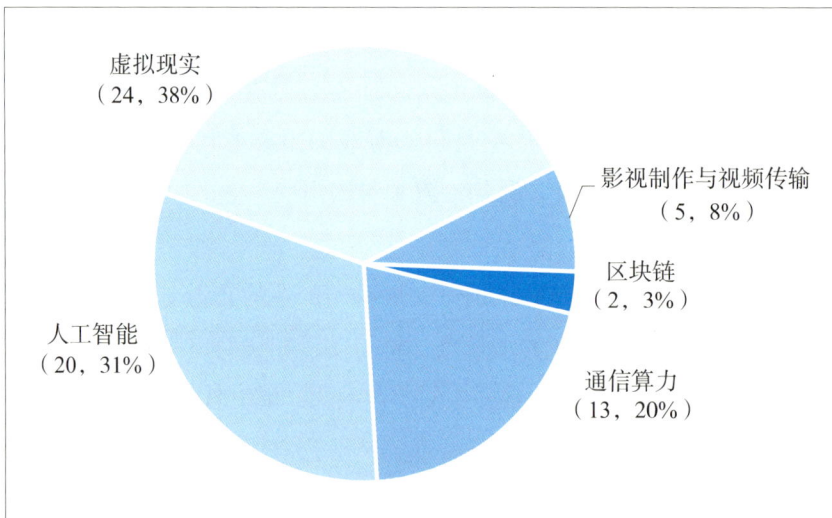

图9-16　石景山区科幻科技支撑类企业的技术领域

的比例达38%，人工智能技术企业占全区科幻技术类企业总数比例为31%，以大数据、云计算、物联网为主的通信算力技术企业占全区科幻技术类企业总数的20%。

北京市将虚拟现实产业纳入市高精尖产业细分名录和中关村示范区统筹发展规划主导产业细分名录，并将石景山区作为北京打造虚拟现实产业集群发展的重点承载区。石景山区早在2017年就着手部署虚拟现实产业的发展，打造中关村虚拟现实产业园，加速引进虚拟现实技术企业和新型研发机构，集聚内容生产、分发、终端、应用等各环节优质企业，经过几年的积累和发展，已经拥有数量众多的虚拟现实硬件开发、软件应用、云服务平台、一体化解决方案等各个领域的领先企业，初步形成产业集聚效应，在科幻产业发展上具有了先发优势和产业基础。北京市近日发布的国际科技创新中心建设规划再次强调石景山区聚焦工业互联网、虚拟现实等领域，依托新首钢推进科幻产业发展，打造国家级绿色转型发展示范区的任务。石景山区依托虚拟现实技术和产业基础，发力打造科幻产业，具有了坚实基础和先发优势。

虚拟现实技术是科幻产业的底层支撑和关键技术，在科幻电影的预演策划、拍摄、特效制作、场景建设上率先得到应用。虚拟现实技术和科幻产业的结合，将极大加速我国科幻产业的生产效率和效能，并且结合科幻新兴业态，在科幻文旅、演出、沉浸项目上得到更多的创新应用和场景延伸。

例如，石景山区引进的影视制作技术公司——天图万境科技有限公司，就是将虚拟现实技术结合科幻电影的生产流程和转化应用，进行针对性的开发，推出了特效电影虚拟制作系统。此系统在2021中国科幻大会上推出和发布，在业界逐渐形成一定的影响力。

再如石景山区2021年引进的北京虚拟动点科技有限公司，立足于智能人机交互和3D数据平台研发的技术方向，业务涵盖光学摄像机产品研发销售、行业解决方案输出、数据服务运营及线下科技娱乐等方向，自主研发OptiTrack主动式追踪技术，具有主动光LED标记点的ID识别技术，可追踪任何类型的对象，实现在大空间内同时追踪数百个相同的头盔、武器、控制器和场景元素。虚拟动点聚焦于虚拟现实和科幻产业的创新，其光学动作捕捉系统代表了全球业界顶尖水平，以智能人机交互、动作捕捉技术和人工智能算法为核心，为影视动画制作、工业模拟仿真、职业教育培训、运动科学分析、数字资产采集等诸多应用场景提供专业的产品和数据服务解决方案。虚拟动点还在2021年11月与北理工共建智能虚拟人实验室，推动虚拟人及虚拟现实相关技术研究及产业应用，立足动作捕捉技术，进一步完善与提升虚拟人驱动效果，形成具有特色的虚拟人应用示范案例。

四、科幻企业的主要赛道与运营特征

（一）科幻内容类产业

1.内容产业链

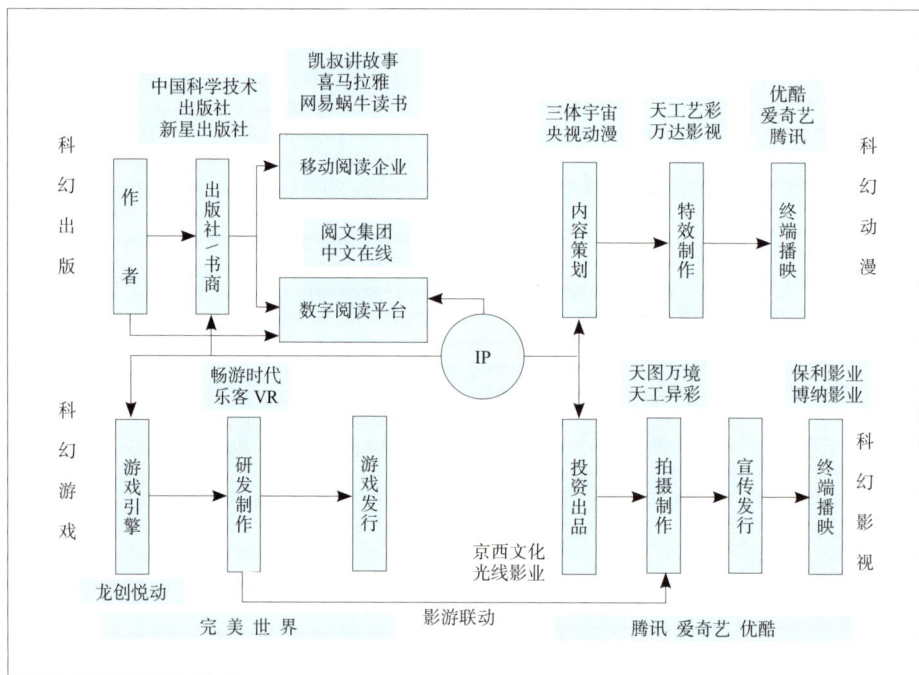

图9-17　科幻内容类产业链

2. 主要赛道

表 9-1　科幻内容类产业赛道表

产业类型	主要赛道		代表企业
科幻出版	传统出版		科学出版社
			北京理工大学出版社
			新星出版社
			博峰文化（北京）有限公司
	数字阅读		中文在线数字出版集团股份有限公司
			掌阅科技股份有限公司
			北京点众科技股份有限公司
科幻影视	传统大型影视公司		中国电影股份有限公司
			保利影业投资有限公司
			北京京西文化旅游股份有限公司
	网络影视公司		优酷网络技术（北京）有限公司
			阿里巴巴影业（北京）有限公司
	垂直领域影视公司（机构）		中国航天国际交流中心
			北京神舟航天文化创意传媒有限责任公司
			北京微像国际文化传播有限责任公司
			星际之城影业有限公司
科幻游戏	巨头公司	手游	完美世界（北京）网络技术有限公司
		页游	北京畅游时代数码技术有限公司
		端游	盛趣信息技术（上海）有限公司
	新兴公司	手游	米哈游科技（上海）有限公司
		页游	咪咕文化科技有限公司
		VR游戏	北京乐客互动娱乐科技有限公司

（二）科幻科技支撑类企业

1.科幻产业科技支撑机制

图9-18　科幻产业科技支撑机制

2.主要赛道

表9-2　科幻科技支撑类企业赛道表

主要赛道	代表企业
影视制作	北京艾沃次世代文化传媒有限公司
	未来新影传媒科技（北京）有限公司
	北京天图万境科技有限公司
	北京天工异彩影视科技有限公司
	北方华录文化科技（北京）有限公司
	达瓦未来（北京）影像科技有限公司
通信算力	北京华为数字技术有限公司
	北京亚洲卫星通信技术有限公司
人工智能	北京聚力维度科技有限公司
	北京凌云光股份有限公司
区块链	北京明朝万达科技股份有限公司
	北京众享比特科技有限公司
虚拟现实	北京奇幻科技有限公司
	北京凌宇智控科技有限公司
	北京爱奇艺智能科技有限公司
	北京虚拟动点科技有限公司

（三）科幻文旅类企业

1.产业链

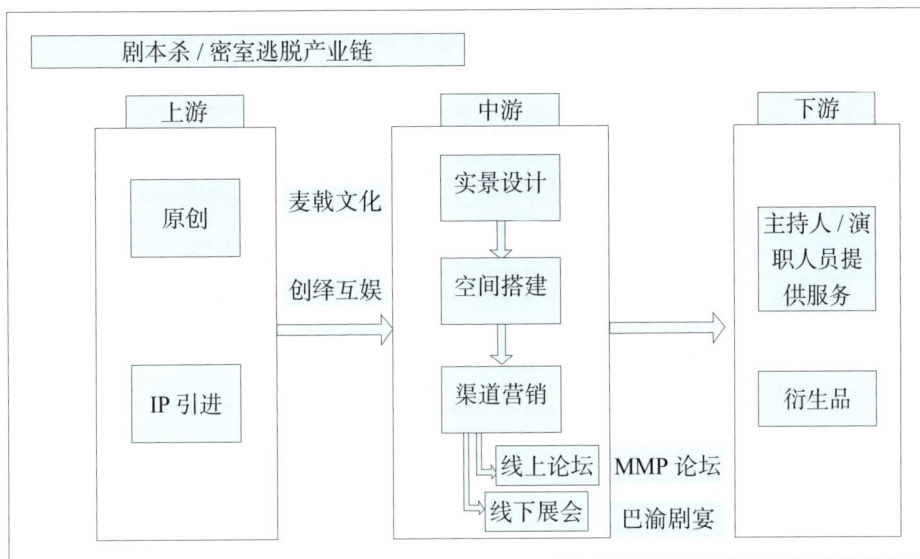

图9-19　科幻室内娱乐（剧本杀/密室逃脱）产业链

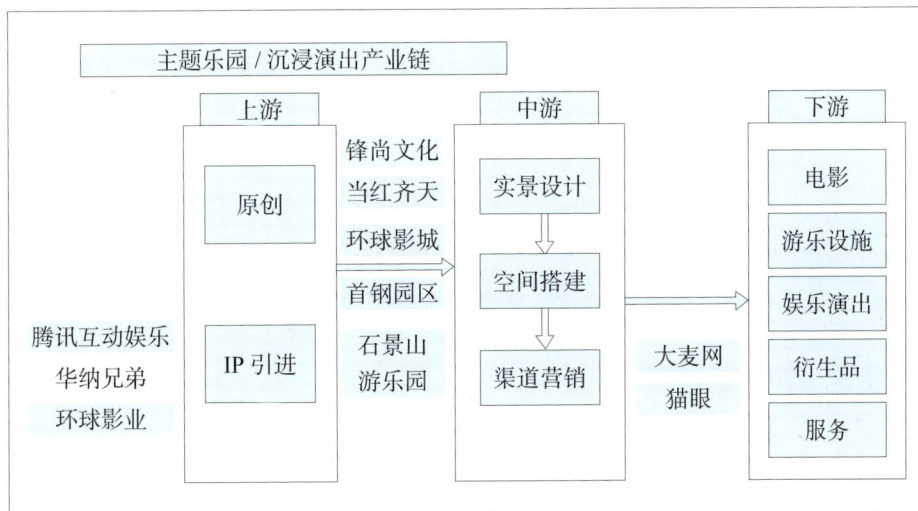

图9-20　科幻文旅（主题乐园/沉浸演出）产业链

2.主要赛道

表 9-3　科幻文旅型企业赛道表

主要赛道	代表企业
周边玩具	北京泡泡玛特文化创意有限公司
室内娱乐	北京麦戟文化创意有限公司（UmePlay）
	北京创绎互娱文化传媒有限公司
主题乐园	尤尼维瑟（北京）咨询有限公司（环球影城）
	北京石景山游乐园有限公司
	飞览天下文化发展集团有限公司
沉浸演出	北京当红齐天国际文化科技发展集团有限公司
	红色地标（北京）文化科技有限公司
餐饮休闲	北京华联（SKP）百货有限公司

（四）科幻场景营造类企业

表 9-4　科幻场景营造类企业赛道表

主要赛道	代表企业
科幻广告	深圳市联建光电股份有限公司
会展赛事	中关村会展与服务产业联盟
	北京鱼果文化科技有限责任公司
智慧城市	中关村科学城大脑股份有限公司
产业园区	北京首钢建设投资有限公司

（五）科幻运营服务类企业

表 9-5　科幻运营服务类企业赛道表

主要赛道	代表企业
版权运营	上海果阅文化创意有限公司（未来事务管理局）

续表

主要赛道	代表企业
营销宣发	北京淘梦影业有限公司
媒体传播	科普中国
	中国作家网
科普教育和人才培养	中国航天科技国际交流中心
学术研究机构	中科院自动化所科学艺术中心
	科普研究所科幻研究中心
	新华网融媒体未来研究院

第四部分

趋势篇

第十章

科幻和科普的融合发展

一、科幻和科普的融合关系

（一）科幻和科普的功能融合

科幻具有科技想象和艺术表达功能。科幻是科学性和艺术性的有机融合，其本质是对科技未来的想象，并不是对已有科学知识和科学成果的呈现，因此科幻不等于科普。但是科幻在客观上发挥促进科普的重要功能。一方面，科幻需要遵循科学原理、具备科学逻辑，具有促进科技传播、激发想象力的作用；另一方面，科幻基于已发现的科学原理进行逻辑推导和未来想象，往往对科技的发展进程和未来成果具有一定的预见性。科幻预言成为现实的例子非常多。刘慈欣在《三体》中描绘了大量前沿科技，如反物质、曲率驱动、量子纠缠、可控核聚变等，都是基于现有科学理论基础上的艺术化加工，而其中关于引力波的描绘，在2015年LIGO（激光干涉引力波天文台）得到了证实。此外，其故事中的重要角色——高科技人工智能"智子"的出现也"预言"了人工智能全面拟人化的可能。

科普具有展示科技水平、普及科学知识、推广科技成果的教育功能。科普是指通过图书、影视、媒体平台、科技场馆、科普产品等载体，采取公众易于理解、接受、参与的方式向大众普及科学技术知识、倡导科学方法、传播科学思想、弘扬科学精神的活动。国家高度重视科普工作，把科普放在与科技创新同等重要的位置，高度重视发挥科普在提升全民科学素质、促进科技创新、提升文化软实力方面的重要作用。在科技进步的推动下，科普和科幻的功能实现融合。

（二）科幻为科普提供新的内容、创意和形式

科幻能够为科普提供新的内容。科幻作品中充满着奇特的科学创想、炫酷的科技元素、震撼的科技场景，包含着对科技发展的展望和指向，为科普产品的创制提供丰富的创意、元素和素材。

科幻能够为科普提供新的表现形式、丰富科普的表达方式。将科幻元素和艺术表现融入科普产品中，通过生动形象、富有冲击力、充满奇观体验的场景营造，能够让公众尤其是青少年沉浸式体验到科技、艺术和文化相生相荣的魅力，极大地增强科普效果。中国科学技术馆作为我国唯一的国家级综合科技馆，近几年在科幻科普融合方面进行积极探索和尝试，2018年、2019年连续两年举办"科学之夜"活动，推出"平行宇宙"展，将科幻电影的情节和科学知识的讲解结合，2020年、2021年又将整个展览直接升级为"平行宇宙"展，以《小灵通漫游未来》《三体》等国产科幻IP的故事和场景为基础，通过AR/VR技术的运用，融入"第一视角"和"时空交错"的互动体验，让游客沉浸式感受中国科幻文化的魅力，并充分了解中国科技的辉煌成就和科幻产业的发展成果。

（三）科普为科幻开辟新的市场、应用场景和发展方向

科幻作品的消费群体比较大众化，青少年占其中的主要比例。青少年群体同时又是科普的重要对象。科普能够为科幻尤其是"硬科幻"拓展新的市场、提供新的应用场景。

在科幻阅读市场，当当网2020年童书销量TOP10中，科幻类图书占比将近一半，比如"神奇校车"系列、"银火箭少年科幻系列"等；在科幻影视尤其是国产科幻影视市场，科幻作品的科学严谨度较低，虽以"科幻"为标签，实则缺少科学逻辑、充斥着大量魔幻和玄幻情节的作品比比皆是，而少量专门面向青少年的科幻电影，虽然具有科普性，但因为故事性和趣味性不足，无论是票房和口碑又都差强人意；而在科幻主题乐园、会展和演出市场方面，娱乐性大于科学性、奇幻感大于科技感的问题比较明显，科学和科普元素的融入和应用程度较低。旺盛的市场需求因优质作品不足形成巨大缺口，限制

了科幻文化的健康发展。

　　加强科普成为促进科幻市场健康发展的有效方案。一方面，科普能够提升消费群体的科学精神、科学素养和科幻辨识度，培养和引导公众的科幻消费习惯，催生更多具有科学严谨性和科幻艺术魅力的优质作品。另一方面，科普能够带动更多"硬科幻"作品的生产和传播，带动青少年科幻作品的品质提升，促进科幻线下消费场景的创新，为科幻产品和项目开辟新的市场和应用场景。

　　此外，优质的科幻作品对创作者要求较高。创作者只有具备比较丰富的科学知识，才能在科幻叙事中游刃有余地进行科技想象、构建科技场景。无论国外还是国内，身兼科普和科幻创作双重身份的作家非常常见。科普的加强，不仅能够增强作家的科学素养和科学知识储备，为科幻创作者提供新的科学理念、科学思想和创作灵感，提升科幻创作能力，还能吸引其他领域的创作者加入科幻创作阵营中。科普能够将"科学性"更好地转化和应用到科幻领域，从生产源头上有力促进科幻创作，引导科幻的发展方向。

　　在我国科技强国和文化强国的战略带动下，科幻和科普相互融合、彼此赋能，创新出科普型科幻的新产品、新服务、新场景，发展成为培养公众科学精神、激发公众尤其是青少年的想象力、提升全民文化自信的重要产品。

二、科幻和科普融合发展的机遇

（一）政策的支持

　　2021年国务院印发的《全民科学素质行动规划纲要（2021—2035年）》明确提出要"构建科学素质建设体系，提升优质科普内容资源创作和传播能力"；同时，明确将科幻作为科普信息化提升的重要方式，提出"实施科幻产业发展扶持计划，搭建高水平科幻创作交流平台和产品开发共享平台，建立科幻电影科学顾问库，为科幻电影提供专业咨询、技术支持等服务；推进科技传播与影视融合，加强科幻影视创作；组建全国科幻科普电影放映联盟；鼓励有条件的地方设立科幻产业发展基金，打造科幻产业集聚区和科幻主题公园等"。在国家政策的扶持下，科幻成为助力科普提升的重要手段，科幻和科普呈现深度融合式发展。

（二）技术的支撑

科幻与科普的融合也受益于技术的不断更新和普及。正如刘慈欣所说，"国家的科学普及工作越到位，科幻小说创作就会越有生命力"。一方面，科幻发展需要科学普及来推动，而科学普及需要技术支撑来实现科普信息化。近年来，中国科协积极实施"互联网+科普"行动，汇聚各方力量打造"科普中国"品牌，以科普的内容信息、服务云、传播网络、应用端为核心，形成"两级建设、四级应用"的科普信息化服务体系。另一方面，在科幻影视领域，技术环境也是非常重要的。例如，太空探索类的科幻电影，往往需要国家航天主管部门的支持。科幻电影或电视剧的特效运用、虚拟制作都离不开AR/VR、3D动画等技术的强大支撑。有了技术力量的赋能，科幻作品能够更加精美、立体地呈现和传达科学知识，科普体系也能够进一步得到完善，带动科幻产业的向上发展，促进科幻与科普的深层次融合。

（三）观念的转变

《全民科学素质行动规划纲要（2021—2035年）》提出要大力开发动漫、短视频、游戏等多种形式科普作品，加大科普传播的推广力度。我国的科普格局正在悄然改变，教育观念也在逐渐转变，游戏、动漫、短视频等被视为对青少年有不良影响的传播载体，开始逐渐被认可和接受，被纳入青少年科普、教育新形式的行列。同时，教育部近年来陆续将科幻作品编入中学生语文教材中，让学生在获得科学知识的同时，也能够通过阅读科幻作品拓宽思维和眼界，提升想象力与创造力。例如，刘慈欣的科幻小说《三体》入选高中阶段文学的书目，张之路的《非法智慧》和凡尔纳的《海底两万里》分别进入小学阶段和初中阶段的文学书单，杨利伟的《太空一日》、刘慈欣的《带上她的眼睛》被编入七年级教材，甚至在高考试卷上也经常出现"科幻"主题，2018年语文全国Ⅲ卷的一道阅读理解题的材料就选自刘慈欣的科幻小说《微纪元》。

三、科幻和科普融合发展的建议

（一）以视频内容为重点，创新科普科幻的产品形式

对科幻消费市场调研的数据结果显示，电影、视频网站仍是科幻消费的主要渠道和科幻传播的主要载体。因此，科幻与科普的融合需以视频内容为中心和重点，尤其发挥短视频平台的传播优势，顺应当下受众碎片化阅读的习惯，以更加生动、简洁的方式传达科幻魅力、实现科普教育。今年，中国科学院科学传播局、中国科学技术协会科普部、中国科学报社、中国科技馆、字节跳动联合发起名为"DOU 知计划"的全民短视频科普行动，号召全国科研机构、科研人员及其他有科普内容创作能力的机构和个人，基于抖音短视频平台积极创作、发布科普短视频，从而助力全民科学素质提升。同时，也要加强科幻科普的外延拓展，利用图书、动漫、游戏、线下展览等不同形式的科普载体，让科幻融入生活，让科普教育深入人心。

（二）培养作家的融合思维，加强科普科幻的创作力量

科普与科幻是紧密相连的，科幻创作离不开科普内容的支撑，科普知识也依托科幻的形式进行创意的表达与呈现。在将来，科幻与科普的深度融合，仍需从供给端入手，加强对科幻科普作品的创作与研发，培养科普作家的科幻思维、科幻作家的科普思维，催生更多优秀的科普科幻作品。为此，中国科普作家协会已经开始布局，自 2017 年以来，持续开展"科普科幻青年之星计划"，通过科普科幻类的选拔和培训，培养科普科幻人才；旗下的《科普创作评论》期刊，自 2020 年推出了"青年科普科幻作家支持计划"；2019 年在世界科幻大会"人类现代文明的历史经验与未来梦想"专题论坛上，宣布成立科幻专业委员会，致力于为科幻科普的融合创作带来新的发展动力。

（三）加强青少年想象力教育，激发科学精神和科幻思维

科幻凭借其超现实性、对未来的预见性、对科技景象的形象展现等特征，具有了科学性和艺术性融合的强大魅力。将科幻作品融入科学教育，在给青少

年带来视听震撼的同时，能够有力激发青少年的想象力和好奇心。从国内外科幻作品的题材分布看，太空探索、人工智能、外星生命这三类占据主流。太空探索类型的科幻如《流浪地球》《火星救援》等，外星生命类型的科幻如《阿凡达》《潘多拉之星》等，人工智能类型的科幻如《黑客帝国》《头号玩家》等，在全球范围内拥有规模庞大的科幻粉丝，尤其受到青少年的喜爱。这些科幻影视作品或大量展现宇宙、星际、太空舱、空间站的震撼场景，通过高科技和烧脑的故事情节启发青少年思考人类和人工智能的关系，能够激发和促进青少年的想象力、学习力和思考力，以及对科技未来的探索欲和创造力。

2021年，北京石景山区科委联合区教委、中国科幻研究中心、腾讯教育、首钢集团共同启动了全国首个"科幻想象力教育"——科幻课程进中小学公益项目，组织科幻作家、教育专家、教研学者一起，共同打造适合中小学的科幻想象力课程，并率先在石景山区中小学落地实施。除了打造内容丰富的高质量科幻课程，中国科幻研究中心还联手腾讯教育启动青少年科幻创意征集活动，为青少年学生搭建与科幻作家和科普教育工作者面对面的交流平台，并推荐优秀作品参加每年一度的中国科幻大会进行展演。

第十一章

科幻产业和数字经济的融合

一、科幻消费拉动数字文化产业

（一）后疫情时代数字文化产业日益兴盛

在国内国际双循环的新经济格局下，数字文化消费正成为拉动内需、推动经济增长的重要动力。国家非常重视数字文化产业的发展。2017年，《文化部关于推动数字文化产业创新发展的指导意见》首次提出了"数字文化产业"的概念，数字文化产业以文化创意内容为核心，依托数字技术进行创作、生产、传播和服务，呈现技术更迭快、生产数字化、传播网络化、消费个性化等特点，有利于培育新供给、促进新消费。2020年，文化和旅游部出台《文化和旅游部关于推动数字文化产业高质量发展的意见》，提出实施文化产业数字化战略，推动数字文化产业高质量发展。后疫情时代，随着疫情常态化和科学防控体系的形成，线上消费急速增长，"云工作""云生活""云消费"方式迅速普及，进一步培养了用户对高质量数字内容的消费习惯。2021年，国家"十四五"规划再次强调实施文化产业数字化战略，加快发展新型文化企业、文化业态、文化消费模式。

（二）科幻和数字文化业态深度交融

科幻消费将成为数字文化消费中最引人瞩目的新增长点。一方面，以科幻影视、游戏为代表的科幻产品，其科技场景设计、视听特效制作、交互体验等都需要大量新技术的应用和服务，而且科幻3.0产品，即科幻主题的娱乐、演出、文旅、会展等，因为具有极强的沉浸体验，其市场热度日益升高，将逐步成为沉浸产业的重要部分；另一方面，人们的数字文化消费逐步从娱乐性消费向知识性消费升级转变，科幻产品具有较强的科学性、知识性和科普性，迅速成为文化消费的新增长点，为数字文化产业带来强劲动能和巨大空间。

数字文化产业的主要门类包括数字媒体（视频、游戏、动漫等）、数字电竞、数字出版、网络文学、数字营销、虚拟现实、数字教育、数字文旅、数字直播、沉浸式产业（演艺、会展）等十多种业态。根据腾讯研究院发布的数据，2020年数字文化产业总产值超过5万亿元，比2019年增长22%。科幻产业和数字文化产业不断交叉融合，尤其在数字媒体、虚拟现实、数字文旅、沉浸产业等领域表现突出。

消费的增长必然带动生产规模的扩大和产品品质的提升。科幻消费的增长，必然会促进科幻产业链的建设和完善，逐步形成科幻工业化体系，并逐步建设和完善科幻产业的创新生态体系。

二、科幻产业加速融入数字经济

（一）数字产业化和产业数字化进程加快

数字文化产业是数字经济的重要组成部分。国家高度重视数字经济发展，"十四五"规划明确提出要"发展数字经济，推进数字产业化和产业数字化，推动数字经济和实体经济深度融合，催生新产业新业态新模式，壮大经济发展新引擎"。

产业数字化是指传统产业应用数字技术所带来的生产规模和效率提升，科幻产业所属的数字文化产业，显然属于产业数字化的范畴，5G、人工智能、虚拟现实、算法算力、区块链等数字技术已经应用到科幻产业的全产业链环节，加速科幻产业化进程。而数字产业化是指数字技术发展形成的产业，主要包括电信业、信息技术服务业、互联网行业、智能制造产业等。科幻产业也包含数字产业化的内容。BAT互联网巨头，发挥其技术、数据和资本优势，大规模进军文化产业，催生了"优爱腾"视频平台；头条、抖音、快手等通过大数据和算法整合短视频、游戏、直播等业务。数字产业化通过数字技术的集成和应用，整合社会化内容生产力，重构数字文化产业格局，做大数字文化产业体量。科幻产业通过发挥数字产业化的效能，吸引更多高科技公司加入，创新科幻产业的内容和形式，拓宽科幻产业的边界。

（二）数字技术应用赋能科幻新业态、新场景

科幻产业作为文化科技交叉融合的典型产业，具有产业数字化和数字产业化的双重特征，必将成为数字经济的重要部分。新技术在科幻产业链的关键环节发挥越来越重要的作用。在制作环节，人工智能、大数据、数字孪生等技术的融入，极大提升了科幻生产的效率和效能；在营销和传播环节，科幻元素、素材、内容等集成为大数据和数字资源平台，通过区块链技术进行版权确权，再通过产品转化、品牌传播、商业营销推向市场；在终端环节，5G、虚拟现实、全息影像、沉浸交互等技术的运用，不断创新多种消费场景，提升沉浸式体验，改变人们对科幻的感知、理解和行为方式，为科幻影视、游戏、文旅、演出等各种消费业态提供源源不断的数字创意产品，形成科幻特色的数字经济业态。

互联网的发展形态正在从消费互联网往产业互联网发展，即围绕用户需求，打通生产系统的各链条环节，连接上下游的需求、技术和资本，进行数字化采集、定制化设计、柔性化生产、网络化渠道和精准化营销，不断推进技术、产品和服务的创新。从消费互联网到产业互联网，本质是通过数字技术和数据要素提高企业研发、生产和销售效率，推动组织升级、流程再造和管理协同。科幻产业的发展恰逢从消费互联网到产业互联网的升级阶段，既在消费端不断推出新业态和新场景，又能激发生产端的数字技术运用和流程再造，必将开辟新的发展路径。

三、科幻场景建设助力城市更新

（一）"产业空间＋虚拟经济"和"城市空间＋实体经济"交融

随着我国城市化进程加快，城市更新受到国家和各地政府部门的重视。城市更新区别于传统的城市改造，是将可持续发展理念和高科技手段贯穿于

城市开发和建设过程，强调对现有城市空间的保护、利用和再开发，实现城市在社会、经济、文化的全面更新。科幻产业对于城市更新的带动，主要体现在两方面：一方面，科幻产业需要人才、技术、资源的集聚，通过不断完善产业链体系实现产业升级，壮大城市经济；另一方面，科幻产业载体，需要加强文化科技产业园区的建设，通过园区的规划和设计吸纳更多文化科技人才和企业，延展文化、商业等服务，营造科技化、科幻化的城市景观。

（二）北京和全国各地加速科幻产业园区建设

北京以石景山首钢园为核心，加快科幻产业集聚区建设，打造全国科幻产业的新高地，成为推进产业升级和城市更新的典范。首钢园是北京首都现代工业的发祥地，拥有丰富的工业遗存资源和特色空间风貌。石景山依据北京的城市规划，抓住城市更新的契机，以发展科幻产业为抓手，引进科幻专业人才，引入科幻科技企业、科幻文化机构、科幻研究机构等生产资源，推动人工智能、虚拟现实、游戏电竞、智能制造、新型显示、沉浸演艺等新业态开发。首钢园科幻产业集聚区，一方面利用三高炉、场馆等工业建筑内体，搭建影视拍摄、特效制作等数字影棚基地，发挥首钢园的生产功能；另一方面运用高炉、高架、塔台等建筑外体，使用声光电、裸眼3D、全息影像等交互展示技术，发挥首钢园区的消费功能，举办科技产品发布会、前沿科幻展会、科幻电影展映、游戏电竞、赛事活动等，打造融合集聚式产业空间和沉浸式消费场景于一体的文化科技商业综合体。

除北京之外，全国各地的科幻产业也在蓬勃发展。成都、深圳、上海、杭州等城市在科幻领域加快布局，科幻影视基地、科幻主题乐园、科幻产业园区等不断涌现。科幻特色园区的规划建设和城市更新相结合，能够发挥文化科技的引领作用，将文化传承和科技创新相统一，将城市的旧区改造和新区建设相协调，以科幻产业带动文化、科技、旅游、会展、教育、培训、金融、服务等跨产业融合，打造数字化、智能化的智慧社区和智慧城市，带动城市经济和文化的发展。

第十二章

元宇宙和科幻产业的融合发展

2021年下半年，随着Facebook（已更名为Meta）等互联网头部企业的频频动作，元宇宙的热潮席卷全球，美、日、韩等国的科技巨头和政府都在加紧布局。元宇宙凭借其对新技术的融合性、与新兴产业和商业模式的关联性，显示出强大威力。"元宇宙"这一脱胎于科幻小说的概念，让科幻产业和元宇宙的结合具有无限想象空间。科幻产业和元宇宙的融合发展，将催生以创造新消费、新场景和新服务为目标的数字经济新业态。

一、元宇宙与科幻产业发展的关系

（一）元宇宙的定义和核心特征

"元宇宙"的概念源于尼尔·史蒂芬森1992年的科幻小说《雪崩》，对应的英文是metaverse，即meta（超越）+universe（宇宙），展现了创作者对互联网架构的虚拟平行宇宙的想象。20多年后的当下，当传统互联网经济发展到瓶颈期，虚拟现实、人工智能等新一代信息技术发展到一定阶段，元宇宙的价值得到全社会的关注和重视。

清华大学沈阳教授指出，元宇宙是整合多种新技术而产生的新型虚实相融的互联网应用和社会形态，它基于扩展现实技术提供沉浸式体验，基于数字孪生技术生成现实世界的镜像，基于区块链技术搭建经济体系，将虚拟世界与现实世界在经济系统、社交系统、身份系统上密切融合，并且允许每个用户进行内容生产和编辑。

元宇宙的本质是继PC互联网、移动互联网、物联网之后产生的"未来互联网"。其初级形态具有"新技术集成、数字经济、虚拟娱乐"等产业特征，其成熟形态具有"虚拟和现实同步相融、自主创造和开放协作并行、闭环经济系统和商业模式"等经济和社会属性。美国科技巨头竞相抢占元宇宙技术高地，日本借元宇宙模式继续扩张"二次元"文化产业，韩国政府推出"元宇宙首尔"城市计划。元宇宙将从现阶段的虚拟现实产品和互联网应用，逐步发展到更多元的产业形态，进而对社会、经济和文化的发展产生深刻影响。

（二）科幻产业的定义和核心特征

"科幻"的本意是"科学幻想"，从科幻小说和电影发展而来，是基于科学思维和想象力探索未知领域的科技和文化实践活动。

"科幻产业"是文化和科技融合的新兴产业，是以现代科技尤其是前沿科技为驱动，以科学精神和想象力文化为内核，以工业化设计、生产和制造为支撑，以超现实叙事（1.0）、视听体验（2.0）、沉浸式场景（3.0）等为主要载体，提供科技文化消费和服务的新兴业态。

科幻产业在政策和科技的双重赋能下，正在实现快速增长。人工智能、虚拟现实、数字孪生、航天科技、生命科学、全息影像等前沿科技不断促进科幻创作和生产流程再造。科幻产业具有内涵丰富、边界延展的特征，在数字文化产业、高新产业、科技服务业、新一代信息消费、城市更新和规划设计等领域得到应用创新、交叉融合和场景共建。

科幻产业现阶段以影视、游戏和沉浸项目为主导，呈现多元化业态发展，包含的产业门类众多，可分为科幻内容创作、科幻科技研发、科幻娱乐文旅、科幻场景营造、科幻运营服务五大门类。科幻产业在国家加速推进科技战略的带动下，正成为推进科技创新、科普提升、科技文化发展的重要路径。

（三）元宇宙与科幻产业的关系

1.科幻和元宇宙具有天然渊源和共同指向

元宇宙的概念源自科幻小说和电影，承载着人们对于未来社会前瞻形态的想象和渴望。元宇宙和科幻都是借由科学原理和数字技术，在现实和未来之间搭起连通的桥梁和实现的路径。科幻产业用科学和艺术的融合手段呈现着元宇宙的未来场景，而元宇宙是科幻产业发展的终极目标指向。

2.科幻产业和元宇宙的关键技术吻合

科幻产业和元宇宙都需要新一代信息技术、前沿科技的创新研发和转化应用。航天科技、生命科学、人工智能等前沿科技不断激发人们的想象力，为科幻产业和元宇宙的未来拓展想象空间，而虚拟现实、数字孪生、沉浸交互、全息超清等视听技术不断促进科幻生产流程再造和产业规模扩大。元宇宙的运行需要这些技术集成和协同作用。科幻产业和元宇宙的底层都需要通信算力、区块链技术的支撑。

3.科幻产业和元宇宙的消费场景交叉

科幻产业的主要消费场景包括科幻题材的影视游戏、虚拟娱乐和视频直播，富有科幻特色的沉浸式文旅和演出项目，具有科幻元素的广告、艺术品、会展、景观设计等。这些也都是现阶段元宇宙的主要消费场景。元宇宙需要科幻元素和想象力的加持，需要科幻思维和表达方式的运用，更需要科幻产业的发展支撑，以及社会公众科幻消费习惯的养成。

4.科幻产业和现阶段元宇宙的产业体系重叠

科幻产业的范围较广，门类众多，主要包括科幻内容、科幻文旅、科幻场景营造、科幻科技支撑、科幻运营服务五大门类，其中前三类属于应用和消费端，后两类属于生产和服务端。元宇宙需要通过产业化进行创新扩散，逐步达到未来的社会和经济形态演变。而科幻产业的所有形态都将成为元宇宙不断进阶的产业化路径。在产业链体系不断完善的基础上，科幻和元宇宙将在多个产业领域实现技术融合、应用创新和场景共建。科幻产业和元宇宙的融合正成为我国深化文化和科技领域交流合作、传播科学思想、提升科技文化自信、服务高水平科技自立自强的重要路径。

5.元宇宙与科幻产业的未来发展相互融合

元宇宙的未来将对人类社会、经济、文化产生深刻影响，形成虚拟和现实高度融合、全真和全息的互联网社会，而科幻是对未来社会的终极想象和价值关怀，科幻产业为元宇宙的实现提供想象力思维、产业化路径和市场化场景。科幻产业的快速发展将成为北京市，尤其石景山区打造元宇宙城市体验场景的重要路径。

二、元宇宙和科幻产业的融合发展目标

以北京市"十四五"发展规划为纲领，牢牢把握"两大机遇"，加快推进"两区建设"，以城市更新和产业转型为"两大关键"，以科幻产业为先导，促进科幻产业和元宇宙的融合发展，开发科幻和元宇宙融合应用的新产品和新场景，实现城市生态、科技文化、产业资源的有机共融，逐步形成科幻和元宇宙融合发展的产业生态，逐步建设面向科技未来的"元宇宙城市"。

（一）近期目标：打造以科幻产业为特色载体的数字经济示范区

元宇宙与科幻产业结合的本质是数字经济、新一代信息技术和互联网平台对产业、场景、服务的升级再造。近期目标是打造以科幻产业为特色的数字经济示范区，培育"科幻+影视""科幻+游戏""科幻+沉浸文旅""科幻+智能制造""科幻+科技科普""科幻+城市更新"的多元消费场景，搭建公共服务平台，完善科幻产业链体系，促进科学素养提升和文化科技消费，助力北京建设全球数字经济标杆城市和国际消费中心城市。

（二）中远期目标：打造以元宇宙为集成平台的智慧城市示范区

元宇宙的成熟形态是社会结构、经济形态、社交关系、文化样态的融合和更新。远期目标是打造以元宇宙为平台的智慧城市示范区，以加强新基建、通信算力、新能源为基础，用科技手段建设元宇宙软硬基础设施，运用科幻思维和科技手段打造城市元宇宙中心，为公众和市民提供前沿感知、智能服务和沉浸体验。

三、元宇宙和科幻产业的融合发展策略

科幻产业和元宇宙的融合发展既符合国家建设世界科技强国和发展数字经济的战略，又能助力加快北京建设国际科技创新中心、国际消费中心城市的进程，需要以系统规划、科学布局的思维和方式进行建设。

（一）找准定位，对科幻产业和元宇宙经济进行系统规划

加强政府引导和市场主导，以打造"元宇宙城市"为愿景和目标，明确元宇宙和科幻产业的关系，找准定位、系统规划，通过促进文化科技融合、强化科技自主创新、提升全民科学素养、树立文化自信等政策举措，加强对科幻产业和元宇宙的顶层设计。以人才为根基，加强创作人才、技术人才的培养，激发青少年的科普教育和科学创想，加强文化、科技、艺术多领域交叉和产学研协同创新；以科技为引擎，强化基础科学、前沿科技、关键技术在科幻和元宇宙领域的研发、转化和应用；以政府为引导，发挥政策、市场、技术、资本的协同力量，孵化和培育科幻和元宇宙领域的精品项目、应用场景和示范基地。

（二）以科幻产业为先导，以元宇宙为中心构建生态

以科幻产业为先导，以元宇宙为中心着力发展影视游戏、数字创意、信息消费、娱乐演艺、沉浸文旅等产业，并且突破将科幻简单归属于文化产业的局限，将科幻概念和元素延伸到虚拟教育、智慧医疗、智能制造、智慧城市等领域，开发多个领域、多种形态的元宇宙平台，搭建科技和社会、经济和生活紧密结合的元宇宙生态体系，进而拉动产业转型、城市更新、经济增长和消费升级。加强科幻产业和科技产业、科普事业的融合，重点关注航天科技、新一代信息技术、生命科学等热点领域，发挥我国的技术领先优势，培育和打造科幻作品、科普项目和元宇宙应用场景，让科幻产业融入我们的社会、经济和生活，逐步完善元宇宙生态。

（三）将科幻景观营造和智慧城市功能结合，打造元宇宙城市

元宇宙城市是元宇宙成熟形态的典型体现，相当于将整个城市的数据、技术、资源、服务、空间、场景等进行虚实同步。元宇宙城市的外在形态是科幻景观的营造，即运用科幻创意和高科技手段，开发和利用城市中的各类空间资源，如地标建筑、商业街区、产业园区、文化景区等，打造虚拟现实的景观、演出、会展、赛事、节庆等，营造全景化、沉浸式的城市空间。元

宇宙城市的内在引擎，是拥有强大通信网络和算法算力的"智慧城市"，加强新基建，开发各种智慧城市场景和应用服务，实现政府数字化综合治理，为公众和市民提供前沿感知和智能服务。通过"科幻景观"和"智慧城市"的内外协同，让公众和市民成为城市文化科技的消费者和传播者、城市治理的参与者和贡献者，共享城市元宇宙中的文化、科技、娱乐、商务、政务、医疗、教育等资源、权利和服务，从而实现从科幻产业到元宇宙经济，再到未来城市建设的升级迭代。

第五部分

策略篇

第十三章

鼓励原创和加强人才培育，增强科幻生产能力

一、加强科幻原创扶持和产品创新

（一）鼓励和扶持科幻原创作品和项目

加大对科幻原创的鼓励和扶持力度，联动中国科协、北京市委宣传部、北京市科委、北京市教委等部门，组织和举办科幻原创作品和项目的征集、推优、评选、资助和奖励活动，面向高校、企业机构和社会人员，鼓励科幻创作者、爱好者和从业者积极申报科幻原创作品，针对好的原创项目进行培育和孵化，提升科幻原创生产能力。鼓励多种形式的原创科幻作品，支持文学类、影视类、动漫游戏类、短视频类、创意设计类等科幻作品的创作，加大奖励范围和力度。注重发挥中国科幻的特色和优势，充分挖掘我国的优秀文化资源，塑造一批弘扬中华优秀文化和中国精神的原创科幻精品。

（二）建立促进科幻创作的跨界交流平台

联动中国科协、北京市委宣传部、北京市科委等文化和科技管理部门，成立科幻专家顾问库，并由专业团队进行运营和对接服务，同时充分发挥中国科协、科影融合办公室的指导和促进作用，促进科学家、科研机构、科技工作者代表的"科学团队"和科幻作家、编剧、导演代表的"艺术团队"之间的交流合作，增强科幻作品的科学性和艺术性的兼容并蓄，提升中国科幻作品的内容品质和创作水平。切实发挥文化和科技融合交流的运行机制，用科学发现和科技成果激发和指导科幻创作，用科幻创作和生产吸引和带动科学技术的转化和应用。

（三）挖掘科幻元素和创新科幻产品形式

以科幻思维和想象力为引领，以科学技术为支撑，加强科幻、科技、科普界的交流互通，立足科学精神和想象力文化的核心，综合运用现代科技手段和科幻表达方式，促进文化和科技、科幻和科普的交叉创新。

组织科学家和科幻作家、科研工作者和科幻创作者搭建在线交流平台，从科学发现、科技发明、高科技产品、科普资源、泛科幻类型的作品中挖掘和提取科幻元素，比如空间站的运行系统、太空服的新材料、新能源的开发、海洋新物种的发现等，从科幻元素的收集和加工入手，形成科幻元素的素材库，探索科幻作品的新生成路径。依托基础科学、前沿科技、新一代信息技术的进步成果，设计和生产多元化的科幻产品，促进科幻产品从内容到形式的创新，探索科学发现和科技成果的科幻化表达方式，以科幻激活科技创新，促进科幻产品的创造性转化与创新性发展。

二、促进科幻 IP 的孵化、打造和转化

（一）打造科幻 IP 的孵化平台

紧抓内容原创环节，联动文化、科技、广电、科协、作协等相关部门和组织，推进建立科幻选题库、种子库和科幻元素的素材库，发动科幻出版的源头创作力量，鼓励出版社、数字出版机构发起组织，以"众智、众创、共享"的思维和模式，由科幻创作者、科幻爱好者们上传科幻选题、科幻剧本提纲、科幻内容、科幻元素的素材等，在做好版权确认和保护工作的基础上，加强对科幻选题库和种子库的运营和管理，为孵化和培育科幻原创 IP 打好基础。

通过线上线下联动模式打造科幻原创 IP 的孵化平台，组织知名科幻作家、科幻导演为科幻创作者提供培训和指导创作。发挥科技创新优势，鼓励文化科技企业开发和搭建"科幻创作在线协作"平台，帮助科幻创作者在线使用智能工具，激发科幻内容的社会化生产，逐步融入机器创作与预演展示等新技术，进一步提升科幻生产效率和效能。

（二）打造中国科幻IP示范项目

结合中国的科技创新战略和科技成就，基于现有科幻产业基础和创作资源，聚焦太空科技、人工智能、生命科学等重点领域，培育和打造中国科幻IP的示范性项目。

根据近3年国内科幻小说出版（共计1500多本国产科幻小说和500本国外引进的科幻小说）的题材类型分析，发现国产科幻小说最集中的类型是：太空探索（20%）、基因生化（10%）和外星生命（10%）；国外引进科幻小说最集中的类型是：太空探索（20%）、外星生命（12%）和机器人/人工智能（10%）。

表 13-1　国内外科幻小说出版类型及占比

排序	国产科幻小说出版类型及占比		国外引进科幻小说出版类型及占比	
	类型	占比	类型	占比
1	太空探索	20%	太空探索	20%
2	基因生化	10%	外星生命	12%
3	外星生命	10%	机器人/人工智能	10%
4	奇异怪兽	8%	赛博朋克	8%
5	时空穿越	8%	军事/战争	8%
6	赛博朋克	8%	时间旅行	8%
7	机器人/人工智能	7%	基因生化	8%
8	末世灾难	7%	地球/海洋探索	7%
9	地球/海洋探索	7%	末世灾难	6%
10	未来社会	5%	奇异怪兽	5%
11	史前文明	5%	悬疑惊悚	5%
12	军事/战争	5%	未来社会	3%

根据近5年国产科幻电影（含上映的院线电影和播出的网络电影）和国外IMDb高评分（7分以上）的200部科幻电影的样本分析发现，国内科幻电影最集中的类型是：外星生命（20%）、人工智能（18%）、时空穿越（16%），

国外引进科幻电影最集中的类型是：太空探索（15%）、外星生命（14%）、超级英雄和人工智能（13%）。

表 13-2　国内外科幻电影类型及占比

排序	国产科幻电影类型及占比		国外引进科幻电影类型及占比	
	类型	占比	类型	占比
1	外星生命	20%	太空探索	15%
2	人工智能	18%	外星生命	14%
3	时空穿越	16%	超级英雄	13%
4	基因生化	13%	人工智能	13%
5	太空探索	10%	时间旅行	10%
6	奇异怪兽	7%	基因生化	10%
7	末世灾难	5%	赛博朋克	6%
8	史前文明	5%	末世灾难	5%
9	超能力	4%	奇异怪兽	5%
10	未来社会	2%	未来社会	5%
11	–	–	史前文明	2%
12	–	–	海洋探索	2%

　　对比来看，在科幻小说方面，国内外科幻集中的类型比较相近，都以太空探索和外星生命类型为主，展现了人们对于宇宙空间和生命的强烈好奇和终极想象，而人工智能科幻类型是国外领先于国内。在科幻电影方面，国内外科幻集中的类型差异较大，除了都关注外星生命和人工智能类型外，国内科幻较多时空穿越和奇异怪兽类型，偏"软科幻"或"魔幻"；而国外科幻较多太空探索和超级英雄类型，太空探索类如《火星救援》《星际迷航》等都属于"硬科幻"，并且都是高票房赢家，超级英雄类虽有"奇幻"争议，但仍凭借强科技感和工业感席卷全球。

　　中国的"硬科幻"不足、"软科幻"居多的问题比较突出，亟须从内容创意开发、题材类型创新、科技研发应用的融合中寻找突破，聚焦太空探索、人工智能、基因生化、生命科学等领域，增强科幻的科学性，提升"硬科幻"的数量和品质，打造中国科幻IP的示范项目。

（三）加强科幻IP的多元转化

发挥文化和科技的融合优势，整合科幻创作者、科技研发机构、科幻运营平台的力量，分层次、分类型孵化和打造一批具有科技影响力和文化号召力的科幻IP项目，成立专业化运营团队，对接投资方、研发方、制作方、渠道方等专业机构，进行系列化、持续性科幻IP开发运营。强化科幻IP价值赋能，从创意制作、发行营销到品牌衍生全阶段提升IP转化效率和效能，推动科幻原创IP向影视、动漫、游戏等线上转化，以及向文创产品、主题乐园、实景娱乐、沉浸演出等线下转化，丰富科幻产品输出形式，培育一批科幻IP的示范性产品和示范性场景应用。中国科幻既要鼓励原创、遵循创作规律，又要打破"文艺"局限，实现"破圈"发展，加强科技尤其是前沿科技在科幻产业链各环节中的应用和创新，完善IP运营机制，助力科幻IP的多元转化和科幻产业的创新发展。

三、加快科幻人才的引进、选拔和培训

（一）加快科幻领军人才引进

通过加强对科幻领军人才的引进，优化科幻产业的人才结构，加强人才队伍建设，形成专业、创新、开放、包容的人才环境。

面向国内外，引进在科幻领域取得突出成就、获过高水平奖项、拥有代表作品的领军人才，重点聚焦科幻文学和影视创作、科幻动漫和游戏制作、科幻科技研发和应用、科普创作、科技传播等领域的创新人才，针对不同领域、类型、专业的人才，制定不同的专项资金、奖励和配套服务政策。

发挥科幻领军人才的带动作用，鼓励和奖励科幻领军人才对科幻新生力量进行培养和带动；支持和奖励知名科幻作家、导演或科幻团队在京成立工作室或公司；采用政府补贴、企业投入相结合的方式，举办科幻大师坊、科幻创作交流会、训练营、研习班等多种形式的培训活动。

（二）加强科幻专业人才选拔和培训

1.选拔和培育科幻人才

由政府的文化、科技相关部门联合高校和科研院所，推出青年人才培养计划，通过举办科幻大赛、评选等活动，选拔和培育中国科幻原创人才力量。建立鼓励、选拔和推荐通道，从比赛中选拔种子选手，推荐给优秀的知名科幻作家，建立导师制，以专家带动新人，针对不同水平的创作者进行针对性培养。

由北京市科技、人才、文化等部门合作，逐步开展科幻从业人员技能培训，并颁发相关的结业证书；鼓励科幻出版、影视、游戏、文旅等文化单位和软件开发、制作技术、计算机应用等科技单位主办和组织培训，并给予一定的补贴；重点在科幻内容创作、科幻科技研发、科幻运营服务方面加强人才培训，有针对性地提升从业人员的专业素养和职业技能，加强科幻人才队伍建设，提升人才培养质量。

2.建立科幻行业培训体系

市级文化、科技、广电、宣传等部门支持，鼓励企业单位参与，面向社会推出分层化、进阶式科幻培训课程。初期采用公益免费的授课方式，后续成熟后可推出付费课程，形成促进科幻产业高质量发展的专业培训体系。

第一，初阶课程：面向大众化的科幻爱好者。以激发和培养兴趣为目标，主要通过线上线下讲座、公开课的形式，引领科幻爱好者关注科幻和科普创作，定期邀请科普科幻作家分享作品赏析、创作经验、专业技巧等。

第二，中阶课程：面向大学毕业、正从事或有志于从事科幻创作的年轻人。以孵化创作成果为目标，主要通过公开招募、自愿报名、定向招生等方式，定期、持续地邀请知名科普科幻作家展开授课、培训和指导，强调教师对学员的创作指导和专业提升，指导学员发表作品。

第三，高阶课程：面向高校大学生，尤其是高校科幻社团。他们在科幻领域具有专业知识和创作实践，对其进行提高性、专业化培训，组织科幻作家和导演组成导师团，通过导师一对一指导，指导学员的实践练笔、专业提升和中长期创作，孵化和打磨有潜力的学员作品，推荐其参加大型科幻比赛。

（三）加强科幻储备人才培养

1.支持高校建设科幻专业和科幻社团

充分发挥高等院校的教育引导与专业培养优势，鼓励高校建设科幻专业，实施科幻人才培养计划。重点调研和选取有基础的市级高校相关专业，如影视类、游戏类、电竞类、艺术设计类、软件开发类等，以专业融合的形式设置跨学科的科幻专业联合培养方向；组建专业教师队伍，开展科幻课程专门教学，建设教学体系；深化产教融合，鼓励校企合作，充分发挥产学研优势，培养兼具科技创新与艺术修养的复合型人才，为科幻产业培养科幻储备人才和后备军。

联动各高校现有的科幻社团力量，与北京地区的清华大学、北京航空航天大学、北京师范大学等高校，京外地区的中国海洋大学、浙江大学、武汉大学、华中科技大学、华东师范大学等高校建立联动机制。鼓励各高校成立科幻社团，将科幻社团的大学生纳入科幻创作的重点培养对象，鼓励社团学子积极参加科幻比赛和交流活动，并为各高校科幻社团开展精准、多样、持续的鼓励和扶持活动。

2.鼓励科幻作品走进中小学校园

加强市教委、市科委、市科协等部门和机构联动，鼓励科幻作品走进校园，推进青少年的科幻和科普教育工作。将科幻作品和科普内容有机融入中小学教材和课程；推动科幻想象力教育项目落地，建立一批科幻进校园试点校，通过创办学生科幻社团、组织科幻讲座、举办科幻竞赛、创建科幻科普学习基地等形式，丰富学生的课外学习资源和实践活动。

科幻作品走进中小学教育，能够提升青少年科学素养、科学精神和想象力，丰富科学教育内容和创新课程形式。科幻作品包含着丰富的自然科学、社会科学和人文知识，能够提升青少年的多学科学习能力和综合素质，拓展青少年的思维和格局，加强青少年对于文学、科学、道法、历史、艺术等各学科的融会贯通，提升学习力和思考力，对学生的科学素质、文学修养、审美素养、价值观等综合素质的培养和提升也能发挥积极作用。

加强前沿科学和技术研用，提升科技创新能力

一、重视前沿科技对科幻产业的促进

（一）加强前沿科技的转化和应用

科幻以"科"为基础，科学原理是科幻创作的依据和基础。科幻的"科"，不是指已有的科技成果，而是指未来将要实现的科技进步景象，是对尚未实现的科技的未来想象。因此，代表未来的前沿科技更能打开科幻想象空间，更适合用于科幻场景的塑造，也更能带来科幻内容和产品的创新。促进前沿技术在科幻产业中的模拟演示、产品转化和应用呈现，既能开辟科幻产业发展的新空间，又能通过科幻化的表达和呈现来激活和赋能前沿科技的发展。

科幻产业的未来发展，需要重点关注航天科技、人工智能、生命科学、新能源、新材料等前沿领域，联合航天科技、人工智能、生命科学等科研院所、研发机构和科技企业，培育各前沿领域的科幻示范项目和科幻应用场景。

充分利用首钢园科幻产业集聚的载体空间，打造机器人、自动驾驶、仿真生物等沉浸式科幻场景；响应科技创新要面向人民生命健康的国家号召，鼓励生命科学、医疗健康、基因工程等题材的科幻作品，以及相关科技成果在科幻领域的应用和展示；关注新能源、新材料技术在科幻作品和场景中的应用和展示。

（二）前瞻布局科幻未来重点领域

根据国家科技创新战略、国家"十四五"规划以及数字经济发展规

划，我国高度重视人工智能、量子信息、生命健康、脑科学、空天科技、深地深海等前沿科技领域，并且取得了显著的科技成就。2021年国家发布的《"十四五"信息通信行业发展规划》和2022年初发布的《"十四五"数字经济发展规划》，以及北京市发布的《北京市"十四五"时期国际科技创新中心建设规划》，都重点提出构建基于5G的应用场景和产业生态，其包括智能交通、智慧医疗、智慧文旅、智慧街区、智慧城市、智能制造、绿色能源及节能环保等新兴产业，推动数字经济和经济社会的深度融合。国家对于数字经济、数字产业的系统部署，为科幻产业的业态发展和场景建设提供了战略指引和方向指导。

北京科幻产业的发展，就是要打破文化和科技的壁垒，突破传统科幻的创作局限，提升"硬科幻"的科技含量和品质水准，瞄准和聚焦国家战略科技领域，依托科学原理和科技成果，发挥想象力和科幻创意，进行科技内容的科幻转化，通过"文科融合""科影融合"和产学研协作的方式，孵化和打造中国科幻的IP示范项目，将成为中国科幻实现跨越式、产业化发展的必由路径。

二、强化科幻产业关键技术研发应用

（一）加强基础技术研发突破

科幻产业的本质是数字文化产业，数字文化产业所需要的底层技术也是科幻产业的基础支撑。加强科幻产业的基础技术研发和突破，包括新基建、芯片、开发引擎、5G/6G通信、计算机视觉技术、算法算力等，夯实科幻产业基础，把握产业关键点，解决产业薄弱点，提升科幻产业的自主创新能力。

国家数字经济发展规划中，提出要打造一批重点实验室、推进重大科技项目。为响应国家的战略规划，国家电影局正在加快国家电影高新技术研究实验室的建设和发展，重点研究云计算、大数据、5G、VR、人工智能、机器学习、深度学习、可信计算、区块链等新一代信息通信技术和智能科学技术在电影全产业链信息化建设、云化和智能化升级中的整体解决方案。科幻电影能够引领电影科技的发展，以科幻电影为先导，加强基础技术的研发突破，对促进科幻产业和整个文化产业的高质量发展具有重要意义。

（二）强化关键技术创新应用

《北京市"十四五"时期国际科技创新中心建设规划》中对文化和科技的深度融合做出了战略部署，明确提出：推动数字技术在文化领域创新应用与场景落地；推动新一代信息技术在文化创作、生产、传播、消费等环节应用；加快大数据、人工智能、"5G传输+8K超高清视频技术"（"5G+8K"）、增强现实/虚拟现实/扩展现实/混合现实（AR/VR/XR/MR）等技术在传播、影视、出版、演艺、文旅及未来虚实融合社会场景的应用；培育"云展览""云旅游"等沉浸式体验文化消费新模式；开展基于大数据的文化产品和服务价值评估，推进精准投放技术研发及场景应用，促进高价值优质文化内容的持续消费和有效传播；强化区块链技术在数字内容版权备案、交易、维权等技术场景中的应用，建设数字版权保护生态体系；打造文化科技创新生态，探索建立高效协同的文化科技融合创新体系。

科幻产业是文化和科技融合的典型产业，前沿科技、数字技术、新一代信息技术在科幻产业的全产业链环节都在加深应用。科幻电影擅长展现科技对人类社会和生活的未来影响，融合众多高科技元素、产品和场景，因而在新技术的应用上具有先天优势。尤其是虚拟现实技术，凭借其仿真、交互、沉浸等技术特性，提升电影制作效率、创新艺术表现形式、开创沉浸式观影体验，对科幻电影产业的未来带来变革性影响，带动了VR电影、未来影院和视觉消费的繁荣。

在生产环节，人工智能、大数据等技术集成海量内容资源，形成大数据资源平台，依托人工智能和人机交互，实现科幻内容生产的规模化、智能化和效率化，并且通过区块链技术为版权保护、开发和运营提供支撑和保障；在传播环节，通过升级算法来实现个性化、定制化、精准化营销和传播，促进优秀科幻内容的有效传播和持续消费，并链接社交、直播、电商等功能，带动科幻产业和相关产业的融合发展；在终端消费环节，通过5G、超高清、增强现实/虚拟现实/扩展现实/混合现实（AR/VR/XR/MR）等技术，全面提升用户体验。

促进虚拟现实、人工智能、5G、超高清、全息影像、区块链等关键技术在科幻产业全产业链环节的研发和应用，能够极大提升科幻生产的效率和效能，加速科幻产业的规模化、智能化、融合化发展进程。

科幻产业科技研发应用图谱								
基建		硬件			软件		应用	
通信网络	算法算力	核心器件	感知交互	终端硬件	系统	工具	内容	消费
互联网	大数据	芯片	空间定位	手机电脑	AR/VR操作系统	开发引擎	影视	文旅
物联网	云计算	显示	眼动追踪	VR/AR设备	AI操作系统	建模	动漫游戏	演出
移动互联网	机器学习	光学	手势交互	全景设备	UI	渲染	直播	电竞
5G/6G	自然语言处理	声学	全身动捕	全息/3D	区块链	CG特效	虚拟形象	会展/广告
		传感器	表情捕捉	LED超高清	数据库	虚拟拍摄	数字人	虚拟教育
			语音交互	机器人		虚拟仿真	音频/音乐	地产建筑
			多模态交互	3D打印		NFT	社交	智能交通
			脑机交互	无人机/车			3D全景	智慧医疗
			人工重力				内容分发平台	智慧城市
					云服务商			
		一体化解决方案						

图14-1 科幻产业科技研发应用图谱

（三）提升软硬件智能制造

"科幻+"影视、游戏、动漫、娱乐、文旅等多元新兴业态，都需要软硬件设备的支撑，随着科幻产业的规模扩大，软硬件智能制造将成为科幻产业链条的重要环节。从2016年以来，国家推出若干支持虚拟现实、人工智能技术产业化的政策，推动了虚拟现实、人工智能技术在传媒、教育、工业制造、现代服务业的广泛应用。

作为科幻产业的关键技术，虚拟现实技术在科幻产业中已经逐步形成了软硬件一体化的集成应用。虚拟现实技术通过计算机视觉技术的综合运用，形成可视、可听、可触等一体化虚拟环境，使用者可以借助专用设备身临其境，与虚拟环境中的人或物进行交互，其技术目标是通过模拟仿真和传感交互，打破虚拟与真实、时间与空间的界限，让使用者获得沉浸式交互体验。

从用户消费端来看，加载了影视、游戏等内容和服务的 VR 眼镜等智能设备，成为科幻消费的新入口，而科幻消费的繁荣和科幻产业的发展又推动了 VR 终端的市场普及。从生产系统看，虚拟现实技术已经深度应用到科幻电影制作流程中，形成集合虚拟预演、虚拟角色塑造、虚拟拍摄、虚拟特效合成一体化的虚拟制片系统，极大减少了拍摄制作成本，并且通过真实拍摄元素和虚拟数字资产的实时合成，将传统拍摄制作的线性流程转变为多线并行的协作流程，极大提升了制作效率。从这个意义上说，虚拟现实技术是既能实现软硬件一体化，又能贯通消费互联网到产业互联网的技术集成平台。促进北京科幻产业的发展，可以重点联动中关村虚拟现实产业园的科技企业和研发机构，加强虚拟现实软硬件制造，促进科幻内容生产、渠道分发、终端应用等垂直产业链条完善。

三、搭建科幻产业技术研发服务体系

（一）搭建科幻产业共性技术开发公共服务平台

国家"十四五"规划中，专门提到鼓励和支持建设重大科技创新平台，支持产业共性基础技术研发，支持行业龙头企业联合高等院校、科研院所和行业上下游企业共建国家产业创新中心，成立创新研发机构，提供共性技术研发服务。这些政策为科幻产业加强科技自主研发、提供关键技术服务、搭建共性技术的公共服务平台提供了理论支撑和方向指引。

科幻产业共性技术开发公共服务平台，关注科幻产业共性技术、关键技术的开发和应用，能够降低科幻企业的开发成本，避免重复开发和资源浪费，解决科幻产业新应用、新场景、新业态中存在的关键共性技术问题，提高产能和效率。

2021年，中关村科幻产业创新中心在首钢园成立，着力建设的科幻产业共性技术开发公共服务平台，聚焦科幻影视制作和游戏开发中所需要的数字影像、虚拟现实、数字人、三维建模、数字渲染、感知交互等关键共性技术，正在建设科幻光学影像全栈式公共服务平台、5G+AR 虚拟现实技术公共开发平台、科幻影视虚拟拍摄制作平台、科影融合的电影工业流程优化平台、数字人开发公共服务平台五大平台，为科幻影视、游戏、娱乐、视频直播等科幻产品的研发制作提供全栈式、一体化技术服务，并逐渐形成和完善北京市科幻产业专利池，全面提升科幻产业专业化服务能力，支撑首钢园科幻产业集群式发展。

搭建科幻产业共性技术开发公共服务平台，有利于促进科幻产业技术开发、成果转化及人才培养，加强科幻产业关键技术、原创人才、场景建设三大关键要素的高效对接，实现科幻产业的关键技术突破、数字资产转化、重点项目示范和产业规划建设，加快科幻产业集聚区建设。

（二）成立创新研发机构：科幻产业研究院

在北京市政府的指导下，在市文化、科技相关部门的联合推动下，整合高校、科研院所、研发机构、科技公司等产学研资源，成立科幻产业研究院，传播科幻科技和文化知识、促进科技交流合作、开展科幻学术研究，推动科幻、科普、科技、文化等相关产业融合，为科幻产业和企业提供专业咨询、信息与技术支持、学术研究等服务。

联合国家电影局、中国科协和北京市文化、科技相关部门，共同推进科幻电影产业的技术标准研究，建立科幻电影产业技术标准体系，以扶持科幻电影带动电影行业的技术标准和品质体验，以科幻电影的标准体系引领电影制作、发行、放映全面提质升级，主要包括电影摄制技术标准、电影特效技术标准、虚拟现实技术标准、数字放映标准等。参考国内外相关技术标准，结合国产科幻电影的特点，对促进科幻产业发展发挥技术引领和支撑作用。

完善科幻产业链服务体系，构建科幻产业生态

一、培育多元产业主体，促进产业交流协作

（一）加强产业主体培育

科幻产业作为新兴产业尚处在快速成长期，产业链体系亟待完善。科幻产业链的建设，需要培育多元产业主体，引进更多优质科幻企业和优秀科幻人才，包括科幻文化企业和创作人才、科幻技术研发企业和技术人才、科幻文旅/演出机构和运营人才、科幻场景企业和设计人才、科幻运营服务机构和专业服务型人才等，激活各产业主体的创造力和生产力，加强各产业主体的交流协作。

（二）完善产业链结构功能

科幻产业链的完善，需要厘清产业链的基础环节、关键环节，加强各重点环节的联动和衔接，用文化和科技融合激活各环节活力，促进创新链和产业链的耦合。

科幻产业链的关键环节依据生产流程可以划分为创作、制作、运营、终端四个主要环节，每个环节都通过新技术的应用实现价值生成。在创作环节，建立"文科融合""科影融合"机制，让前沿科技的突破激发科幻创作者的灵感，拓宽想象边界，还可以运用人工智能协助创作，并通过虚拟预演系统工具进行剧本构思和情节推演；在制作环节，运用数字孪生、动作捕捉等技术增加虚拟角色，创新科幻叙事方式，并通过新技术集成的虚拟制作系统提升生产和协作效率，进一步形成科幻产业的技术标准体系；在运营环节，通过

大数据、区块链等技术，加强版权运营、投融资、渠道营销、媒体传播等专业化服务，拓展科幻市场消费，提升科幻产业品牌；在终端环节，通过4R、高清、全息技术的运用提升用户体验，打造沉浸式应用场景，促进科幻消费升级，打造科幻产业新业态，从而形成内容创意、研发应用、专业服务、场景建设一体化的产业链和创新生态体系。科幻产业链的完善，就是通过技术升级、创新应用和产业协同，形成促进产业发展的重要引擎。

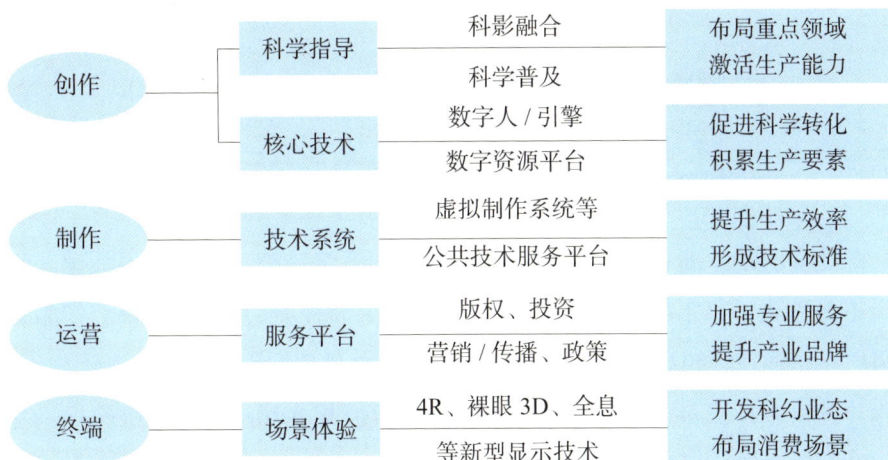

图15-1　科幻产业的产业链体系和关键环节

（三）发挥科幻产业联合体的效能

《北京市"十四五"时期国际科技创新中心建设规划》提出，鼓励发展新型研发机构、企业创新联合体等新型创新主体，促进新技术研发应用和产业升级，形成创新生态。在2021年中国科幻大会上，全国首个科幻产业联合体正式宣布成立。该联合体由首钢集团牵头发起并担任理事长单位，联合40多家企业、高校、科研机构共同组建，首批科幻产业联合体成员单位充分覆盖科幻产业代表性企业及机构，包括保利影业、北方华录等央企，腾讯、华为河图等创新民营科技企业，清华大学、中国科幻研究中心等科研机构，以及京东方等硬件厂商，形成了全产业链化的产业主体构成和协作机制。

科幻产业联合体发挥着整合产业上下游的跨界资源，建立产学研用交流合作机制，形成政府、企业、人才、项目、资金合作纽带的功能和效能。为有力支撑科幻产业发展，一方面，科幻产业联合体需要吸引更多科幻企业加入，扩大科幻产业联合体的规模，加强组织运营和管理水平，吸纳多元化科幻及相关企业深度参与到科幻产业创新、高精尖产业发展、智慧城市建设中，推动数字经济的高质量发展；另一方面，需要鼓励在科幻产业联合体下设立以科幻作家和编剧、科幻影视制作、科幻电影宣发和放映、科幻动漫游戏、科幻文旅演出、科幻会展服务等方面为代表的各垂直领域专业机构，完善关键产业环节的专业化服务。

二、完善产业服务体系，提高专业化服务水平

（一）加强数字资产和版权运营服务

建立科幻产业数字资产平台，通过专项资金扶持、举办赛事活动、鼓励申报等方式，每年征集和奖励原创科幻作品、科幻项目，成立科幻作品和项目数字资源库，包括科幻作品版权库、科幻项目数据库、科幻元素素材库等，逐步建立和形成科幻产业大数据平台，为政府相关部门和研究机构提供基础资源和决策支持。

在科幻项目资源库的基础上，搭建科幻产业版权运营服务平台，提供版权保护、版权价值评估和版权运营服务，助力孵化和打造更多的科幻原创IP。后续既可对接科幻产业专利池，促进科幻项目和技术研发团队的对接，促进内容创意和科技研发应用的相互支撑和转化，又可对接科幻产业基金和金融服务机构，以资本推动科幻IP的商业价值转化。

（二）加强科幻项目宣发和传播服务

面向公众加强科幻文化传播，鼓励和激发全民科幻热情，是促进科幻市场繁荣的基础。北京市委宣传部、北京市科委、北京市广电局等相关部门可以协作搭建北京市科幻产业融媒体传播中心，组建专门团队进行运营，联动主流媒体和新兴媒体平台加强对科幻原创精品、科幻示范项目的宣发和传播。

为加强中国科幻作品的出版、发行和传播，鼓励和支持从事科幻作品宣发和运营的企业，对其进行一定的奖励和补贴；鼓励和支持全民科幻阅读、

全民科幻观影活动、科幻观展活动等；积极推动中国科幻"走出去"，鼓励国产科幻作品和项目到国外进行参展和评选，对国产科幻作品的出口企业进行奖励和补贴。

三、加强科幻产业投融资，健全资金服务保障

充分把握数字经济特色，以文化金融、科技金融赋能科幻产业，运用政府专项资金、政府引导性基金、市场化投资基金等多种投融资模式打造科幻金融投资服务平台，并在各个环节强化风险管控，为科幻产业的发展提供稳定的资金服务保障。

（一）科幻产业专项资金

政府专项资金在支持战略性产业、扶持新兴产业、提升公共服务、引导社会资本投资等方面发挥重要作用。为促进北京科幻产业发展，北京市科委先后推出推动文化科技融合、促进关键技术研发的专项资金。中国科协每年都投入专项资金支持基层和农村科普行动，近几年还着力在科技传播领域投入专项资金。政府部门加强对科幻产业的专项资金投入，发挥对科幻产业的前期引导作用；精准扶持科幻技术研发、科幻内容原创、科幻场景打造、科幻运营服务等项目，带动社会资本投入，能够产生良好的社会效益和经济效益。

（二）加强科幻产业基金运作管理

1.提升科幻产业引导基金运作效率

在2021中国科幻大会上，全国首个由政府主导的科幻产业基金宣布成立。该基金由石景山区政府联合首钢集团共同发起设立，计划投入资金总规模10亿元，是全国首支投向科幻产业的股权投资基金。要发挥产业引导基金的示范引领和杠杆放大作用，带动金融资本和社会资本积极参与科幻产业发展，重点投资科幻研发和原创项目，支持北京科幻产业集聚区的建设。

要提升科幻产业引导基金的运作效率，引入熟悉科幻产业运作和金融投资规律的专业人才进行运营管理，寻找符合国家科技战略、文化导向和时代

特色的科幻内容原创和科技研发项目，与其他政府引导基金、市场化投资基金积极联动和合作，切实带动有效投资和产业升级。

2.支持成立科幻产业创投基金

现阶段科幻产业呈现龙头企业（多为大型影视文化企业和高科技企业）与小微企业（含新注册的文化科技企业和工作室）两头数量较多的"沙漏型"布局，可在发挥龙头高科技企业示范作用的同时，重点关注小微科幻企业扶持，引导天使投资、创业投资和股权投资机构支持科幻产业发展，鼓励和支持成立科幻产业创投基金，扶持具有创新性、成长性的科幻项目和科幻企业。

（三）完善科幻产业金融服务和风险管控体系

鼓励多元主体投资科幻产业，鼓励多种投融资方式，并在各个环节强化风险管控，为科幻产业的发展提供稳定、多元化的金融服务保障。

鉴于科幻文学的影视化门槛、科幻影视的制作成本比较高，鼓励科幻类企业的版权融资，加大补贴力度，并通过版权融资、抵押贷款等方式转变为前置补贴资金，或以影视制作参股等方式进行前置资金支持，适当降低科幻企业的资金压力，鼓励科幻企业的生产和投入积极性。

建立和加强科幻产业的投融资风险，可适当参照好莱坞电影体系的完片担保制度，引入专业的金融和保险机构，设计适合国产影视行业的完片保险制度并逐步实施，以保障科幻影视作品的质量与完成度。

第十六章

规划"业态+场景+空间"布局，带动城市更新建设

一、培育科幻新兴业态，布局科幻应用场景

（一）促进科幻产业多门类、全业态发展

基于科幻产业的丰富内涵和融合特征，明确科幻产业的范围，针对科幻产业的五大子类划分，整合优势资源，进行重点培育和发展，促进各门类产业的协同发展。

第一，发展科幻内容类产业，包括科幻出版、影视、游戏、动漫、短视频、直播等类型，提升科幻原创生产力，促进科幻文化繁荣。第二，发力科幻科技支撑类产业，聚焦科幻产业所需的关键技术研发、智能硬件制造、软件应用和技术服务，形成科幻科技支撑产业，提升科幻产业的自主创新能力。第三，加强科幻文旅类产业，鼓励和支持科幻题材的室内娱乐、戏剧演出、景区旅游项目的开发和建设，提升科幻沉浸式体验，拉动科幻消费。第四，促进科幻场景营造类产业，鼓励和支持科技馆、博物馆和各科幻企业举办形式多样的科幻会展活动，营造城市科幻景观。第五，完善科幻运营服务类产业，关注知识产权的保护、开发和运营，建立科幻作品版权库，加强对科幻企业和项目的媒体宣传和营销服务，引入专业机构和人才，为科幻项目的全产业链运营提供服务。

（二）布局科幻应用场景，促进文化消费升级

一方面，加强科幻线上和线下场景的融合布局。丰富线上的科幻内容消费，延展线下的科幻沉浸式娱乐和文旅消费，促进科幻特色的空间设计和场

景营造，全面提升科幻内容和项目的品质、技术和标准，提高科幻消费的体验和服务水平。

另一方面，丰富科幻活动的内容和形式，促进文化消费升级。以首钢园为核心，加强石景山区工业园区、特色园区等空间资源的开发和利用，营造城市科幻景观，推广全民科幻阅读、科幻影视展映、科幻游戏动漫节展、科幻电竞赛事和城市设计大赛等活动，培养全民的科幻审美、生活方式和消费习惯。

（三）促进科幻科普融合，创新展教转化模式

鼓励科普作家创作科幻作品，鼓励科幻作家和编剧在作品中融入科技和科普元素，促进科幻和科普的融合发展，贯彻提升全民科学素养行动计划，深化科幻、科普供给侧改革，突出价值导向，推动科幻和科普在内容、形式和手段上的融合，组织和开设科普型科幻的培训课程体系，举办科普型科幻的竞赛等活动，激发全民科幻热情和提高全民科普水平。

在首钢园推出"科幻首发""科技展示""科普展教"的一体化平台，对国内外先进的科幻作品和产品进行率先传播，突出首发效应；对科技成果进行科幻化的创意展示，培育具有科普功能的科幻产品，创新科普展教模式，激发青少年想象力，提升全民科学精神和科技文化自信。

二、强化产业空间布局，带动城市更新建设

（一）以首钢园为核心枢纽

贯彻北京市科幻产业战略布局，以首钢园为核心加快建设科幻产业集聚区，加强科幻产业载体和服务平台建设，打造科幻国际交流中心（工业遗址公园绿轴及相邻的三高炉等特色活动场地）、科幻技术赋能中心（工业遗址公园北侧金安桥写字楼区域）、科幻消费体验中心（一高炉、四高炉、工业遗址公园绿轴及周边商业区域）、科幻公共服务平台（金安桥区域）的"三中心、一平台"综合体系，成为中国科幻产业发展的新地标和示范区。

（二）延展产业集聚空间和城市文化空间

以首钢园为核心，东西沿西长安街延长线，可连接两侧密布的文化科技企业、园区、高校和科研院所，逐步形成产业集聚空间；南北沿西山永定河文化带，可依托山城风貌、水系空间和文旅资源，逐步形成城市文化空间。

1. 产业集聚空间

随着科幻产业的发展，可整合西长安街沿线分布的畅游总部、华海基业科技孵化器、特钢园科技中心、京西商务中心、中海大厦等科技园区和文化科技企业，联动沿线周边的中科院大学、首钢工学院、北方工业大学等高校和科研院所，建立产学研协同创新体系，打通科幻产业链、创新链的关键环节，提升科幻企业的自主创新和协作能力，形成以科技研发和应用创新为特色的产业集聚空间。

2. 城市文化空间

随着科幻产业的壮大，可利用西山永定河文化带的山水生态空间，以科技促进文化资源的创造性转化和创新性发展，运用虚拟现实、沉浸式交互、全息影像等技术，打造多元科幻场景，形成集科技艺术、传统文化、休闲旅游、科普教育于一体的城市文化空间。在西山森林公园、模式口、冬奥公园等绿地，打造灯光秀、科幻文化街区、科幻博物馆，举办科幻全民阅读、科幻讲座沙龙等活动，将京西传统文化和科技创新结合，打造特色科幻场景。在永定河水域和沿岸，推出互动水秀、水幕电影、水上沉浸式演出等科幻项目，并联动科技馆和展览馆，以科学探索、生命健康、未来生活为主题，推出科幻科普展览，吸引市民参与，促进科幻元素和生活方式的交融，带动文化和商业消费。虚拟产业空间和城市文化空间的相互支撑，营造现代科技、传统文化、自然生态、未来想象于一体的科幻产业生态和科幻奇观场景，尽显山水融城的科幻之美。

（三）联动虚拟现实产业园、石景山游乐园、北重科技文创园等园区

石景山区内还分布着中关村虚拟现实产业园、石景山游乐园、北重科技

文创园等园区，未来还可充分对各园区进行开发利用，形成协同效应。

1.依托虚拟现实产业园，打造科技研发应用区

联合虚拟现实领域的领军企业和研发机构，引进国内外先进技术团队、创业团队等人才，促进虚拟现实技术在科幻产业的创新研发和应用，包括科幻工业设计、科幻沉浸显示、科幻城市规划、科幻医疗健康、科幻智能制造等，打造"虚拟现实＋科幻产业"的创新发展高地。

2.依托石景山游乐园，打造科幻娱乐体验场景

以石景山游乐园为主体，利用园内主题广场、展馆场馆和娱乐设施，运用虚拟现实、沉浸交互、声光电技术打造科幻主题娱乐体验项目，举办科幻嘉年华、动漫COSPLAY、游戏电竞、潮玩集市等活动，打造以二次元文化为特色的科幻娱乐体验场景。

3.依托北重科技文创园，打造科幻创意生产基地

通过北重园的厂房改造和园区建设，导入科幻元素和科技手段，重点进行大型影棚搭建、影视动漫制作、游戏研发设计、虚拟直播等科幻数字创意基地建设，充分利用园区内的工业产房、园林景观、院落空间，引入科幻教育、培训、文创、旅游、休闲等消费形态，形成科幻数字创意生产基地。

通过系统的空间布局，一方面，加强城市更新的速度和效能，以首钢园为核心枢纽，融合区内的产业集群、自然山水格局和城市空间格局进行整体规划布局；高效利用区内各类存量和增量空间资源，引进和培育科幻龙头企业和领军人才，开发和落地科幻示范项目和消费场景，运用科幻元素和高科技手段，打造全景化、沉浸化城市空间。另一方面，发挥科幻产业的创新扩散效应，以科幻产业为先导，发展虚拟现实、人工智能、数字创意、智慧文旅、虚拟教育、智慧医疗、智能制造等新兴产业；加强通信算力、交互显示、人工智能、区块链等关键技术突破，建设科幻和元宇宙技术集成平台，构建智慧城市建设与政府数字化综合治理；拉动产业转型、城市更新、经济增长和消费升级，推动科幻产业集聚区、科幻和元宇宙融合产业生态到未来城市建设的升级迭代。

三、促进科幻和元宇宙融合，打造元宇宙城市场景

（一）加强科幻和元宇宙的场景共建

鼓励和扶持各科技企业、文化企业、高校和科研机构研发科幻和元宇宙的融合场景，培育多种形态的科幻和元宇宙的应用产品和服务。将科幻元素、现实生活和未来想象结合，运用人工智能、虚拟现实等技术将现实生活进行数字模拟，运用科幻想象将未来生活进行场景预演和呈现，打造元宇宙应用场景，推动科幻产业和元宇宙融合发展。

（二）建设"元宇宙城市"体验场景

前期将北京市，尤其石景山区的重点文化景区、博物馆等进行数字全景模拟，面向公众开放，让公众体验云上文化和科普消费，提升公众对科幻科普和元宇宙的感知。

中后期将元宇宙场景体验从城市文化延伸到整个城市的治理体系，通过大数据、云计算和数字孪生技术，推出智慧政务、智能交通、智慧医疗、虚拟教育等元宇宙场景体验，提升公众对前沿技术、智慧城市和未来社会的体验，逐步打造和实现"元宇宙城市"。

第十七章 促进科幻产业品牌传播，提升国内外影响力

一、高水平办好中国科幻大会，树立品牌高度

（一）塑造"中国科幻大会"权威品牌

作为中国科幻界的顶级盛会，中国科幻大会是由中国科学技术协会主办，聚焦于推动科普科幻产业发展，为科普科幻全产业链提供相互交流、融合发展的平台。2016年至2019年分别在北京、成都和深圳成功举办了四届中国科幻大会，2020年、2021年两届中国科幻大会由中国科协和北京市政府共同主办，国家电影局指导，在北京市石景山区首钢园举办。

2021中国科幻大会以"科学梦想 创造未来"为主题，采取"线上＋线下"相结合、"会＋展＋演＋映"相结合的方式，由面向行业的专题论坛和面向公众的科幻展演、科幻嘉年华等活动组成，在办会规格、媒体传播、公众参与、产业拉动上收获巨大成功。在2021中国科幻大会上，北京市政府、中国科协相关领导参加开幕会，开幕会上宣布了科幻产业基金、科幻产业联合体、中关村科幻产业创新中心成立，发布中国科幻产业报告和研究成果，宣布全国科幻科普电影放映联盟、科幻电影科学顾问专家库成立，向首批入选专家库的院士代表颁发聘书，并面向全球征集科幻大奖名称。

大会期间共举办专题论坛12场；举办"科幻共同体"科幻产业新技术和新产品展，北京共有33家单位的39个相关新技术、新产品参展；举办"科幻嘉年华·潮幻奇遇季"活动，北京共有51家企业参展；首次推出"北京科幻电影周"活动，共播放露天展映电影5场，播放VR展映电影11部、光影秀7场，科幻秀场放映"未来的约定"沉浸式演出14场。大会期间，共有400余

位科技工作者，以及科幻领域重量级专家、企业家、投资人、科幻作家参加活动，20余位来自美国、英国、日本等国家的科学家、科幻作家、科幻界知名人士和全球科幻机构和组织代表通过线上方式参会。大会引发了行业媒体、大众媒体、社交媒体的高度关注，大会宣传周期历时1个多月，通过各类媒体发布宣传视频和报道文章近百篇，新媒体传播热度超高。大会公众参与度超过历年科幻大会，到访大会及"科幻嘉年华"的公众人数逾4万；"科幻嘉年华·科幻电影周"参与公众超过1万人次；"科幻嘉年华·潮幻奇遇季"门票累计销售13 000余张。大会期间首钢园总消费额达392万元，日均销售额56万元，同期同比增长58%。

"办好一个会，激活一个产业，搞好一座城市。"在北京办好高水平中国科幻大会，既能够发挥北京的首都优势和首善标准，助力北京国际科技创新中心的建设，树立中国科幻产业的专业性、权威性，提升中国科幻产业的品牌高度；又能为北京乃至全国的科技界、文化界和产业界搭建相互交流、深化合作的平台，为社会公众提供盛大的科幻体验场景，提升中国科幻产业的品牌"温度"。

（二）延展科幻系列活动品牌

1.举办全球科幻开发者大会

筹备举办全球科幻开发者大会。该活动是由北京市科委指导、中关村科幻产业创新中心主办、石景山区政府和区科委承办，强化科幻产业的科技研发和创新应用，吸引和聚集国内外的科幻科技研发机构和个人，激发科技创新，形成极客文化，开创科幻产业的技术创新品牌。

2.联动北京科技周、设计周、嘉年华等活动

突出北京市的优势，点线结合，全年持续，形成会议、展览、赛事、节庆等丰富多元、系列化的科幻主题活动，包括北京科技周、服贸会、国际设计周等活动的科幻分会场和论坛，北京国际电影节、北京科幻电影周等展映活动，科幻嘉年华、科幻动漫游戏展等娱乐节庆活动，在北京营造浓厚的科幻文化和科技创新氛围。

二、搭建科幻产业融媒体平台，形成传播热度

（一）加强科幻融媒报道和公众传播

2014年8月，国家发布《关于推动传统媒体和新兴媒体融合发展的指导意见》，开启我国媒体融合的进程。2020年9月，国家发布《关于加快推进媒体深度融合发展的意见》，提出要打造以内容建设为根本、先进技术为支撑、创新管理为保障的全媒体传播体系。加快融媒体传播，既是加强国家形象传播、优秀文化传播和舆论引导的必然要求，也是促进我国科幻产业发展、打造中国科幻品牌影响力的有力手段。建设科幻产业融媒体平台，对于加强科幻文化传播、带动公众科幻热情、拉动科幻消费也有重要作用。

一是依托中国科协、北京市科委、北京市科协、石景山区政府的宣传平台，包括全国科技创新中心、科普中国、创新石景山等新媒体平台，形成传播矩阵，加大对科幻产业、科幻企业、科幻产品、科幻人物的宣传报道；二是鼓励组建"科幻产业传播中心"，专门打造科幻作品的展示和交流平台，发布科幻产业政策、精品科幻项目、最新科技产品和科普推广活动，提升公众的科学精神、科幻思维和科普水平。

联合各主流媒体和新兴媒体搭建传播矩阵，对科幻领域的企业、人才、作品、项目等加强报道宣传，在社交媒体、短视频平台上发起丰富多样的科幻和元宇宙主题活动，吸引公众广泛参与和积极互动。

（二）加强科幻企业评选和行业传播

行业评选具有培育典型企业、树立标杆示范的积极作用。科幻产业正处在成长和发展期，通过科幻产业联合体、中关村科幻产业创新中心及相关行业协会的主导和评选，将对科幻产业和企业发挥引领、示范和激励作用，有助于推动科幻产业的快速和健康发展。

面向各类科幻企业，通过行业评选的方式，每年发布科幻企业30强，设立奖项和激励，打造科幻明星企业，发挥企业品牌的示范作用和标杆效应。

发挥科幻产业集群优势，集中力量打造一批科幻产业示范园区、示范基地和综合体等，形成科幻产业地标式品牌，提升科幻产业的聚集效应。

三、鼓励中国科幻"走出去"，提升国际影响

（一）讲好中国科幻故事，拓展海外发行

以国内大循环为主体、国内国际双循环相互促进的新发展格局，为我国科技和文化产业的发展指引了方向。北京科幻产业的高质量发展，一方面，要深化供给侧的结构性改革，大力培养科幻原创人才，鼓励原创科幻作品和精品；另一方面，要牢牢把握自身的文化资源优势，坚持社会主义核心价值观，树立科技和文化自信，从我国的传统文化资源和科技文化进步中寻找科幻灵感，打造优质科幻作品，积极拓展文化交流渠道，形成多元化的文化出海模式，讲好中国科幻故事，传播好中国声音。

（二）拓展互联网渠道，创新传播形式

文化贸易是文化强国建设的重要内容，也是提升文化软实力和国际影响力、增强国际传播亲和力和实效性的重要方式。2021年9月，商务部、中宣部、文旅部和国家广播电视总局在服贸会上联合发布了国家第二批国家文化出口基地；2021年11月，商务部、中宣部等各部门联合印发通知，大力支持国家文化出口基地的高质量发展。

后疫情时代背景下，文化产业的出口将面临更大挑战，需要创新理念和模式，参考我国网络游戏、网络文学"走出去"的实践经验，顺应我国科技创新、传统文化复兴的新形势，创新科幻文化的内涵和形式，善用新技术、新媒介，拓展互联网的发行和传播渠道，加强中国科幻"走出去"的步伐。随着移动互联网、人工智能、云计算、短视频、直播等新技术和新平台的发展，各类具有原创性、中国特色、科技感的科幻IP，将获得更便利的渠道和方式，加快走向国际的步伐，提升我国科技文化在全球范围的传播力和影响力。

第十八章 健全科幻产业政策体系，优化配套服务保障

科幻产业尚处在成长期，政策的引导和扶持至关重要。2020年8月，国家电影局、中国科协联合发布《关于促进科幻电影发展的若干意见》（"科幻十条"），成为首个国家级的科幻产业专项政策，受到业界广泛关注。2021年6月，国务院发布《全民科学素质行动规划纲要（2021—2035年）》，提出将实施科幻产业发展扶持计划，并将发展科幻产业作为科普信息化提升工程的重要工作内容，从政策角度提升了科幻和科普融合发展的意义。在国家科技创新战略和各项文化科技政策的引导下，科幻产业正成为深化文化、科技、科普领域交流合作，传播科学思想、提升全民科学素质、服务高水平科技自立自强的重要路径。

本部分着眼于分析科幻及文化科技相关产业的政策，分别从国家层面、北京市层面，对科幻和文化科技相关的产业政策进行梳理和分析，并结合科幻产业集聚区的特点，对北京市促进科幻产业发展提供政策建议。

一、国家层面科技和文化相关政策分析

（一）国家在科技领域的规划和政策

我国高度重视科技创新，坚持创新在我国现代化建设全局中的核心地位，把科技自立自强作为国家发展的战略支撑。大力发展数字经济，实施数字中国战略，促进数字技术与实体经济深度融合，壮大经济发展新引擎。

1. "十四五"规划和数字经济规划

在科技创新方面，"十四五"规划提出强化国家战略科技力量，聚焦量子信息、网络通信、人工智能、生物医药、现代能源系统等重大创新领域，组建国家实验室；瞄准人工智能、量子信息、生命健康、脑科学、生物育种、

空天科技、深地深海等前沿领域，实施国家重大科技项目；提升企业技术创新能力；支持产业共性基础技术研发，打造新型共性技术平台，解决关键共性技术问题。

在发展数字经济方面，"十四五"规划提出加强关键数字技术创新应用，聚焦高端芯片、操作系统、人工智能、传感器等关键领域，加快布局量子计算、量子通信、神经芯片、DNA存储等前沿技术创新；加快推动数字产业化，加快培育新业态、新模式，发展人工智能、大数据、区块链、云计算、网络安全等新兴数字产业；加快数字社会建设步伐，构筑全民畅享的数字生活，提供智慧便捷的公共服务，建设智慧城市。2022年1月，国务院发布《"十四五"数字经济发展规划》，提出有序推进基础设施智能升级，推动新型城市基础设施建设；增强关键技术创新能力；构建基于5G的应用场景和产业生态，包括智能交通、智慧医疗、智慧街区、智能工厂、自动驾驶等。

2021年11月，工信部发布《"十四五"信息通信行业发展规划》，指出加快建设网络强国和数字中国，加强新型数字基础设施建设，加大5G、大数据、人工智能、区块链等新技术应用力度，聚焦交通、能源、制造、教育、医疗、文旅、社区、家居、政务等十大场景应用，推动数字经济和经济社会深度融合。

国家对于数字经济、数字产业的系统部署，为科幻产业的业态发展、场景建设和规模发展提供了战略指引和务实指导。

2. 虚拟现实和人工智能等产业政策

虚拟现实和人工智能是科幻产业领域的关键技术。自2016年以来，我国工信部、发改委等部门就开始加强对虚拟现实和人工智能技术研发的鼓励和扶持；2020年以来，开始加快推进虚拟现实和人工智能技术的创新应用和产业融合，重点聚焦智能制造、文娱传媒、教育培训等领域。

工信部2016年发布《信息化和工业化融合发展规划（2016—2020年）》，提出支持虚拟现实技术的研发突破；2017年1月发布《信息通信行业发展规划（2016—2020年）》，提出推动人工智能、虚拟现实技术的产业化；2017年7月发布《新一代人工智能发展规划》；12月发布《促进新一代人工智能产业发展三年行动计划（2018—2020年）》，提出加强传感器、芯片、开源平台等人工智能软硬件技术研发；2018年底发布《关于加快推进虚拟现实产业发展的指导意见》，提出加强虚拟现实技术的深度应用和产业融合；2019年3月发布《关于促进人工智能和实体经济深度融合的指导意见》，提出构建数据驱动、人机协同、跨界融合、共创分享的智能经济形态。

在生产制造领域，2020年2月发布《关于运用新一代信息技术支撑服务疫情防控和复工复产工作的通知》，3月发布《关于推动工业互联网加快发展的通知》，4月发布《关于进一步做好供应链创新与应用试点工作的通知》，7月发布《关于进一步促进服务型制造发展的指导意见》，都提出加快人工智能、虚拟现实等新技术的集成应用。2021年1月发布《基础电子元器件产业发展行动计划（2021—2023年）》，鼓励使用虚拟现实、数字孪生、人工智能等技术开展工业设计；3月发布《"双千兆"网络协同发展行动计划（2021—2023年）》，推动虚拟现实、超高清视频等高带宽应用进一步融入生产生活，形成应用示范。

在文娱传媒领域，随着人工智能、虚拟现实的娱乐化应用增多，如虚拟偶像、虚拟直播的火爆，工信部、网信办、国家广播电视总局等部门联合于2020年10月、2021年3月先后发布了《互联网直播营销信息内容服务管理规定》和《关于加强网络直播规范管理工作的指导意见》，提出加强新技术、新应用、新功能的管理，对利用人工智能、虚拟现实等技术制作、展示和发布信息内容服务的，应以显著方式予以标识，并确保信息内容安全。2021年5月发布了《关于开展出版业科技与标准创新示范项目试点工作的通知》，指出要加强人工智能、虚拟现实技术在出版领域的创新应用和研究。

在教育培训领域，国家发改委2020年9月发布《国家开放大学综合改革方案》，提出依靠5G、人工智能、虚拟现实等技术加快建设服务全民终身学习的在线教育平台；2020年12月，发布《关于推动公共实训基地共建共享的指导意见》，鼓励虚拟现实、增强现实、人工智能等技术在实训基地的应用，提高培训的便利度和可及性。

3.5G、区块链等产业政策

自2018年以来，我国开始推进5G的发展，2019年开始加快商用步伐。2019年5月工信部发布《关于开展深入推进宽带网络提速降费　支撑经济高质量发展2019专项行动的通知》，提出推动5G技术研发和产业化。2020年3月工信部发布《关于推动5G加快发展的通知》，提出加快5G基础设施建设进度。2020年下半年以来，5G在各行业的应用加快。2021年2月，工信部发布《关于提升5G服务质量的通知》，3月国家广播电视总局发布《5G高新视频系列标准体系（2021版）》，制定了互动视频、沉浸式视频、VR视频和云游戏等四项标准体系文件，推动网络视听行业的高质量发展。

工信部还在区块链技术领域发布了系列政策。2021年6月，工信部、网信办发布《关于加快推动区块链技术应用和产业发展的指导意见》，提出加快区块链技术的创新应用，推动区块链渗透到经济社会多个领域，形成场景化示范应用；10月，发布《关于组织申报区块链创新应用试点的通知》，申报试点的领域包括实体经济、社会治理、民生服务、金融科技等四个大类16个领域。

（二）国家在文化领域的规划和政策

1."十四五"规划和文化产业发展规划

国家"十四五"规划中，有专门的篇章——"发展社会主义先进文化，提升国家文化软实力"阐述文化内容，其中与科幻文化领域相关的主要是"提升公共文化服务水平"和"健全现代文化产业体系"两章内容。"提升公共文化服务水平"的主要内容包括：加强优秀文化作品创作生产传播；全面繁荣新闻出版、广播影视、文学艺术等；推进媒体深度融合，做强新型主流媒体；完善公共文化服务体系。"健全现代文化产业体系"的主要内容包括：深化文化体制改革，完善文化产业规划和政策，实施文化产业数字化战略，加快发展新型文化企业、文化业态、文化消费模式，推动文化和旅游融合发展，以讲好中国故事为着力点，创新推进国际传播，加强对外文化交流。

2021年6月，国家文化和旅游部发布《"十四五"文化产业发展规划》（以下简称《文化产业规划》），提出：坚持文化自信和守正创新，以推动文化产业高质量发展为主题，以深化供给侧结构性改革为主线，以文化创意、科技创新、产业融合催生新发展动能，不断健全现代文化产业体系和市场体系。《文化产业规划》提出，坚持创新驱动发展，激发文化创新、创造活力，全面推进文化产业内容形式、载体渠道、业态模式等创新，适应高新技术发展趋势，推进文化和科技深度融合，提高质量效益和核心竞争力；加快推进文化产业创新发展，服务构建以国内大循环为主体、国内国际双循环相互促进的新发展格局。

2. "十四五"电影规划和广电发展规划

2021年11月，国家电影局发布《"十四五"中国电影发展规划》，提出每年重点推出10部左右叫好又叫座的电影精品力作，每年票房过亿元国产影片达到50部左右，到2035年实现建成电影强国的发展目标，并且在繁荣电影创作方面，重点提到了大力扶持科幻电影的创作和生产；运用新技术建立完善电影科技自主创新体系，提升电影摄制水平，加快电影特效技术发展，通过大力扶持科幻电影带动电影特效水平的提升，建立和完善电影技术标准体系，促进电影全产业链的信息化、云化和智能化升级。

2021年10月，国家广播电视总局先后发布《广播电视和网络视听"十四五"发展规划》和《广播电视和网络视听"十四五"科技发展规划》。前者提出了广播电视和网络视听在"媒体融合、精品创作、公共服务、科技创新、大视听产业、安全保障、管理优化、国际传播、政治建设"等九大领域的战略任务；后者则以科技自立自强为战略支撑，提出了发展新业态、培育新视听、建设新平台、重塑新网络、打造新终端、构建新支撑六大举措。在培育新视听方面，《广播电视和网络视听"十四五"科技发展规划》提出推进高新视频发展，向用户提供超高清、多维声、VR、AR、MR、全景视频、全息成像等高品质视听服务，发挥广电的内容品质优势，引领文化新消费。国家广播电视总局的"十四五"规划为科幻题材的广播电视、网络视听内容的发展开辟了空间。

3. 数字文化产业和文旅发展规划

2020年11月，文旅部发布《文化和旅游部关于推动数字文化产业高质量发展的意见》（以下简称《高质量发展意见》），提出扩大优质数字文化产品供给，提高质量效益和核心竞争力；以文化创意和科技创新培育新型业态，促进产业提质升级；支持5G、大数据、云计算、人工智能、物联网、区块链等在文化产业领域的集成应用和创新，建设一批文化产业数字化应用场景；激发文化消费潜力，引领消费潮流，不断创造新的消费场景；推动数字经济和实体经济融合发展，提升中华文化影响力和国家文化软实力；引领青年文化消费，创作满足年轻用户多样化、个性化需求的产品；推进数字经济格局下的文化和旅游融合，加强数字文化企业与旅游企业对接合作。《高质量发展意见》还重点提出，要加强数字文化产业标准建设，加强手机（移动终端）动漫国际标准和数字艺术显示国际标准应用推广，深入推进数字文化产业标准群建设。

2021年6月，文旅部发布《"十四五"文化和旅游发展规划》，提出推动文化产业结构优化升级，推动新一代信息技术在文化创作、生产、传播、消费等各环节的应用，加强创新链和产业链对接；发展数字创意、数字娱乐、网络视听、线上演播、数字艺术展示、沉浸式体验等新业态，丰富数字文化产品供给；实施文化品牌战略，打造一批有影响力、代表性的文化品牌。

（三）国家在教育、科普、版权领域的相关政策

1. 科普促进和科普教育

《中华人民共和国科学技术普及法》于2002年颁布实施，科普立法的目的是推进科教兴国和可持续发展战略，普及科学知识、倡导科学方法、传播科学思想、弘扬科学精神、提高公民的科学文化素质。2006年，《全民科学素质行动计划纲要（2006—2010—2020年）》发布，提出重点打造科普资源开发与共享工程、大众传媒科技传播能力建设工程等，发挥各类媒体的科技传播功能，打造品牌科普网站和虚拟博物馆/科技馆。2021年6月，国务院发布《全民科学素质行动规划纲要（2021—2035年）》，提出将实施科幻产业发展扶持计划，并将发展科幻产业作为科普信息化的提升工程，将发展科幻产业对于科普的意义提升到了一个新高度。2021年，教育部和中科协联合发布《关于利用科普资源助推"双减"工作的通知》，提出引进科普资源到校开展课后服务，组织学生到科普教育基地开展实践活动，加强学校科学类课程教师培训，发挥科协组织在规范校外培训中的作用等举措。

2. 内容监管和版权保护

在内容监管方面，近年来，我国高度重视网络平台的规范管理、正向引

导和监督治理，尤其注意加强对青少年的保护和引导，如严格限制向未成年人提供网络游戏服务的时间，严格落实网络游戏用户账号实名注册和登录要求，推出防止未成年人沉迷游戏的有关措施等。2021年5月，由网信办牵头，工信、公安、文化、工商等多部门共同参与的网络空间治理"清朗"系列专项行动正式展开，为清除网上各种负面文化现象做出了积极贡献，彰显出我国不断加强文化行业的规范化管理和引导，积极搭建和谐、进步的公共文化空间。

在版权保护方面，2020年国家知识产权局发布《知识产权强国建设纲要（2021—2035年）》，对完善知识产权制度、强化知识产权保护、完善知识产权市场运行机制、提高知识产权公共服务水平等内容做了部署。2021年国务院发布《关于强化知识产权保护的意见》，提出要不断改革完善知识产权保护体系，综合运用法律、行政、经济、技术、社会治理手段强化保护，促进保护能力和水平整体提升。2020年修订的《中华人民共和国著作权法》于2021年6月正式实施，从作品的定义、领域与类型，权利的内容、归属、限制、保护等方面进行了修订完善，调整了视听作品著作权归属的规则，对于作品素材使用的侵权风险做出了说明，为新型作品形式和文化业态提供了版权保护，对促进文化产业的健康发展具有重要意义。2021年，《网络短视频内容审核标准细则》出台，对于短视频的授权和剪辑等方面提出了明确要求，由此基于二度创作、视频搬运的内容制作模式将难以继续，也因此倒逼和促进内容生产者朝着提升质量、注重原创、深耕内容的方向发展转型。

（四）科幻产业专项政策："科幻十条"

2020年8月，国家电影局、中国科协在《关于促进科幻电影发展的若干意见》中，提出将科幻电影打造成为电影高质量发展的重要增长点和新动能，提出对科幻电影创作生产、发行放映、特效技术、人才培养等加强扶持引导的十条政策措施，被称为"科幻十条"，拉开了近年来国家科幻产业扶持政策的序幕。

在内容创作层面，"科幻十条"提出，要加大对科幻电影剧本的培育力度，鼓励扶持原创，促进科幻文学、动漫、游戏等资源转化，丰富科幻电影内容创新源头，推动建立多层次、多样化、可持续的科幻电影剧本供给体系；

支持在夏衍杯优秀电影剧本征集、扶持青年优秀电影剧作计划、电影剧本孵化计划等工作中设立科幻类别，鼓励有关电影节设立科幻电影单元等。

在终端放映方面，"科幻十条"提出，鼓励组建全国科幻科普电影放映联盟，支持各级科技馆、科学馆、工业博物馆、青少年宫、文化主题公园等加盟，推进资源共享，丰富片源供给，支持加入全国电影票务综合信息管理系统。

在投资运营方面，"科幻十条"提出，要落实财税支持政策，鼓励科幻电影相关企业入驻文化产业园区（基地）、国家文化和科技融合示范基地、国家文化出口基地、国家高新技术产业开发区、国家高新技术产业化基地、自由贸易试验区、海关特殊监管区域等，享受场租等优惠政策。同时，鼓励金融机构探索适合科幻电影特点的信贷产品和贷款模式，开展供应链融资、银团贷款等业务。

在发展机制方面，要建立促进科幻电影发展联系机制，由国家电影局、中国科协牵头，教育部、科技部、工业和信息化部、财政部、商务部、国务院国资委、中国科学院、中国工程院、国家国防科工局、中国文联等有关部门参加，联系机制日常办事机构设在中国科协科技传播与影视融合办公室。

在技术研发方面，鼓励研发自主知识产权的电影特效底层技术，以科幻电影特效技术发展引领带动电影特效水平整体提升，鼓励研发具有自主知识产权的电影特效底层核心技术和平台工具，支持电影数字内容加工处理和数字版权保护等领域的关键技术研发和产业化，支持国产高精尖电影装备的研发生产和推广应用，建立完善电影特效技术标准体系。同时，引导符合条件的从事电影特效技术的企业申请国家高新技术企业、技术先进型服务企业认定，进一步落实国家鼓励软件和集成电路产业发展的政策。

二、北京市科幻相关产业政策分析

（一）市级科技产业政策：聚焦科技创新和高精尖发展

1.推进北京国际科技创新中心建设

以北京市政府发布的《北京市"十四五"时期重大基础设施发展规划》《北京市"十四五"时期国际科技创新中心建设规划》《关于新时代深化科技体制改

革 加快推进全国科技创新中心建设的若干政策措施》相关政策为主要代表。

2021年11月，《北京市"十四五"时期国际科技创新中心建设规划》发布，提出立足国家战略需求，加快形成具有首都特色的国家实验室体系，更好发挥高水平高校院所和科技领军企业作用，加快构建战略科技力量；加速布局"数据、算力、算法"驱动的公共关键技术和底层技术平台；支持人工智能、量子信息、区块链、生物技术等前沿技术和关键技术研发；瞄准新一代信息技术、医药健康、新能源智能汽车、智能制造、航空航天、绿色能源与节能环保等前沿领域，释放数字产业化和产业数字化新动能；加快打造全球数字经济标杆城市；提升智慧城市建设水平；实施科技冬奥专项计划；重点提出，推进文化和科技深度融合，聚焦新首钢高端产业综合服务区等重点区域，建设科幻产业集聚区，高水平筹办中国科幻大会，营造具有首都特色的科幻氛围，为北京科幻产业发展精准指明了方向和重点。

2.促进高精尖产业发展

为促进高精尖产业发展，北京市陆续出台《北京市"十四五"时期高精尖产业发展规划》（以下简称《高精尖产业规划》）、《北京市关于加快建设全球数字经济标杆城市的实施方案》、《北京市高精尖产业发展资金管理办法》、《关于加快新型基础设施建设支持试点示范推广项目的若干措施》等政策。《高精尖产业规划》提出四个重点任务：做大新一代信息技术和医药健康两个国际引领支柱产业；做强集成电路、智能网联汽车、智能制造与装备、绿色能源与节能环保四个特色优势的"北京智造"产业；做优区块链与先进计算、科技服务、智慧城市、信息内容消费四个创新链接的"北京服务"产业；加快布局生物技术与生命科学、双碳技术等一批未来产业。

（二）文化产业政策：注重产业促进和国际竞争

1.突出北京城市定位和产业布局

《北京市推进全国文化中心建设中长期规划（2019年—2035年）》中明确了北京市"一核一城三带两区"的总体框架，即坚持以社会主义核心价值观引领文化建设，以历史文化名城保护为根基，以大运河文化带、长城文化带、西山永定河文化带为抓手，推动公共文化服务体系示范区和文化产业发展引领区建设，推动供需两端精准对接，着力提升文化产品质量和服务效能，加快构建高精尖文化产业体系，建设具有国际竞争力的创新创意城市。

"十四五"规划中提到的高精尖文化产业，北京市政府早在2018年就开始布局。2018年7月发布《关于推进文化创意产业创新发展的意见》，提出打造由"两大主攻方向""九大重点领域""九大产业促进行动"组成的高精尖文化产业体系。其中，"两大主攻方向"为数字创意、内容版权；"九大重点领域"为创意设计、媒体融合、广播影视、出版发行、动漫游戏、演艺娱乐、文博非遗、艺术品交易和文创智库；"九大产业促进行动"为文化空间拓展、重点企业扶持、重大项目引导、文化消费提升、文化贸易促进、文化金融创新、文化品牌集成、服务平台共享及文创人才兴业。

2020年发布了《北京文化产业发展引领区建设中长期规划（2019年—2035年）》，提出重点建设"五都一城两中心"（设计之都、影视之都、演艺之都、音乐之都、网络游戏之都，世界旅游名城，艺术品交易中心、会展中心）的文化产业发展引领区。主要任务包括：一是提升北京文化产品和服务的国际竞争力，加大文化精品创作力度，增强内容生产原创能力，培育文创品牌，开拓国际市场；二是健全充满活力的现代文化市场体系，推动文化消费模式创新，提升版权交易运营效能，完善文化金融服务体系；三是加强文化产业与相关领域融合发展，对接首都科技、体育、教育等资源，积极推动文化新业态发展；四是构建协同联动的文化产业发展格局，推进京津冀文化产业协同发展。

2.鼓励老工业区改造和建设文化产业园区

鼓励老工业区改造、建设文化产业园区，是城市文化产业发展的基础，也是加快城市更新的有效手段，也为促进产业转型升级，推出新场景、新消费、新服务提供了载体和依托。2019年，北京发布《保护利用老旧厂房拓展文化空间项目管理办法（试行）》，提出加强老旧厂房保护利用，通过功能性流转、创意化改造，有效盘活老旧厂房资源，改造为文创产业园区，建设新型城市文化空间。2021年6月发布《关于开展老旧厂房更新改造工作的意见》，推动老旧厂房转型升级、功能优化和提质增效，促进存量资源集约高效利用，用于发展智能制造、科技创新等高精尖产业，发展新型基础设施，发展文化产业和新型服务业等，并补充文化体育、医疗养老、便民服务、学前教育等公共服务和城市配套设施。

3. 加强专项资金扶持和版权保护

为了发挥资本对产业的促进作用，北京通过"投贷奖"、专项扶持资金、产业基金对接、企业返税和项目补贴等方式加强对文化产业的金融服务。2017年11月，《北京市实施文化创意产业"投贷奖"联动 推动文化金融融合发展管理办法》发布，为北京市文创企业提供贷款贴息、融资租赁贴租、发债融资奖励、股权融资奖励，为相应的各类投融资服务机构提供银行奖励、融资租赁奖励、融资担保奖励、天使投资奖励、创业投资奖励。"投贷奖"是为了发挥财政资金的使用效应，撬动金融资本服务文化创意产业，推动文化金融融合发展，缓解文创企业融资难、融资贵、融资慢等问题，服务全国文化中心建设。之后，北京还发布了《北京市广播电视媒体融合发展扶持资金管理办法（试行）》《北京市国家电影事业发展专项资金预算管理办法》《北京市文化产业"投贷奖"风险补偿资金管理办法（试行）》等。

在版权保护方面，在国家知识产权相关政策指导下，北京市知识产权局先后推出了《关于强化知识产权保护的行动方案》《北京市知识产权保护条例（草案公开征求意见稿）》《北京市知识产权资助金管理办法》等。

（三）科幻产业专项政策：石景山"科幻十六条"

国家发布"科幻十条"后，2020年11月《石景山区加快科幻产业发展暂行办法》（"科幻十六条"）正式发布，这是北京市区级首个科幻产业专项政策。"科幻十六条"从支持关键技术研发与应用、支持科幻原创作品创作与转化、支持科幻产业聚集发展、支持科幻主题场景建设、支持科幻产业服务平台发展、引导金融支持科幻产业发展、支持重大科幻活动落地本区、支持科幻产业相关人才和团队八个方面，支持石景山区的科幻产业发展，助力科幻产业集聚区建设。

"科幻十六条"的主要内容有支持数字成像与合成、三维建模、数字渲染、动作捕捉等关键技术研发与应用服务，根据项目研发投入经费的30%给予一次性资金支持，每个项目最高不超过200万元；支持科幻原创作品创作，对获得版权并出版发行的科幻作品，给予最高不超过5万元的资金支持；支持以科幻IP为核心的作品转化，对转化为科幻影视、科幻游戏等自主研发产品的，给予最高不超过100万元的资金支持；给入驻石景山区的科幻相关企业、科幻大师工作室、社会组织等单位20万元的经费支持；对取得示范带动作用的企业给予最高不超过100万元的资金支持；鼓励区内各类公益性设施打造多元化的科幻主题体验场景；支持在石景山游乐园、首钢园区及其他工业厂房和产业园区打造科幻体验消费乐园；对在石景山区注册的天使投资、创业投资和股权投资机构，给予奖励支持；支持在市级及以上的电影节、科技周、文化节等活动期间开展科幻主题活动，支持科幻产业论坛、科幻大师论坛、科幻大赛等各类科幻主题活动。

石景山区成为北京市发展科幻产业的战略部署地，除了石景山区具有首钢工业遗存的独特空间资源、优越的自然生态环境、文化科技企业集聚等优势，还有一个很重要的原因就是石景山区在文化科技产业领域的政策优势。

《石景山区落实北京城市战略定位 加快构建高精尖经济结构三年行动计划（2018年—2020年）》明确指出，在数字科技、虚拟现实等领域率先搭建国际知识产权对接平台，支持一流数字创意内容产品的进出口。石景山区还陆续出台《石景山区促进以数字创意为主的文化及相关产业发展暂行办法》《石景山区促进应用场景建设加快创新发展支持办法》《石景山区进一步促进新技术新产品（服务）本区落地的若干措施》《石景山区促进游戏产业发展实施办法》《石景山区提升科技创新能力 促进知识产权服务业发展暂行办法》等政策。

在人才引进方面，石景山的政策优势尤为突出，发布了《石景山区吸引和鼓励高层次人才创业和工作计划实施办法（试行）》，针对高层次人才推出个税补贴、落户、住房和子女教育保障等措施，并从2020年起推出"景贤计划"，设立每年5000万元人才发展专项资金，吸引顶尖人才、领军人才、青年拔尖人才、海外创业人才的加盟，并将科幻产业人才纳入其中，体现了石景山区对科幻产业的高度重视。

三、北京市加快科幻产业发展的政策建议

科幻产业归属于数字文化产业，又具有较强的科技创新、数字技术特征，是文化和科技深度融合的新兴产业。促进北京科幻产业的发展，要坚持创新

驱动发展的理念，以想象力文化为引领，以科技创新为支撑，坚持政府引导和市场主导的原则，完善政策体系，优化产业服务，推动北京高精尖、数字文化产业的高质量发展。目前，除国家层面的"科幻十条"和北京市区层面的"科幻十六条"，全国范围内的科幻专项政策很少，科幻产业政策体系尚不完善，但这同时也是北京科幻产业把握首都特色、发挥政策优势、引领全国的机遇。完善北京科幻产业的政策体系，要从促进关键技术研发、加快高层次人才引育、加强重点项目培育和版权保护开发、优化资金和金融服务、助推产业标准输出等方面展开。

（一）建设科幻产业共性技术研发公共服务平台

支持建立科幻产业共性技术研发公共服务平台，支持产学研合作，聚焦数字成像与合成、三维建模、数字渲染、感知交互等技术，加强科幻产业共性技术的研发，打破科幻产业领域文化和科技的交叉壁垒，解决科幻产业新应用、新场景、新业态中存在的关键共性技术问题，减少企业重复开发，节省企业开发成本，为形成和输出科幻产业的相关技术标准打下基础。

支持和资助科幻类、文化科技类企业的技术创新，提升科幻产业的科技创新能力，支持科幻和文化科技领域的龙头企业、领军企业、研发机构和科研院所集聚，成立新型研发机构，促进以5G、人工智能、虚拟现实、计算机视觉、区块链等为代表的科幻产业关键技术的研发和应用。

在科幻产业共性技术开发平台的基础上，建立科幻产业专利池，成立科幻产业知识产权联盟，认定科幻产业专利的研发成果，建立开通绿色服务通道，鼓励纳入战略性新兴产业领域，并对获得专利的科幻企业进行奖励。

（二）搭建科幻项目资源和版权交易平台

通过专项资金扶持的方式，鼓励科幻相关企业或机构举办科幻赛事活动，每年征集和奖励原创科幻作品、科幻项目，成立科幻作品和项目资源库，并进行持续的更新、扩充和建设。随着科幻作品、项目资源库的扩大，鼓励企业、高校和科研机构联合进行运营和开发，逐步建立和形成科幻产业大数据平台。科幻产业大数据平台包括科幻企业数据库、科幻技术专利数据库、科幻项目数据库、科幻原创作品版权库、科幻素材库等，为政府相关部门和研究机构提供决策支持。

在科幻项目资源库的基础上，搭建科幻产业版权运营服务平台，开展科幻作品和项目的版权确权、价值评估、版权交易和投资服务工作，并进行资源、技术、资本的对接，孵化和培育科幻IP示范项目。该平台以公益性或半公益性服务为主，后期对接中国科幻大会等科幻类赛事活动，提供参选作品输送、奖项评选支持。

通过科幻项目的征集，同步建立科幻企业名录库，定期及时更新，并将科幻产业集聚区的科幻企业列入重点科幻企业库，分层级、分阶段给予扶持和奖励，吸引更多科幻相关企业加入科幻产业集聚区。

（三）推进人才引育和培养行动计划

加强科幻产业优秀人才的引进，将科幻人才纳入北京重点发展产业方向人才引入计划。面向全国范围，逐步拓展到海外，引进国际人才和海归留学人才，瞄准科幻产业发展所需要的人文、科技、艺术、哲学、基础科学等多学科领域，优化多元人才结构，形成专业、创新、开放、包容的人才环境。

按照在科幻产业领域的从业经历、行业贡献和所获成就，将科幻产业人才分成顶尖人才、领军人才、创新人才等不同层级，进行标准认定和精准施策，制定不同的专项资金、奖励和服务政策。支持科幻作家、导演或科幻团队在京成立工作室或公司，给予一定奖励并设置阶梯。

加强科幻专业人才的梯队式、持续性培养。支持科幻类企业和在京高校联合，依托影视、文学、传媒、动漫、游戏等专业师资，共建科幻专业，培养高素质、专业化科幻产业人才；加强产教融合和校企联合，成立科幻产业实践实训基地，助力科幻专业人才的理论和实践能力提升；加强科幻产业培训，征选、奖励和资助高校专业教师、科研院所学者、科幻企业专家等成立培训专家团队，加强科幻从业人员的培训，推进相关资格认定工作，为科幻产业稳定输出专业人才。培养科普型科幻人才，支持科幻创意、元素和资源融入科普教育，奖励科幻作家和创作者产出科普型科幻作品，促进科幻和科普融合发展。

（四）打造科幻产业金融服务体系

金融通过给科技文化产业带来资金活水，引入资本、技术、人员等要素，加速促进科技文化产业高质量发展。充分把握数字经济特色，以文化金融、科技金融赋能科幻产业，引导天使投资、创业投资和股权投资机构参与支持科幻产业发展。加快运用多种投融资模式打造科幻金融投资平台，并在各个环节强化风险管控，为科幻产业的发展提供稳定的金融保障，可以围绕政府专项资金、政府引导性基金、市场化投资基金、风险控制与管理五大方向全面展开。科幻金融投资平台的建设，使得多样化的金融机构和投资模式实现平台化协作，为科幻产业的高质量发展提供金融保障。

具体举措包括：一是鼓励科幻类企业的版权融资，加大补贴力度，并通过版权融资、抵押贷款等方式转变为前置补贴资金，或以影视制作参股等方式进行前置资金支持；二是参照好莱坞电影体系的完片担保制度，引入专业的金融和保险机构，设计完片保险制度并逐步实施，以保障科幻影视作品的质量与完成度；三是给予科幻领域投资企业相应资金补助标准细化；四是充分发挥北交所"专精特新"优势，支持科幻相关企业上市挂牌激励、上市财报披露，以龙头企业榜样带动小微科幻企业发展；五是以科幻产业基金为龙头，设立投资对接平台，形成科幻产业投资链；六是鼓励短视频相关生产企业创作优质科幻视频内容，将科幻类短视频作品纳入相关评选并给予专项资金激励。

由于科幻相关产业呈现龙头企业（多为高科技企业）与小微企业（含新注册企业和工作室）两头数量较多的"沙漏型"布局，可在发挥龙头高科技企业的示范作用的同时，建立灵活投资、贷款、补贴机制，将产业基金与政府补贴等机制打通，重点关注小微科幻企业扶持，对于增速较快的小微企业给予重点资金扶持。

（五）加强政策落实、市区联动和配套保障

一是加强文化、科技、人才、教育等各部门联动。梳理汇总北京市现有文化科技相关产业政策，通过纳入、降准、补充等措施，实现对科幻产业的

精准扶持，并针对科幻产业特性逐步出台新政策，形成和完善科幻产业的政策体系，并加强政策落地实施，跟踪政策实施效果。

二是加强市区联动和组织机制。北京市政府和中国科协共同领导，北京市科委牵头，石景山区政府落实，石景山区科委、首钢集团、科幻产业创新中心等相关单位主体负责，明确责任分工，形成市区联动、高效协作的工作机制。

三是完善配套和服务保障。为促进科幻类企业入驻、科幻新场景和新项目落地，加强新基建、空间载体建设，提供技术资源、技术服务；为吸引人才入驻、创业和办公，在工作环境、交通出行、住房保障、落户、子女教育、医疗保健等方面提供绿色通道和服务保障。

（六）推进科幻产业标准规范制定

在数字经济的浪潮下，标准先行已成为全球数字产业的竞争规则。文化产业是智力、创意密集型产业，智力创作和创意生产更加追求创造力和灵活性，看似不受标准限制，但随着数字技术不断融入文化产业，新技术不断变革文化生产和传播的方式、效率和能级，文化产业的竞争力越来越取决于文化资源和技术体系的耦合程度。科幻产业也因此需要构建起规模化生产和标准化流程的现代科幻工业体系。

科幻产业的标准规范以数字技术标准为先导，逐步拓展到科幻产业的人才评价标准、科幻产品的品质标准、传输标准和用户体验标准、科幻文化内容监管和审查、科幻产业的运行规范等综合标准体系。

推进建立科幻产业标准和规范体系，能够促进文化和科技深度融合，推动科幻产业健康快速发展。一方面，要鼓励科幻相关文化科技企业、行业协会和联盟、科研院所参与标准和规范研制，加快相关标准和规范的推广和实施。另一方面，在标准和规范制定的基础上，加强科幻产业研究，成立科幻产业智库，面向北京和全国输出准确、及时、科学的科幻产业研究报告和产业数据，为促进科幻产业发展提供科学研判依据。

第十九章 制定科幻产业标准规范，加强数据统计监测

科幻产业作为文化和科技深度融合的独特产业类型，应当借鉴科技产业的标准规范，激发文化和科技的双向赋能，从科幻研发生产所需要的技术标准制定入手，逐步拓展到制定科幻产业人才的认定和评价标准、科幻企业和科幻产品的制作和运营标准，以及对科幻产业的发展规划、范围界定、门类划分和相对应的各产业部门的数据统计监测标准等，从而逐步建立和完善科幻产业的数字化、标准化体系。推进科幻产业标准制定，有利于推进科幻人才和科幻文化科技企业的认定工作，加强对科幻人才的培养，以及对科幻企业的引进和扶持。

科幻产业标准的制定是明确科幻产业范围和门类划分、加强数据统计监测的需要，是加快科幻产业关键技术研发、加强公共服务体系建设的需要，也是引导科幻产业规范、夯实科幻产业基础、促进科幻产业高质量发展的需要。

一、加强科幻产业顶层设计和规划

（一）确定和公布科幻产业范围和门类

依据科幻产业的基本范围和门类划分，即科幻内容类产业、科幻文化旅游类产业、科幻科技支撑类产业、科幻场景营造类产业和科幻运营服务类产业五大门类，国家和北京市统计局需推进研究、确定和公布科幻产业统计分类。具体包括：第一，科幻内容类产业，细分为科幻出版、科幻影视、科幻动漫、科幻游戏等子类；第二，科幻文化旅游类产业，细分为科幻主题的线下娱乐（剧本杀、密室逃脱等）、科幻主题乐园和影城、科幻戏剧和沉浸式演出、科幻主题景区等子类；第三，科幻科技支撑类产业，细分为科幻产业所需要的科技研发、硬件设备制造、软件应用、技术服务、平台运营等子类；第四，科幻场景营造类产业，细分为科幻灯光秀、科幻主题会展、科幻赛事

活动、科幻城市规划和景观设计等子类；第五，科幻运营服务类产业，细分为科幻内容的版权运营、品牌营销、媒体传播和消费服务等子类。

明确科幻产业的范围和门类，既能为建立科幻产业的标准和规范、加强科幻产业数据统计监测、完善科幻产业政策体系打下基础，又能为建立科幻专业人才评价标准和科幻类企业认定标准提供科学依据。

（二）研究和发布科幻产业的发展规划

发挥政府引导作用，加强科幻产业发展规划研究，发挥产学研协同力量，共建科幻产业研究院和智库，发布科幻产业蓝皮书和白皮书。第一，由北京市政府相关部门牵头，联合高校和科研机构，对科幻产业的发展历程和现状、发展规律和模式、文化科技的融合机制和策略进行全面系统的研究，研究和发布北京科幻产业发展的三年、五年规划，为北京科幻产业的高质量发展进行顶层设计，制定发展目标和策略。第二，由政府部门牵头，联合高校、科研机构和行业协会，发布指导科幻产业发展方向的白皮书，对科幻产业的发展战略、策略步骤做出部署。第三，成立科幻产业研究院和智库，吸纳产学研各界专家学者，定期研究和发布科幻产业发展状况蓝皮书，对科幻产业的发展现状、规律、动态和趋势进行观察、总结和展望，为科幻产业政策制定、科幻企业业务经营、科幻项目投资开发提供决策参考和支持。

科幻产业发展规划的研究和发布、科幻产业白皮书和蓝皮书的研究和推出，有助于建立行业共识、把握产业方向、增强话语权、输出科幻产业统计数据和研究成果，为科幻产业的高质量发展起战略指引和科学指导作用。

二、确立科幻产业相关标准规范

（一）形成科幻人才评价标准，提供人才引育参照

由北京市政府指导，北京市人才局落实，联合文化、科技相关部门研究和推进，按照科幻产业的多元化人才需求，形成内容创意、技术研发、运营服务、产业研究领域的科幻人才评价和认定标准，为优化人才引育提供科学、合理的参照标准。

1. 科幻内容创意人才

以文学、影视、动漫、游戏等科幻内容作品产出的数量、质量、影响力（获得国内外重要奖项和市场反应）为评价维度和主要指标，制定科幻内容创意人才的评价和认定标准。

2. 科幻技术研发人才

以科幻产业生产制作中基础技术、关键技术等研发应用的专利数、成果产出数、获得奖励等为评价维度和主要指标，制定科幻技术研发人才的评价和认定标准。

3. 科幻运营服务人才

以主导运营和参与运营的科幻作品、项目的数量、质量、转化或落地效果等为评价维度和主要指标，制定科幻运营服务人才的评价和认定标准。

（二）建立科幻技术标准体系，支撑产业发展基础

由北京市政府指导，北京市科委及相关部门落实，为促进科幻产业技术研发、转化和应用，加强科幻产业的高效生产、品质保障和专业服务，建立和制定科幻关键技术研发、内容制作等相关技术标准。

1. 关键技术标准

针对科幻产业需要的基础技术和关键技术，如虚拟现实、数字孪生、人工智能、区块链等的研发和应用，制定相关技术标准。

2. 制作技术标准

针对科幻生产制作的重点环节，制定科幻数字出版标准、科幻电影特效技术标准、科幻影视虚拟拍摄制作标准、科幻游戏开发制作等相关技术标准。

3. 视频传输播映标准

针对科幻类影视、短视频、虚拟直播的制作、传输和播出环节，结合VR、3D、全景等新技术的运用，制定科幻影视、视频、直播的制作、传输和播出标准，加强视听产品管理和提升视频用户体验。

4. 项目实施标准

基于科幻场景的设计、开发、落地和实施流程，制定科幻文旅、演出、会展等场景项目的实施标准。

（三）明确科幻企业认定标准，促进产业运行规范

统筹科幻产业链上下游企业的业务范围、资源配置和生产方式等，鼓励文化科技企业申请认定为科幻企业，加入科幻企业名录，通过奖励和支持的方式，鼓励文化科技企业投入科幻生产，促进科幻产业高效生产、有序经营和规范管理。

1.科幻内容创意型企业认定

面向出版、影视、动漫、游戏等科幻内容创作领域企业，以及展示设计、场景营造等创意设计领域企业，从企业产出的作品数量、获奖级别、作品转化率、专业人才比例等方面，制定科幻内容创意型企业的认定标准。

2.科幻技术研发型企业认定

面向科幻产业的关键技术研发、硬件设备制造、软件开发应用、技术服务、科幻场景建设等技术领域的企业，从企业的技术研发投入、技术人才比例、技术产出和转化应用的数量、所获专利数等方面，制定科幻技术研发型企业的认定标准。

3.科幻运营服务型企业认定

面向专利和版权服务、营销传播服务、研究咨询服务、数据采集分析服务等领域的企业，从企业提供运营服务的频次、规模、效果、影响力等方面，制定科幻运营服务型企业的认定标准。

4.科幻研究机构和智库机构认定

面向学术、研究、咨询类机构，从研究人员构成比例、专业、学历，研究成果的数量、级别、影响力等方面，制定科幻研究机构和智库机构的认定标准。

三、建立科幻产业统计监测体系

联动北京市区统计局的职能部署，基于科幻产业的范围门类、产业链构成，划分统计监测领域，确定统计监测指标，完善统计监测名录，辅助大数据手段，建立科幻产业统计监测体系。确保数据权威准确、科学合理，强化动态管理，面向全国输出准确、及时、科学的科幻产业数据，为促进科幻产业发展提供科学研判依据。

（一）划分监测领域

基于科幻产业各门类、全链条划分监测领域。从科幻产业链看，依据科幻产业的五大门类划分，即科幻内容类产业、科幻科技支撑类产业、科幻文化旅游类产业、科幻场景营造类产业、科幻运营服务类产业，将科幻产业分为七个主要监测领域，包括线上内容创作、技术研发制作、线下文旅消费、会展设计活动、产业园区、服务支持、传播交流七个领域。

科幻产业五大门类、七个领域的划分，同北京市各部门联合发布的《促进科幻产业工作方案》（以下简称《工作方案》）明确提出的指导思想及重点工作安排保持一致。《工作方案》中提出"将科幻产业打造成体现北京科技创新硬实力与和谐宜居之都文化软实力、促进中华优秀文化走出去的重要载体"的要求，"丰富原创内容创作""繁荣科幻电影市场""大力发展周边产业""建设科幻产业孵化器""重点建设科幻产业集聚区""打造科幻特色品牌活动""增强科幻产业创新能力""强化人才队伍建设""建立促进科幻类产业发展资金体系"等重点工作内容，均能通过线上内容创作、技术研发制作、线下文旅消费、会展设计活动、产业园区、服务支持、传播交流这七个领域的监测，得到较好的体现和评价。

表 19-1　科幻产业监测领域

产业门类	监测领域	具体分类
科幻内容类	线上内容创作	科幻阅读
		科幻影视
		科幻动漫
		科幻游戏
科幻科技支撑类	技术研发制作	科幻技术研发
		科幻硬件制造
		科幻软件应用
		科幻技术服务

续表

产业门类	监测领域	具体分类
科幻文化旅游类	线下文旅消费	科幻周边
		科幻室内娱乐
		科幻主题乐园
		科幻戏剧演出
		科幻旅游
科幻场景营造类	会展设计活动	科幻会议展览
		科幻赛事活动
	产业园区	科幻产业园区
科幻运营服务类	服务支持	科幻版权服务
		科幻投融资服务
		科幻营销服务
		科幻咨询、培训服务
	传播交流	科幻媒体传播
		科幻组织
		科幻国际交流

（二）确定监测指标

根据国家统计部门开展产业监测的基本原则，对科幻产业的统计监测要遵循四大原则。第一，科学性：指标要遵循产业发展的客观规律，服务北京科幻产业发展现实需要，符合科幻产业相关方针政策要求；第二，全面性：指标要涵盖科幻产品的供给和消费，既反映法人单位经营及产业运行情况，还要反映消费市场情况；第三，前瞻性：指标要具有一定的超前性，适度关注新兴前沿领域，以反映产业发展的趋势，更好地引领和促进产业发展；第四，可行性：指标要密切结合已有统计调查和部门数据，确保数据易获取，以更方便快捷地实施统计监测任务。

从具体监测方法和指标选取来看，主要按照国民经济行业分类从法人单位端进行统计，指标选取要反映全产业链发展的科幻法人单位业务及经营情况相关指标；同时监测指标的选取，兼顾供需两端，既要反映科幻市场消费情况，也要有相关单位的生产和服务供给，以完整、全面反映产业现状，及时监测产业多元发展和不断更新的趋势，旨在反映科幻产业相关单位业务活动和生产经营情况，以及科幻产品服务生产供给、消费使用的情况。

表 19-2　科幻产业监测指标

序号	指标内容	频率
1	科幻产业法人单位资产合计	年度
2	科幻产业法人单位营业收入	年度
3	科幻产业法人单位从业人员平均人数	年度
4	新增科幻法人单位数量	年度
5	科幻图书出版量、码洋	年度
6	科幻数字出版物数量、销售额	年度
7	科幻电影票房收入	年度
8	科幻影视动漫作品播放量、销售额	年度
9	科幻游戏下载量、销售额	年度
10	科幻短视频播放量	年度
11	科幻内容创作人才数量	年度
12	科幻相关技术研发企业/机构数量	年度
13	科幻技术人才数量	年度
14	科幻相关技术研发支出	年度
15	科幻相关技术发明专利数	年度
16	科幻周边销售额	年度
17	科幻室内娱乐收入	年度
18	科幻主题乐园人次、收入	年度
19	科幻旅游人次、收入	年度
20	科幻戏剧演出人次、收入	年度

序号	指标内容	频率
21	科幻会展参会人数、交易额	年度
22	科幻产业园数量、产值	年度
23	科幻赛事活动规模、人次	年度
24	科幻产业投融资总额	年度
25	科幻产业财政支持资金	年度
26	科幻产业基金	年度
27	科幻教育培训人次、收入	年度
28	科幻媒体机构数量、报道量	年度
29	科幻组织数量、会员单位	年度
30	科幻研究机构、高校院所数量	年度
31	科幻作品出口额	年度

（三）完善监测名录

借助政府相关部门力量，参考高校和科研机构行业调研成果，辅助大数据手段，梳理全市从事科幻产业相关活动的规模以上法人单位，形成北京科幻产业单位名录库，并实现名录库动态更新。

科幻产业和科幻消费市场是发展变化的。一方面，科幻在传统意义上是一种文学和电影类型，很多文化企业仅仅是在特定时期内生产和推出科幻产品，而不是把科幻产品作为固定业务，如京西文化旅游公司出品过科幻电影《流浪地球》，之后就没有再推出过科幻电影；而科技企业为科幻产品提供技术支持和制作服务，其主要业务也是随着项目变化而变化。在相关业务结束后，该企业是否仍然界定为科幻产业相关单位，存在不确定性和复杂性。另一方面，科幻产业尚处在成长和发展期，很多其他行业的企业和新注册的企业加入，其主营业务也具有一定的变化性。因此，需要限定一定的时间范围，对科幻产业监测名录进行动态更新维护，具体举措包括：一是定期同北京市科委等行业主管部门沟通，借助政府相关部门力量，掌握相关单位业务范围及经营情况，增补开展科幻业务的新单位，维护持续开展科幻业务的老单位信息，剔除不再开展科幻业务的单位，实现对科幻产业基本单位库的定期完善更新。二是利用统计数据资源和大数据手段，以科幻产业相关关键词同全市范围内有关单位的业务范围进行匹配筛选，结合单位实际经营情况，将确实开展科幻相关业务，但尚未被纳入名录的法人单位予以补充，尽可能做到科幻产业单位应统尽统。

第六部分

启示篇

第二十章

国内其他省市的科幻产业实践

一、上海：发挥国际化优势，重视人才培养和IP培育

（一）上海国际电影节积累科幻产业基础

创办于1993年的上海国际电影节（SIFF），是中国第一个获国际电影制片人协会认可的国际A类电影节，截至2021年已成功举办了24届。上海国际电影节20多年的历史与国际性的影响力，使上海成为名副其实的电影文化传播地，具有浓厚的科幻电影文化氛围及城市影响力，上海的多个地标成为科幻电影中常出现的场景，这些优势都为其发展科幻产业奠定基础。

2018年上海国际电影节的经典单元展映了《一条安达鲁狗》、《厄舍古厦的倒塌》及《茜茜公主》经典三部曲，并且首次利用4K技术修复经典科幻电影《2001太空漫游》，让科幻迷和广大观众超高清地观看了50年前的"第一眼"太空，凸显了科幻电影在世界电影发展史上的独特地位。

（二）浦东新区科幻协会和上海科幻影视产业论坛提升影响力

2019年上海浦东新区科幻协会正式成立，这是境内首个经民政部门批准注册的科幻协会。近3年，浦东新区科幻协会在科幻领域不断开展科学知识普及、科幻交流活动，搭建公共服务平台，提供专业咨询和信息服务，培养了很多科幻科普人才。科幻协会还连续举办科幻影视产业论坛，并作为上海国际电影节的重要单元之一，论坛规模与影响力不断提升。2021年的科幻影视产业论坛以"科幻赋能科技创新，科技赋能科幻创意"为主题，集聚不同细分领域顶尖的专家、学者、导演、企业家、科技工作者等，从各个领域研讨

科幻产业发展、文化与科技的融合，推动新技术、新思想、新方向、新生态等的发展，实现整合资源和跨界"破圈"。

（三）加强人才和IP培育，搭建完整产业链生态

2021年，由上海市科学技术协会、阅文集团联合发起，人民文学出版社、中信出版集团、科幻世界杂志社、上海科技报社共同参与的"科幻梦想启航计划"在上海启动。参与该计划的各方协同各自优势资源，在科幻IP文影漫游全方位开发运营上发力，并且在文学创作、知识科普、行业交流、文创设计、影视制作等多方面开展合作，共同促进上海市文化科技软实力的全面提升；连同上海浦东新区科幻协会组织的一系列学术研究、科技交流活动，中小学"科普校园行"，中小学科普科幻征文等都获得较大成功，为推动科普科幻产业的发展做出积极贡献。上海瞄准科幻产业方向，聚力人才培养、IP培育和平台搭建，打造更多优质科幻IP，助力产业联动，讲好"新"科幻故事，推动上海科幻产业的快速发展。

二、成都：中国科幻发源地，打造世界科幻名城

（一）依托《科幻世界》，占据中国科幻发源地高位

成都有着优越的自然环境和人文底蕴、充满神秘奇幻色彩的三星堆和金沙文明，这为其成为中国科幻发源地奠定了文化根基。成都有着全世界发行量最大的科幻杂志——《科幻世界》，肩负着向国内读者介绍国外科幻发展、挖掘国内科幻作家并向国外推广中国科幻的重任。《科幻世界》创立于1979年，是中国办刊历史最久、影响力最大的科幻读物，拥有数量庞大的忠实读者，在中国幻想类期刊市场上稳定保持着95%以上的市场占有率。《科幻世界》在成都深耕40余年，科幻的种子已经根植在每个成都人的心中。刘慈欣的《三体》就是从《科幻世界》走出来并走向国际的。《科幻世界》致力于挖掘国内科幻作家和作品，推出了无数质量上乘、极具收藏价值的科幻作品，培养了如王晋康、刘慈欣、韩松、何夕等大批优秀的科幻作家。《科幻世界》还创立了国内权威科幻奖——银河奖，自1991年起，每年举办一届，到2021

年已经举办了31届，为推动中国科幻的兴起、发展和中国科幻的产业化做出了巨大贡献。

（二）举办国际性科幻盛会，打造世界科幻名城

成都的科幻作家数量众多，科幻创作和制作团队活跃度高，科幻赛事和会展市场巨大。中国国际科幻大会四次在成都举办：1991年，科幻世界杂志社在成都举办了首届国际科幻大会；2007年，第三届国际科幻·奇幻大会在成都举办；从2017年开始，中国（成都）国际科幻大会每两年一届，永久落户成都。成都多次举办科幻盛会的经验极大地提升了成都在国际科幻领域的影响力。在2019年国际科幻大会上发布的《中国城市科幻指数报告》中，成都得分位列第一，成为2019年"中国最科幻城市"。政府政策的鼎力支持、国际性会议的举办经验，印证了成都这座"科幻之都"的底气与实力，成都以办会来打造城市品牌，打造科幻名城。2021年，成都成功申办2023年世界科幻大会，成为中国第一个举办世界科幻大会的城市，让成都这一"科幻之都"的影响力扩展到了全世界。

（三）以科幻产业为引领，激活城市文创产业

成都具有文化产业和科技产业的发展基础，以科幻产业为先导，激活创新和创业，引领城市的创新发展。成都文创产业不断发展，拥有深厚的文化基础、创新的科技资源、优秀的文创项目和多元的文创金融生态。2018年至2020年，成都市文创产业的产值分别为1129亿元、1459.8亿元、1805.96亿元，2021年超过2000亿元。2019年12月20日，全球首颗以科幻机构命名的卫星——"科幻世界号"AI卫星（星时代-8），在太原卫星发射中心搭载长征四号乙运载火箭成功发射。该卫星由成都国星宇航科技有限公司与北京微纳星空科技有限公司等联合研制，标志着中国科幻迷们有了一颗属于自己的卫星。

成都正在由科幻创作高地变成产业高地，加速布局电影、游戏、动漫、文旅等科幻产业链。电影《流浪地球》的特效制作团队在成都，动画电影《哪吒之魔童降世》的主创团队也在成都。成都正在大力建设成都影视硅谷和

"中国科幻城"，打造科幻产业功能区和国际化平台，推动中国科幻走出去和引进来，形成从西南辐射全国的科幻产业品牌、人才、技术、产品等方面的竞争优势。成都东部新区依托天府奥体公园，积极打造以"体育+"为特色的科幻产业发展高地，培育打造科幻产业集聚区，营造科幻消费场景，助推成都世界科幻名城建设。

2019年发布的《成都市推进科幻产业发展的战略思考与对策建议》，提出立足成都科技影视文创功能区、助推科幻文学转换为文创产业优势、鼓励科技与文化融合、培育专业人才、提升影视消费、推进产业聚集等一系列推动成都科幻产业发展的举措。

三、重庆：秉承科幻文学传统，创新城市文旅形象

（一）科幻文学创作和研究成果丰厚

重庆有着深厚的科幻文学底蕴，中国许多优秀的科幻作家都是重庆人，比如董仁威、韩松、李广益、萧星寒、吴信才等。"中国科幻常青树"董仁威是世界华人科幻协会和全球华语科幻星云奖创始人之一，也是第一位获得银河奖最高荣誉"终身成就奖"的科幻作家。韩松是当代中国科幻知名作家，曾获科幻银河奖、华语科幻星云奖、世界华人科幻艺术奖等，在科幻著作方面也有较高影响力。董仁威的《中国百年科幻史话》和萧星寒的《星空的旋律：世界科幻简史》，被誉为研究中国与世界科幻史的灯塔读物，广受专家学者与科幻迷欢迎。

重庆出版社是科幻出版领域非常具有代表性的出版机构，早在2005年就引进出版了《冰与火之歌》，培育了大批科幻读者；2008年最先出版了中国科幻的顶级IP——《三体》，成为中国科幻史上里程碑式的经典之作，还推出李广益的《中国科幻文学再出发》（2016年）和《中国科幻文学大系·晚清卷》（2020年）等科幻历史著作。

（二）赛博朋克城市风貌，打造特色文旅品牌

重庆这个城市自带赛博朋克基因，有着浓郁的科幻氛围，在城市空间、

人口规模、文化特色等方面，都像赛博朋克作品中描绘的城市一样：庞大、繁杂、超现实、多元文化并存。重庆作为雾都，有"立体魔幻城市"之称，在视觉上，以冷色调为主，集潮湿（降雨）、现代化（立体交通）、人工景观（摩天大楼）、城市灯光（霓虹广告、LED显示屏）等元素于一身，极具"霓虹灯美学"和赛博朋克风格，嵌在"8D立体魔幻城市"上空，具有强烈的科技感和魔幻感，成为人们心目中的赛博朋克之都。

位于重庆市江北区北滨路的金源方特科幻公园，是由深圳华强文化科技集团与世纪金源集团共同合作打造，投资总金额逾3.9亿元，是重庆江北区唯一的4A级国家旅游景区，同时是重庆市教委颁发的重庆市科普教育基地之一，塑造了科幻特色的城市文旅品牌。

金源方特科幻公园将宣传科技知识和传播历史文化放在首位。每一个主题项目均对应一个科技文化领域，包括太空、生命、环保、能源、航空、数字影视及世界文明史等。由"征服宇宙预演厅""航天器大观""探索宇宙"等几大部分组成的"太空山"，以太空为主题，将计算机动态仿真、多屏影视同步、虚拟现实、数字影视等多种高科技手段与光学反射等科学原理相结合，为游客打造一个外太空的神秘地带。还有大型环幕四维环境剧场——"生命之源"，该项目采用4D影院技术，在直径20米的180度环形立体银幕上，根据剧情需要，将各种特技效果展现得淋漓尽致。

（三）多元活动和产学研联动，影响力独树一帜

重庆举办过多场科幻主题的大型活动，在人们心中树立了"科幻之城"的形象，包括举办2019第十届全球华语科幻星云奖、2019首届钓鱼城科幻高峰论坛、2021首届钓鱼城国际科幻翻译大会、2021第十二届全球华语科幻星云奖等。重庆科普作家协会协助中国科普作家协会，成功举办多届"科普科幻青年之星"等征文活动，扩大重庆的科幻城市影响力。

2019年12月，重庆钓鱼城科幻学院成立，受到科幻界和媒体界的广泛关注。该学院定位于产学研一体化，举办科幻高峰论坛、成立重庆钓鱼城科幻中心、招募科幻专家和培养科幻专职学员，是一个集文学出版、电影制作、人才培养、奖项运营、学术交流等为一体的科幻教育机构，未来将着力打造

两个品牌项目：具有国际影响力的钓鱼城科幻大奖和培养青年人才的未来小说工坊。

四、深圳：公益基金引导产业，建设科幻城市地标

（一）科幻公益基金运作，大力扶持原创

2015年，深圳市社会公益基金会注册成立了科学与幻想成长基金，这是国内首个科幻公益创投基金，是公益与文化、科技相结合的一种有益探索。深圳科学与幻想成长基金融合政府、企业和社会组织的多方力量，搭建了鼓励科幻创作和产业共赢平台，共同建设内容创作者和上下游企业的产业桥梁，使科幻产业高效率、高质量地运行。

该基金投入科幻内容创作、IP开发、科普教育及人才培养等多方面，推出了晨星杯全国原创科幻大赛、晨星杯辩论赛、国内首档未来幻想访谈节目《未来者说》、科幻作者创作资助计划、高校社团科幻科普活动资助计划、凡尔纳国际科幻人才驻村交流计划等系列品牌项目。

该基金连续举办了六届晨星杯中国原创科幻作品大赛，共收到全国超过4500位参赛者近6000部参赛作品，优秀作品如《座天使》《暗影之城》《暗室国王》《光梦》《第二个你》等，已出版和正在出版中的作品近30部，改编影视作品5部。该基金积极发现、挖掘有潜力的科幻创作人才70余人，孵化了本地科幻相关的视效、影视、媒体公司近10家；吸引了全国的主流媒体，形成广泛的传播效果和影响力，逐步发展为国内科幻圈具有影响力的赛事和中国新生代科幻人才的成长平台，越来越多的科幻创作人才在大赛中涌现出来，整体想象力更丰富，大众创新意识明显提高，促进了科幻文化产业的发展。

科学与幻想成长基金为吸引、培养更多从事科幻相关的作家、编剧、画家、后期剪辑等人才，开办并完善各种线下设施，如科幻图书馆、科幻写作工作坊和科幻编剧工作坊，不断挖掘、补充完善产业链需要的专业化人才，孵化高新科技企业，推动深圳科幻文化发展，打造深圳科幻产业基地。

（二）建设科幻新地标，展现城市空间魅力

深圳的科幻产业还体现在追求前沿、时尚、科技风格的城市建筑上。深圳打造了众多科幻感十足的地标建筑，包括深圳湾体育中心（春茧体育馆）、F518时尚创意园的前岸艺术酒店、深圳大学理工楼、春花天桥、深业上城中国国际消费电子展示交易中心（CEEC）及深圳工业展览馆等，这些都成为著名的网红打卡地。其中，深圳工业展览馆位于深圳市市民中心，始建于1985年，是深圳工业与科技的缩影，记载着这座城市的发展过程和杰出成就。该展览馆不仅展示传统工业，还展示高科技产品和前沿科技，包括电子信息主题馆、先进装备制造业主题馆、节能环保主题馆、工业创业主题馆等，其中最具特色的是展厅中心通天高的中心电梯，是由LED和霓虹灯镶嵌的，充满浓重的科技感和赛博朋克风。

从2018年起，深圳开始规划建设深圳湾超级总部基地，打造大湾区最具影响力的高科技城市地标，这象征着深圳正从"中国经济特区"向"全球城市范例"变迁，意在打造融合科技创新、文化繁荣、绿色生态等未来城市生态。深圳湾超级总部基地吸纳了十多家国内科技巨头入驻。这些科技巨头竞相推出各自的智慧建筑设计方案，被誉为深圳的未来"十大科幻建筑"，包括深圳"天空之城"、腾讯企鹅岛、深超总C塔、大疆深圳总部、OPPO深圳总部、碳云智能总部、万科深圳超级总部、天音通信总部、中兴通讯总部以及vivo深圳总部。排在首位的"天空之城"已经结构封顶，建成后将拥有无人机企业总部集聚、研发创新、运营服务和综合配套服务四大功能区。该建筑由国际顶级设计团队设计，约200米的高楼以巨型钢架为支撑，6个超大"玻璃盒子"悬空高挂，推翻了办公空间的传统理念，在空中构建出一个全新的创意社区，创造出"云端办公"的神奇场景。

（三）打造"智慧城市"，创新文化科技发展

深圳是一个以科技创新为特色的城市，无论是人才资源、技术优势还是产业集群分布，在科幻产业发展和智慧城市建设上都具有优越的基础条件和先发优势。

深圳科技巨头企业众多，华为、中兴、恒大、腾讯、万科等企业云集，被称为中国科技公司的"大本营"。根据世界知识产权组织发布的《2019年全球创新指数报告》，深圳在全球科技集群榜单中位居第二。

深圳的智慧城市建设成果显著，高科技服务设施随处可见，无人驾驶、无人书店、无人餐厅、"未来街区"等不断完善。2019年在宝安区开始运行全国首条"车路协同-适时-Smart-BRT"智慧快速公交；深圳宝安机场最早实现"刷脸"值机，并且运用AI算法快速分配机位，大幅度缩短廊桥停靠时间；2020年1月，在福田中心区开启全市首个智慧交通体验街区，并配置可实时监控、智能照明、发布信息的多功能智慧灯杆及5G微基站；在深圳盐田区，城市生活垃圾也是用创新科技的方式处理，智能垃圾桶有清理提示、温度警报、收运预约等功能，使城市生活更加智能化、人性化。

五、河南：传统文化和科技融合，创新科幻表达方式

（一）《唐宫夜宴》：火爆出圈的电视节目

2021年河南卫视春节联欢晚会中的《唐宫夜宴》成功出圈，引起各大社交媒体平台的转发、无数网友的点赞和追捧，成功打造了河南文化IP，并且衍生出了"奇妙游"系列火爆节目和周边产品，运用高科技激活传统文化魅力，实现传统文化的创造性转化和创新性表达。

1.虚拟现实技术，营造沉浸式舞台效果

《唐宫夜宴》采用"VR+电视"的技术与模式，在计算机生成的虚拟环境中呈现三维动态视景，让真实的舞者在虚拟环境中、唐朝与现代中切换自如；采用全息技术将馆藏文物的全景影像搬上了荧屏，妇好鸮尊、贾湖骨笛等众多国宝级文物所带来的感官突围让观众得到前所未有的视觉体验，大大提高了视听内容的感染力和艺术性。此外，作品本身运用5G高速率、低时延的特点，使整个舞台传递表达更加顺畅，增强了舞台整体场景的真实感，推进了剧情的发展，放大了作品的"历史感"和"文化感"。

2.传统舞蹈+现代演绎，创新传统文化叙事

《唐宫夜宴》以舞台演员为线索，美丽活泼的女演员在台上用婀娜多姿

的舞姿将大唐盛世以及博物馆文物的厚重历史感完美呈现。节目将"进宫路上""侍女俑复活""置身于瑰丽唐宫"等场景串联起来，伴随她们灵动的舞姿，三维的动态宫廷、古画和文物在现代科技舞美的辅助下徐徐呈现，加之场景的叠加重组，打破了传统的叙事手法，给人一种"人在宫中游"的画面感，营造沉浸式的视觉奇观，带领观众感受当地历史的文化魅力。

3. 形成 IP 系列，激发"奇妙游"系列节目热度

在《唐宫夜宴》大火后，河南卫视紧跟热度形成"奇妙夜"IP 系列，推出《元宵奇妙夜》、端午"水下洛神"，以及《中秋奇妙游》等系列节目，不断创新对国风的演绎，也因此被广大网友评为"爆款制造机"。此外，河南省博物馆也随之打造了"文化+"产业，不断开拓《唐宫夜宴》的系列周边、文创产品，还通过抖音、快手等各大社交媒体平台进行宣传，如通过制作"《唐宫夜宴》小姐姐打卡郑州地标"系列抖音视频，力求带动郑州旅游业的发展。

（二）戏剧幻城：奇观体验的文旅项目

1. 规模最大的戏剧群落

"只有河南·戏剧幻城"是建业集团携手王潮歌导演历时 4 年打造而成的中国首座全景式、全沉浸戏剧城，拥有中国规模最大、数量最多的戏剧聚落群：3 大主题剧场、3 场震撼大剧、2 场夜间大秀、10 座微剧场、超过 33 个演出地点，长达 700 分钟的不重复演出。项目占地 622 亩，总投资金额 60 亿元，是王潮歌继"印象""又见"系列之后推出的"只有"系列的扛鼎之作。它作为戏剧聚落群，每一个空间都经过了整体优化，每一个剧场都是不可缺失的部分，每一条行进路径都为观众带来高浓度的戏剧体验，全景化地展现了河南的历史与当下。

2. 沉浸式真人表演的实景戏剧

"戏剧幻城"多数演出都是由真人进行表演，通过真人演员的演绎，展现从静态到动态、从景观到戏剧的转换，通过多维度思考与创作，给观众创造一种立体的、沉浸式观感的戏剧效果。"戏剧幻城"以真人表演的实景戏剧来映射岁月在土地上的沉淀，通过时、空、人的连接互动带给观众更好的感官体验，同时也更易唤醒观众内心的情感。

3. 文化记忆和声光电技术的结合

除了真人表演及空间置换所带来的新奇感，数字科技的参与更加强了观众的沉浸体验。一方面，"戏剧幻城"的多个场景中，需要"声、光、电、画"的高度集成化与智能联动控制，通过智慧数字控制系统，多个团队之间能够同时实现高度协同与智能化调控，打造全景式沉浸体验，如人们登上巨大的汴河船能够身临其境地穿越到古代，进入"清明上河图"的场景中。另一方面，"戏剧幻城"在视觉呈现上创新运用了被王潮歌导演称为"变质"的艺术手法，通过对"黄土坡""李家村""清明上河图""千里江山图"等中原景观、文化符号等介质进行"视觉质变"，让传统文化呈现出新媒体艺术特性，调动人们的文化记忆。

六、敦煌：云上敦煌和沉浸艺术，开创历史型科幻新形态

（一）数字敦煌，建立文化遗产数字资产库

敦煌石窟是中国古代文明的璀璨艺术宝库，是古代丝绸之路上文明交汇的历史见证。敦煌研究院于1984年创建，是负责世界文化遗产敦煌莫高窟、天水麦积山石窟、永靖炳灵寺石窟等全国重点文物保护单位的综合型研究单位，是我国拥有世界文化遗产数量最多、跨区域范围最广的文博管理机构，拥有在国内外具有相当影响力的遗址博物馆、敦煌学研究实体、古代壁画与土遗址保护科研基地、国家一级博物馆。为了把敦煌研究院建设成为世界文化遗产保护的典范和敦煌学研究的高地，20世纪80年代，敦煌研究院提出"数字敦煌"的构想，旨在利用计算机技术和数字图像技术，实现敦煌石窟文物的永久保存、永续利用。

"数字敦煌"项目于2011年建成，是一个具有示范意义的文化遗产工程，该工程运用虚拟现实、增强现实和交互现实等新技术，使敦煌瑰宝数字化，打破时间、空间限制，满足人们线上游览、观赏、研究等全方位需求。

"数字敦煌"项目利用先进的科学技术与文物保护理念，对敦煌石窟和相关文物进行全面的数字化采集、加工和存储，将敦煌的图像、视频、三维等

多种数据和文献数据汇集起来，打造成规模化、多元化、智能化相结合的石窟文物数字资源库，通过互联网实现全球共享的敦煌数字资产管理系统。

（二）云游敦煌，推出移动端虚拟现实体验

"云游敦煌"小程序由敦煌研究院、人民日报新媒体、腾讯联合开发和推出，是文博行业首个集知识探索、线上游览、公益保护等功能于一体的产品。"云游敦煌"以创新互动方式推出"精品展览""今日画语""为壁画填色"等版块，满足用户在疫情期间的在线游览和观赏需求。其中，"敦煌动画剧"还邀请时任敦煌研究院院长赵声良和腾讯集团副总裁、腾讯影业CEO程武担任敦煌"说书人"，为动画剧倾情配音，吸引用户参与到敦煌文化的保护与传承之中。

"云游敦煌"用移动应用技术和创新传播方式，将敦煌搬到小程序里，使各地用户通过"云现场"领略敦煌石窟艺术的风采，探索敦煌石窟是如何一壁一画生长起来的，感知敦煌壁画中丰富的文化内涵，体会文化遗产的魅力和价值，在潜移默化中提升文化遗产保护的意识。

（三）音画大赏，打造"国风感"沉浸艺术展

2021年，敦煌和北京市商务局、朝阳区人民政府合作，在首创·郎园Station（园区）推出了"域见东西"五感敦煌沉浸之旅活动。该艺术展以千年敦煌为IP，重塑消费新场景，以数字化、视觉化、场景化为主，呈现一场视、听、触、味、嗅五感多元交互体验。2000多平方米的剧场展示着一幕幕光影幻境：《乐舞》《霓裳》《城关》《声色》等作品营造的音画艺术沉浸世界，让观众感受到艺术与科技交织带来的震撼美感，再现敦煌的"声动画语"；好吃、好拍、好逛、好玩的市集，让参展观众解锁五感敦煌新玩法。通过这种创新式的音画大赏，该艺术展能够使观众全身心感受敦煌文化的"国风魅力"。

（四）科幻创作大赛，开创历史型科幻新形态

2021年初，敦煌别出心裁地推出了科幻创作大赛。该科幻创作大赛由甘肃省委宣传部、省教育厅、省科技厅、省文旅厅、省科协、敦煌市政府、兰

州大学等共同主办，赛事历时半年，累计征集参赛作品1200多件，包含科幻文学、动漫、短视频、静帧画作等多种不同类型作品。大赛以"百年后的敦煌"为主题，通过科幻创作深入挖掘丝绸之路优秀传统文化，提炼精选出凸显敦煌文化特色的经典性元素和标志性符号，开创了历史型科幻的新形态。

2021年5月，敦煌举办了科幻创作邀请赛的颁奖典礼暨科幻产业发展论坛，多位国内外科幻领域的知名专家、作家围绕"科幻＋城市赋能""科幻＋文化产业创新""科幻＋科技创造"等主题进行深入交流和探讨，为科幻产业、文创产业、版权产业发展建言献策，将传统文化、科幻创意、文化产业结合，显示了敦煌在科幻产业发展上的创新理念和举措。

第二十一章

国外科幻产业的经验和启示

一、美国："特效大片+IP系列"的电影工业模式

根据互联网电影数据库（IMDb）的数据统计，近10年全球电影票房排行榜前30的电影作品中，科幻类型电影共有18部，占比超过6成，并且牢牢占据票房排行的TOP5，全部是美国好莱坞出品。美国电影产业已经形成了成熟的IP运营和工业化生产体系，其成熟的全产业链覆盖出版、游戏、周边、主题乐园等行业，电影周边或衍生品产业收入占电影产业总收入的70%。较为成熟的案例包括迪士尼、环球影业和华纳兄弟影业等。

（一）迪士尼

迪士尼由华特·迪士尼于1923年创立，是世界上最大的娱乐传媒公司之一，曾出品《星际宝贝》《超能陆战队》等科幻动画、"星球大战"系列科幻电影、漫威系列"超级英雄"电影，是全球科幻影视产业的领头羊，特别是其旗下的漫威宇宙系列科幻电影，深受广大影迷追捧，一举成为现象级IP，实现了IP商业价值最大化。

2021年3月，迷你维基（WikiMili）根据上市公司财务数据、全球第三方权威数据统计平台等汇总出"全球十大最赚钱IP"，其中迪士尼公司的IP占据了半壁江山，包括803亿美元的维尼熊（排名第三）、803亿美元的米老鼠（排名并列第三）、687亿美元的星球大战（排名第五）和464亿美元的迪士尼公主（排名第六），以及353亿美元的漫威宇宙（排名第八）。

迪士尼主题乐园作为现实的梦幻乐园，通过对影视场景的重现满足广大粉丝的想象，也为迪士尼创造了巨大的利润。在迪士尼乐园中，设置了"星

球大战：银河边缘"及"复仇者联盟园区"等主题园区，并不断创新用户参与互动形式，加强其技术体验感与交互性。通过影视 IP 的现实投影与粉丝经济潮流共同引爆迪士尼乐园的 IP 变现。

迪士尼互动娱乐业务的收入主要靠游戏的授权和开发。《冰雪奇缘》大获成功之后，迪士尼在智能手机、社交网络等平台开发相关游戏《冰雪奇缘：冰纷乐》。除了《冰雪奇缘：冰纷乐》，迪士尼还与皮克斯联手打造《迪士尼：无限》、漫威的《复仇者联盟》及虚拟游戏《企鹅俱乐部》等。迪士尼还积极寻求合作伙伴开展衍生业务。例如，迪士尼与美国实景混合现实游戏项目领域的佼佼者 THE VOID 公司合作，合作推出电影《星球大战外传：侠盗一号》《无敌破坏王》《复仇者联盟》等的衍生游戏，这些游戏分布在美国、伦敦、多伦多和迪拜等地的多个迪士尼主题乐园。

迪士尼公司的四大核心营收业务，一是媒体网络部门，主要来自会员费、广告销售及电视节目销售和分销等其他收入；二是主题乐园，包括主题乐园门票、食物、饮料、商品销售，酒店住宿费及赞助、品牌合作、迪士尼度假村使用费等；三是影视娱乐，即院线发行电影、出售电视和流媒体放映权、家庭娱乐等业务；四是消费产品及互动媒体业务，即对其他公司使用迪士尼版权内容的授权及自制儿童读物、游戏和其他衍生品的销售收入等。

2018 年迪士尼总营收为 594 亿美元，同比增长了 8%，主要是由于公司在媒体网络业务和主题乐园的业务上大获成功，同时也成功收购了二十世纪福克斯公司。2019 年是迪士尼公司的转型之年，全年营收达到了 605 亿美元，同比增长 19%。在投资方面，迪士尼重组福克斯，将业务核心放到了流媒体上。2020 年，"Disney+"的全球订阅用户增长至 7370 万，迪士尼官方宣布对旗下媒体和娱乐业务进行战略性重组，把流媒体列为业务核心，以适应快速增长的"Disney+"。2021 年，迪士尼在电影业务方面推出了 Premier Access 模式，让电影在传统院线和流媒体平台同时上线。《黑寡妇》是漫威第一部院线和流媒体平台同时上线的电影，从 2021 年 7 月上映到 9 月底，成为疫情暴发后在美国票房最高的电影。

（二）环球影业

环球影业（Universal Picture，又称环球影片公司），由卡尔·莱默尔于

1912年创立，是美国五大电影制作公司之一，在好莱坞有着悠久的历史。自20世纪70年代起，环球影业便陆续发行了《E. T. 外星人》、《回到未来》三部曲、"侏罗纪公园"系列、"环太平洋"系列、《星际传奇》等科幻电影，并充分利用其作为影片制作方的主场优势，建立了一个集电影、电视拍摄片场为主题的游乐园——环球影城。

环球影业在开发环球影城游乐项目的同时，也研发了与之匹配的3D技术、虚拟现实技术，包括可用于沉浸式窗口效果的显示器、增强虚拟现实图像的系统、具有定向扬声器和触觉设备的乘坐载运器及能够穿戴的可视化系统等。

与此同时，环球影城还十分注重与其所在地文化进行本土化的高度结合。例如，日本大阪环球影城曾经推出"Universal Cool Japan"活动，与《名侦探柯南》《美少女战士》《新世纪福音战士》等经典作品进行联动。而北京环球影城主题乐园中的辉煌剧院便是园区结合中国元素最杰出的体现，剧院风格气魄宏伟、结构错落分明，充分展现了中国古典建筑之美。另外，北京环球影城也将与腾讯互娱进行跨界合作，在北京环球度假区2022年的季节性活动中引入部分腾讯游戏IP，强化IP的情感联结。

（三）华纳兄弟影业

华纳兄弟影业（Warner Bros. Pictures）成立于1918年，是全球最大的电影和电视娱乐制作公司之一。华纳兄弟影业著名的作品有"蝙蝠侠"系列、"超人"系列、"黑客帝国"系列、"哈利波特"系列、"指环王"系列、"霍比特人"系列，以及《地心引力》《盗梦空间》《星际穿越》。华纳兄弟影业后来又延伸出电视、动画、游戏等公司，统称为华纳兄弟公司（Warner Bros.）。

1990年，华纳兄弟公司与时代公司（Time Inc.）合并，改名为时代华纳（Time-Warner Inc.），之后于2018年被美国运营商AT & T（American Telephone & Telegraph）收购后，再次改名为华纳传媒（Warner Media），一直沿用到现在。在与时代公司合并之后，华纳兄弟影业于20世纪90年代末以高达50万美元的价格购买了罗琳的《哈利·波特与魔法石》的电影改编权，先后改编出品了《哈利·波特与魔法石》《哈利·波特与密室》《哈利·波特与阿兹卡班的囚徒》等八部系列电影，将"哈利·波特"打造成为全球超级IP，给华纳兄弟影业带来了几百亿美元的巨额利润，包括电影票房、电视授权、有线电视、无线电视、卫星电视、数字视频点播、DVD、图书、玩具、游戏及主题公园等衍生产品等。

2018年4月，华纳兄弟影业与来自洛杉矶的手游工作室果酱城（Jam City）联合开发了"哈利·波特"IP首款手游《哈利·波特：霍格沃茨的秘密》（*Harry Potter: Hogwarts Mystery*）。这款游戏上架仅一天，就一跃成为苹果应用商店和谷歌游戏商店中下载次数最多的游戏。2019年6月，《精灵宝可梦GO》的出品商Niantic与华纳兄弟游戏旧金山工作室（WB Games San Francisco）联合打造推出增强现实游戏《哈利·波特：巫师联盟》（*Harry Potter: Wizards Unite*）。2021年9月，华纳兄弟与网易共同开发的手游《哈利·波特：魔法觉醒》在全平台上线。据七麦数据统计，游戏首周的iOS下载量超过260万次，首周收入超过2800万美元，当月就登上iOS国服畅销榜榜首的位置。

华纳兄弟公司在主题公园这方面的能力并不强，因此选择将版权授权给其他具有丰富乐园建设经验与能力的企业，从而实现利益的双赢。华纳兄弟影业将DC漫画与兔八哥人物形象授权给六旗娱乐，然后根据公园的收入每年收取一定的费用。澳大利亚的威秀集团与华纳兄弟影业联合制作一些电影，所以也在澳大利亚昆士兰运营华纳兄弟电影世界主题乐园（Warner Bros. Movie World）。另外，华纳兄弟影业还将"哈利·波特"系列电影的主题公园使用权授权给环球影城，这象征着好莱坞影视产业的强强联合。

二、日本："动漫游戏＋衍生周边"的二次元产业模式

日本科幻的代表作包括《机动战士高达》《宇宙战舰大和号》《新世纪福音战士》《奥特曼》《哆啦A梦》《铁臂阿童木》《攻壳机动队》等经典作品，这些作品经久不衰，为日本的科幻产业创造了庞大的经济收入。

日本科幻产业主要依托其ACGN产业，即动画（Anime）、漫画（Comics）、游戏（Game）、小说（Novel）的繁荣。在日本，这四个产业有着非常紧密且顺

畅的互动，任一形态的媒介作品推出后，都会以此为蓝本迅速开展其他行业的改编工作。ACGN产业的发展也形成了具有强烈风格特征的二次元文化，并且在全球文化交流中扩散到世界各国的青少年群体当中。

"二次元"的概念源自早期游戏和动漫的二维平面呈现方式，指以幻想或架空为特色的虚拟世界，后来泛指漫画、动画、游戏及其衍生的同人创作及周边产品。近年来，二次元文化逐渐冲破"次元壁"，开始向三次元的现实世界渗透，通过玩具、时尚用品、手伴、偶像、声优、COSPLAY等呈现方式，实现对现实生活的渗透和影响。二次元文化将虚拟动漫游戏和实体时尚消费结合，让日本动漫IP品牌实现了文化价值和经济价值的融合，并且向海外输出。例如，每年在日本举办的东京国际动漫节、秋叶原巡礼展等品牌活动，会集了全球的动漫粉丝，进一步扩大了二次元的魅力。

（一）IP跨媒介开发与版权运营

MediaMix，即跨越多种媒体和平台，以多种载体形式推出产品群的商业模式，又可以理解为IP的跨媒介改编与开发。这种模式能够衍生出多种媒介形式的产品群，扩大品牌的影响力，增加消费途径。

1.0阶段为依托一部具有人气的作品展开跨媒体改编。例如，《黑客帝国》电影受到《攻壳机动队》的启发和影响，在《黑客帝国》取得成功之后，制作《攻壳机动队》的动画公司Production I. G又接受沃卓斯基导演的委托，制作了《黑客帝国动画版》。

2.0阶段则设定了特定的"世界观"，并在此框架下同时展开动画、漫画、小说、游戏等多种媒介的作品创作，能够大量地开展生产与消费。该阶段结合了网络平台的优势，鼓励用户原创生产，反哺MediaMix模式。

3.0阶段体现在系统的IP运营。日本的IP产业采用联合投资、风险共担、版权分割、利益分享的模式。产业链上各环节的企业或机构联合起来共同投资，以达到分享收益、分担风险的目的，并由此形成了制片委员会制度。日本动漫在拓展海外市场时，也常把参与投资合作的海外动漫企业纳入制片委员会，以加强对动漫项目的管理。

（二）VR ZONE

由日本的万代南梦宫娱乐和宏达电联手合作打造的未来型娱乐设施体验店VR ZONE SHINJUKU（新宿店）于2017年7月正式开放，这是目前日本最大的虚拟实境乐园。VR ZONE设有多个不同主题的VR游乐设施，其中不乏"攻壳机动队"这样的日本著名动画IP，以及任天堂授权的经典游戏《马里奥赛车VR》。科幻相关的主题有哥斯拉、攻壳机动队、新世纪福音战士、装甲骑兵沃特姆兹、阿盖尔漂移、高达等。

目前，VR ZONE已走出日本，进军全球市场，将VR ZONE的模式、硬件、软件、服务及运营技巧等全部打包输出，在中国北京、中国澳门、英国伦敦、美国加州等世界各地开设VR体验馆。

（三）"无边界"艺术展

日本东京的"无边界"艺术展（2018年开放），获得2018年国际主题娱乐协会（TEA）颁发的"全球主题公园界奥斯卡奖"——TEA Thea大奖，这是一个将科技、艺术、教育融为一体的沉浸式体验案例。在这里，所有的艺术作品都不停留在画框里，而是以动态的方式共同存在于同一个空间中，因此作品之间没有边界；而且同一作品在不同的介质上还会呈现出不同的样貌，二次元的作品打破了边界，进入三次元的空间。同时，作品还会与参观者互动，参观者伸出手就可以阻断落下的瀑布中的水滴，参观者站立或坐下可以改变奔流的河水路径。从这个意义上说，人与作品之间的边界也被打破了。目前策划"无边界"艺术展的TeamLab公司已经在东京、中国上海、中国澳门、纽约、新加坡、旧金山等地建立了常驻艺术展，并在世界各地成功举办了数十场专题展览。

三、德国："工业设计＋智能制造"的科技产业模式

（一）具有悠久历史的科幻传统

人类电影史上第一部有关人工智能的影片，并非来自美国，而是来自

1927年德国导演弗里茨·朗的电影《大都会》，并深刻影响了之后的欧美科幻电影。《星球大战》（1977）、《第五元素》（1997）、《银翼杀手》（1982）等经典科幻电影都有《大都会》的影子，展示了德国导演的想象力和创造力。

（二）以"科技＋智能制造"为核心的未来科幻产业图景

科技工业和智能制造业需要强大的工业设计能力。德国的工业设计水平全球闻名。工业设计非常适合应用在科幻场景设计、预演和营造中。好的工业设计作品本身就是极具未来感、科技感和梦幻感的科幻产品和科幻场景。工业设计可以延展为充满未来感、科技感的雕塑、建筑、游艇、汽车、高铁，以及军舰等，甚至和未来城市建造相互融合。比如1938年成立的德国大众汽车集团，总部位于沃尔夫斯堡，其建筑通体都是全自动、智能化设计，建筑外体是透明玻璃体，消费者可以通过自动电梯上下，观看楼内的生产线。刚刚生产完的汽车，通过机械臂以每秒2米的速度从车库运往展示中心大楼，高20层的大楼里可自动组装、存放和运送400辆汽车，还可实时精准地推送到顾客面前，让顾客即刻开启试驾体验。观赏德国汽车的制造过程，就如同欣赏一部科幻大片。德国工业模式为未来科幻产业提供了新的可能。未来科幻产业是通过高科技手段进行科技展示和场景演示，用科幻的创意化、艺术化手段进行设计和展示，营造科幻场景空间，提升文化和科技融合的创新转化方式。

四、法国："工业朋克＋科学艺术"的文旅产业模式

法国具有电影、时尚、艺术产业的发展基础。法国作为电影发源地，以艺术电影闻名，但其电影工业化水平远不如美国发达。所以法国电影产业较多采用国际合拍和合作模式来巩固市场。在科幻方面，法国结合自身的艺术、时尚和旅游产业优势，在科幻文旅方面开创了独特的模式。

（一）法国狂人国的"文化演出＋沉浸体验"融合

法国狂人国（Puy Du Fou，又译榉木山主题公园），坐落于法国巴黎西南的旺代省内，是一家以演艺为特色的历史文化主题公园，1977年创办，1978年开始向公众开放，是全球唯一一个以戏剧演艺为主题的公园，曾在2018年

荣获世界主题娱乐协会TEA最佳主题公园奖。

狂人国一共拥有19个项目，其中包括11场表演，最大的一场演出可以同时容纳1.4万人观看，演出场地23公顷，表演面积堪称世界最大，参加演出的人员多达4150人（包括演员和志愿者、工作人员等），被称为世界上最大规模的夜间表演。在惟妙惟肖的布景、精彩的表演、绚丽的舞台效果和震撼的配乐背景下，参观者穿越古罗马高卢时代的竞技场，经过被维京海盗侵袭的村庄，再到英法百年战争的中世纪古堡，直到三个火枪手的波旁王朝。剧中融合了舞蹈、打斗、马术、驯兽、驯鸟等表演，还有机械装置的古代城镇、作坊、农场、动物园等，融合灯光秀、烟火秀、3D特效等，打造出恢宏绚烂的历史传奇。

除了表演，狂人国还有几个室内的景点，也被称为"主题博物馆"。它们运用科技和艺术手段打造沉浸式体验，通过声光电和机械模拟出或战争（《凡尔登恋人》）或航海（《拉彼鲁兹的神秘远征》）或中世纪城堡的场景，突然出现的角色扮演的真人极大加强了观众体验的冲击力。

（二）南特机械岛的"工业朋克+主题乐园"

南特曾经是法国最著名的造船工业基地，1987年船厂倒闭后，艺术家弗朗索瓦·德拉豪兹叶赫和皮埃尔·奥勒菲司结合南特工业造船业的历史，打造了一个科幻机械主题乐园。灵感来源于著名小说家儒勒·凡尔纳的科幻天地和艺术家达·芬奇的机械世界。工人们用以前制造船舶的木艺、铁艺和皮具制作工艺，制成一系列能活动的机器动物、海洋生物、昆虫和鸟，甚至大象。大象漫步的街头表演成为许多去法国的游客必看的节目之一，南特也因为这一设计迎来城市产业转型，重新焕发活力。

机械巨象是机械乐园中最具标志性的代表，身高12米，身长21米，整体结构由将近50吨重的钢铁组成，光是身上用来维持机械运作的润滑油就有2000升，外壳的厚皮则使用美国郁金香木。巨象背上与身体两侧均有露台式设计，可以肩扛肚载50人、绕岛漫步30分钟，在巨象内部，乘客可以看到齿轮如何驱动象腿。其动力源是450匹马力的发动机，最高时速为3000米。除了机械大象之外，机械岛上还有很多机械生物，如建造了高25米、直径22米的巨型旋转表演场中的旋转木鱼，机械长廊中的苍鹭、巨型蜂鸟、巨蚁和机械植物等。

除此之外，机械岛还有一个25米高的三层"海底世界"，设计灵感源于凡尔纳的著名科幻小说《海底两万里》。这里陈列着光怪陆离的机械乌贼、螃蟹、水母，形态各异的机械鱼和海底飞船。游客钻进机械鱼肚子里，在旋转的过程中可以用脚踏板和手柄操作机械，摆动鱼鳍，摇动尾巴，吐出蒸汽，呈现一个"蒸汽朋克"式的海底世界。

（三）未来世界的"科学艺术＋视觉奇观"

法国的未来世界主题公园位于法国西部城市普瓦捷，1987年正式开业。不同于迪士尼的卡通娱乐特色和环球影城的电影特色，它是世界上最大的"科幻特色"主题公园，不断更新3D-4D-全息的影像技术，打造出电影体验区、游戏体验区、未来科技区、灯光水秀等奇观，塑造太空、宇宙、海洋、丛林等主题空间场景，融合历史、现在和未来的时间场景，让公众感受奇妙的时空穿越体验；还面向青少年开设探索学习区，通过让青少年亲自做科学实验学习更多关于太空旅行、海底世界等知识。法国未来世界以文旅和沉浸体验为主要载体，通过高科技视听营造出面向未来体验的主题乐园，以其融合科技、电影、游戏、休闲、体育等多种业态的文化空间，开辟了科幻产业新模式。

五、英国："沉浸式戏剧＋云上博物馆"的创意产业模式

沉浸互动是指以数字技术发展为基础，以用户交互体验为核心，以声光电影效果为特色的拓展演出模式，成为大文娱、大文旅行业的新道路。通过将VR、AR、XR等沉浸式技术应用在不同的舞台打造超越传统的观看模式，成为当前沉浸式娱乐体验的主要发展方向，包括沉浸戏剧、云上博物馆、虚拟演唱会等。沉浸娱乐活动在技术使用与视听呈现上具有极强的未来感，也更适合对科幻等"想象力"题材的再现。2019年英国沉浸式科技权威机构Immerse UK发布的《2019英国沉浸式经济报告》（*The 2019 Immersive*

Economy in the UK Report）中就提到，英国已经是欧洲最大的虚拟现实和增强现实的市场，总共约有1250家活跃的专业沉浸式公司，诞生了超过500个运用沉浸式技术的项目作品，造就了超过2.2亿英镑的总价值。

（一）沉浸式戏剧

早在2009年，英国剧院就开启线上戏剧项目（NTL），利用高清拍摄技术，全程录制戏剧演出，通过云端传递给观众，探索"互联网+戏剧"模式。而近几年沉浸技术的发展，则为戏剧带来更加生动的线上体验。

不在现场的观众能够通过头显进入虚拟环境，演员使用动作捕捉技术对实体剧院的演出进行实时录制和虚拟转换，以虚拟化身的方式进行演出。通过远程互动，让用户增强在场感与交互感。而在剧院现场的观众则通过虚拟现实的技术，配合舞台空间的设计，打造全方位沉浸体验和效果，并且能够通过空间定位与跟踪技术保持演出的自由度。英国剧院的代表性项目是音乐剧版《世界大战》。

（二）云上博物馆

2019年10月，英国政府宣布投入1900万英镑打造"未来博物馆"，将国家的文化宝藏与沉浸式的技术与理念相结合，让人们在家中、学校和图书馆也能身临其境地观赏优质内容。而2020年席卷全球的新冠病毒疫情所导致的"足不出户"，刺激了虚拟博物馆这样的沉浸式体验项目的爆发增长。顶尖制作团队工厂42（Factory42）每年都会推出运用VR/AR技术开发的沉浸式作品，比如著名的博物馆科教作品《守护世界》（*Hold the World*），2018年还参加了在中国青岛举办的"砂之盒沉浸影像展"。这部由英国"国宝"级主持人、自然科学家大卫·爱登堡爵士携手英国自然历史博物馆共同打造的科教作品可以让人身临其境地在自然历史博物馆中学习、探索自然万物，并用最先进的AR技术让人们模拟体验自己动手挖掘化石或者与恐龙同行的场景。

2017年上线的虚拟博物馆百科App Smartify，整合了各大博物馆的资源，打造了一个相当于"世界博物馆"的线上平台和手机移动端的虚拟百科全书。这款应用程序集合了来自世界各地120多个场馆的约200万件艺术品，是世界上下载量最多的博物馆应用程序。用户可以通过在智能手机上扫描艺术品来识别该艺术品的相关信息，以及各个博物馆的游览路线推荐、语音导览等。受疫情影响，在各地博物馆都无法正常营业的情况下，Smartify今年宣布其应用程序上所有的语音导览都可以免费使用。

六、韩国："政府引导+产业联盟"的元宇宙城市计划

韩国早在1998年提出实行"文化立国"政策，发挥政府引导和扶持作用，鼓励产业升级创新，为文化产业赋能。韩国政府在对待元宇宙的政策上非常积极。

（一）政府引导发起"元宇宙联盟"

2021年上半年，韩国科学技术和信息通信部发起成立了"元宇宙联盟"，该联盟包括现代集团、SK集团、LG集团等200多家韩国本土企业和组织，其目标是打造国家级增强现实平台，并在未来向社会提供公共虚拟服务，通过政府和企业的合作，在民间主导下构建元宇宙生态系统，在现实和虚拟的多个领域实现开放型元宇宙平台。联盟内部成员共同遵守"元宇宙-Hub"协议，共享元宇宙趋势和技术的相关信息，共同发掘具有商业前景的元宇宙项目，并且成立咨询委员会以避免道德与文化的问题，得到政府支持，由财政部斥资2000万美元用于元宇宙平台开发。同时，韩国数字新政推出数字内容产业培育支援计划，共投资2024亿韩元，其中XR内容开发支援473亿韩元、数字内容开发支援156亿韩元、XR内容产业基础建造231亿韩元。

（二）发起"元宇宙首尔"数字城市计划

2021年下半年，韩国首尔市政府发布了《元宇宙首尔五年计划》，宣布将分三个阶段在经济、文化、旅游、教育、信访等市政府所有业务领域打造元宇宙行政服务生态。"元宇宙首尔"计划分为"起步"（2022年）、"扩张"（2023—2024年）和"完成"（2025—2026年）三个阶段。2022年将通过第一阶段工作完成平台搭建，引入经济、教育、观光等7大领域服务，总投资计划为39亿韩元。"元宇宙首尔"平台基于最尖端的数字科技，在提供公共服务时

可轻松克服时间、空间制约和语言障碍等困难，并可扩展至行政服务全领域，将极大提升公务员的工作效率。

（三）元宇宙城市的重点领域

一是提升城市的竞争力。2018年开始运营的首尔金融技术实验室将被复制到元宇宙平台之上，通过线上介绍首尔市的金融科技支持政策，宣传入驻企业，举办投资说明会、专家指导咨询、培训等活动，以构建培养金融科技产业的线上线下集群。同时，投资首尔中心也将在元宇宙平台上搭建，该项目被称为"元宇宙投资首尔"，将线上线下业务相关联，为外国投资者提供虚拟替身投资会商、虚拟会议和教育、首尔宣传实感体验等投资、创业一站式支援服务。

二是提升城市的行动力。"元宇宙首尔"平台上将建成暂称为"元宇宙120中心"的虚拟综合办事大厅，首尔市目前运营中的各种业务申请、咨询商谈服务在元宇宙平台上都可以轻松办理。首尔市计划先分析各部门分散的服务现状，进而制订有效的服务解决方案，还计划构建"元宇宙市长室"，提供与市民沟通、听取意见建议等多样化的功能，使其成为随时对市民开放的交流空间。另外，平台还将搭建"元宇宙智能工作平台"，使后疫情时代的市政工作不再受到时间和空间的制约，利用网络虚拟空间即可完成。同时工作平台上还将引入AI公务员，它将与公务员虚拟替身一同为市民提供更专业、高效和智能的服务。

三是提升城市的吸引力。"元宇宙首尔"平台上将建成虚拟观光特区，将首尔主要旅游景点都搬到平台上，组成"元宇宙观光首尔"，实现城市观光、再现敦义门、体验宗庙祭奠仪式等功能；通过旅行社开展虚拟空间团体游，观赏街边表演等现实与虚拟相结合的新型旅游服务；提供"元宇宙庆典、展示服务"，首尔鼓节、花灯节、贞洞夜行等首尔市的传统庆典将分阶段在平台上呈现；还有一些博物馆、美术馆，市民即使无法亲自参观，也可随时随地在平台上体验同等的观展感受。

（一）以创新驱动发展，开创中国特色科幻产业的路径和模式

在世界范围内，各国的科幻产业都结合本国的文化资源，发挥本国的科技优势，运用高科技视听手段，打造不同特色的科幻产业，开创不同的产业发展模式。美国奉行的是"特效大片+IP系列"的电影产业模式；日本开辟的是"动漫文化+版权联合"二次元产业模式；法国从旅游入手，打造了"科学艺术+未来奇观"的文旅产业模式；德国独辟蹊径，从科技工业入手，打造"科技工业+智能制造"的未来科幻产业新模式；韩国在"元宇宙"热潮下，占据先发优势，推出"元宇宙首尔"计划，对科幻产业和元宇宙的融合发展提供了启发和借鉴。

中国应该将科幻、科技、科普融合，坚持创新驱动发展的理念，以科技创新为引擎，以社会主义核心价值观和先进文化为引领，发挥中华优秀文化资源和科技进步优势，融汇历史和现代、文化和科技、传承与创新，开创中国特色科幻产业发展的全新路径和独特模式。

（二）加强科幻原创和科技创新能力，集中力量打造一批示范性科幻IP项目

要提升北京科幻产业的内生能力。一方面，要鼓励和扶持科幻原创力量，加强科幻创作人才培养，鼓励多种形式的科幻作品产出，支持文学、影视、动漫、游戏、短视频、创意设计等多类型的科幻创作，挖掘我国的优秀文化资源，塑造一批弘扬中华优秀文化、科学精神和科技成果的优质科幻作品，讲好中国科幻故事。另一方面，要加强科幻产业关键技术的研发和应用，提升科幻产业的自主创新能力，搭建科幻产业关键共性技术的公共服务平台，

促进虚拟现实、人工智能、数字人、视听制作、5G、超高清、区块链等技术研发和应用，提升科幻生产的效率和效能，加速科幻产业的规模化、工业化、智能化发展进程。

要集中力量打造一批示范性科幻IP项目。一方面，要聚焦引领未来的前沿科技，包括人工智能、生命科学、生物医药、航天科技、深海科考、量子信息、区块链等重大前沿领域，联动各部门力量，发动和鼓励文化企业、科技企业、研发机构和高校院所参与，打造一批具有高水平、影响力的科幻IP项目，成立专业化运营团队，加强IP运营和传播。另一方面，要抓住北京的影视动漫、游戏电竞、会展演出、文旅等重点产业优势，分类型、分领域地征集、选拔和培育优质科幻产品，打造科幻IP示范系列，形成各产品和项目的联动和协同优势。

（三）促进文化和科技深度融合，培育和完善科幻产业链

科技创新赋能科幻产业，科幻产业激活科技创新。各国科幻产业的发展都依托文化和科技的融合，具有交叉性和包容性特征。文化和科技的融合，需要科幻产业链体系的培育和完善，需要打通科幻产业链的关键环节，促进人才、创意、技术、数据等要素在产业链的流通和增值，形成创新生态体系。

着眼于科幻产业供需两端，在科幻创意的策划/创作环节，建立科学家、文学家、艺术家的联动机制，将科学研究、科学创想、艺术创作、科普教育结合，从科幻的源头激发科幻创作者的想象力和创造力；在科幻产品的生产和制作环节，要充分发挥现代科技和前沿科技的研发、转化和应用，并且要搭建支撑科幻产业共性技术研发的公共服务平台，实现科幻生产流程再造和效率提升，加速科幻电影的工业化进程；在科幻产品的运营和营销环节，要综合运用人工智能、大数据、区块链等技术手段，加强版权保护、项目运营、精准营销，提升科幻产品的传播效果；在面向终端用户的科幻消费和服务环节，要擅长运用虚拟现实、超清影像、智能交互等展示技术，为用户提供沉浸式体验，打造科幻消费的新模式、新场景和新业态。

促进科幻产业链的完善和创新，还需要加强政府引导和政策扶持，建设和完善产业基金、创投基金等资金服务体系。

（四）突出北京首都和石景山特色优势，打造中国科幻产业的新高地

北京发展科幻产业，首先要立足北京市"四个中心"功能定位，贯彻北京作为国际科技创新中心、全球数字经济标杆城市、国际消费中心城市的重要战略，发挥数字经济的新引擎作用，突出北京的首都优势和首善标准，充分开发石景山的首钢工业遗存资源和山水生态环境优势，紧抓产业升级和城市更新的时代机遇，以科幻产业为先导，加快建设科幻产业集聚区，开辟科幻发展、科技创新、产业转型、城市更新融合发展的新赛道。

当下，促进科幻产业的重要任务是围绕关键技术、原创人才、场景建设、品牌传播四大核心，落实鼓励原创和加强人才引育、加强科技研发和技术服务支撑、完善产业链体系和加强交流协作、优化科幻IP转化通道和培育IP示范项目、促进科幻多元业态发展和布局科幻应用场景、高水平办好中国科幻大会和提升国际影响力等重要任务。通过政产学研协同，提升科幻产业发展所需的科技创新能力、原创人才培养和新时代文化建设能力、文化科技产业协同发展能力、新基建保障能力，从而将北京市和石景山区建设成为具有国际影响力的科幻产业新标杆和新高地。

附 录

一、当当、京东科幻类图书销量TOP30

1. 当当网科幻类图书销量TOP30（截止到2021年12月）

序号	书名	作者	出版社	出版时间
1	三体（全三册）	刘慈欣	重庆出版社	2010
2	三体（典藏版）	刘慈欣	重庆出版社	2016
3	三体Ⅲ：死神永生（典藏版）	刘慈欣	重庆出版社	2016
4	三体Ⅱ：黑暗森林（典藏版）	刘慈欣	重庆出版社	2016
5	球状闪电（典藏版）	刘慈欣	四川科学技术出版社	2016
6	三体X：观想之宙（典藏版）	宝树	重庆出版社	2016
7	克莱因壶	冈岛二人	化学工业出版社	2019
8	献给阿尔吉侬的花束（新译本）	丹尼尔·凯斯	广西师范大学出版社	2015
9	带上她的眼睛	刘慈欣	四川科学技术出版社	2015
10	超新星纪元（典藏版）	刘慈欣	重庆出版社	2009
11	梅格时空大冒险	马德琳·英格	文汇出版社	2017
12	沙丘	弗兰克·赫伯特	江苏凤凰文艺出版社	2016
13	十三层空间	丹尼尔·加卢耶	四川科学技术出版社	2017
14	银河帝国：基地七部曲	艾萨克·阿西莫夫	江苏凤凰文艺出版社	2015

序号	书名	作者	出版社	出版时间
15	流浪地球	刘慈欣，王晋康，何夕	万卷出版公司	2016
16	球状闪电	刘慈欣	四川科学技术出版社	2005
17	乡村教师	刘慈欣	长江文艺出版社	2019
18	平面国	埃德温·A.艾勃特	上海文化出版社	2020
19	仿生人会梦见电子羊吗？	菲利普·迪克	译林出版社	2017
20	梦之海	刘慈欣	四川科学技术出版社	2015
21	索拉里斯星	斯坦尼斯瓦夫·莱姆	译林出版社	2021
22	雪崩	尼尔·斯蒂芬森	四川科学技术出版社	2018
23	你一生的故事	特德·姜	译林出版社	2019
24	安德的游戏	奥森·斯科特·卡德	浙江文艺出版社	2016
25	神秘岛	儒勒·凡尔纳	作家出版社	2016
26	永恒的终结	艾萨克·阿西莫夫	江苏凤凰文艺出版社	2014
27	银河帝国大全集（15册）	艾萨克·阿西莫夫	江苏凤凰文艺出版社	2018
28	好兆头	尼尔·盖曼	江苏凤凰文艺出版社	2018
29	2001：太空漫游	阿瑟·克拉克	上海文艺出版社	2019
30	呼吸	特德·姜	译林出版社	2019

2.京东网科幻类图书销量TOP30（截止到2021年12月）

序号	书名	作者	出版社	出版时间
1	三体全集（1—3册）	刘慈欣	重庆出版社	2008
2	沙丘六部曲	弗兰克·赫伯特	江苏凤凰文艺出版社	2019
3	银河帝国：基地七部曲	艾萨克·阿西莫夫	江苏凤凰文艺出版社	2015
4	凡尔纳科幻小说经典译本	儒勒·凡尔纳	中国青年出版社	2020

续表

序号	书名	作者	出版社	出版时间
5	克拉拉与太阳	石黑一雄	上海译文出版社	2021
6	安德的游戏	奥森·斯科特·卡德	译林出版社	2021
7	三体Ⅲ：死神永生（典藏版）	刘慈欣	重庆出版社	2016
8	三体Ⅱ：黑暗森林（典藏版）	刘慈欣	重庆出版社	2016
9	机器人大师	斯坦尼斯拉夫·莱姆	广西科学技术出版社	2014
10	星之继承者三部曲	詹姆斯·P.霍根	新星出版社	2021
11	太空漫游四部曲	阿瑟·克拉克	上海文艺出版社	2019
12	克莱因壶	冈岛二人	化学工业出版社	2019
13	球状闪电（典藏版）	刘慈欣	四川科学技术出版社	2016
14	十三层空间	丹尼尔·加卢耶	四川科学技术出版社	2017
15	机巧伊武	乾绿郎	四川科学技术出版社	2021
16	莱姆文集（百年诞辰纪念版）	斯坦尼斯瓦夫·莱姆	译林出版社	2021
17	带上她的眼睛	刘慈欣	四川科学技术出版社	2015
18	索拉里斯星	斯坦尼斯瓦夫·莱姆	译林出版社	2021
19	刘慈欣少年科幻科学小说系列	刘慈欣	广西师范大学出版社	2016
20	银河帝国大全集（15册）	艾萨克·阿西莫夫	江苏凤凰文艺出版社	2015
21	三体：地球往事（典藏版）	刘慈欣	重庆出版社	2016
22	刘慈欣推荐给孩子的科幻绘本（全4册）	朱惠芳，胡优，赵喻非，单斌	人民邮电出版社	2019
23	挽救计划	安迪·威尔	译林出版社	2021

序号	书名	作者	出版社	出版时间
24	星髓	罗伯特·里德	四川科学技术出版社	2018
25	海伯利安四部曲	丹·西蒙斯	文汇出版社	2017
26	神的九十亿个名字	阿瑟·克拉克	江苏凤凰文艺出版社	2018
27	来自新世界（套装上下册）	贵志祐介	上海译文出版社	2014
28	亚特兰蒂斯：人类起源三部曲	A.G.里德尔	四川文艺出版社	2020
29	莫失莫忘	石黑一雄	上海译文出版社	2018
30	时间移民	刘慈欣	江苏凤凰文艺出版社	2020

二、国内外科幻电影票房排行榜

1.全球电影票房排行榜TOP50（截止到2021年12月30日）

排名	电影名称	上映时间	全球票房（亿美元）
1	阿凡达	2009	28.47
2	复仇者联盟4：终局之战	2019	27.98
3	泰坦尼克号	1997	22.02
4	星球大战：原力觉醒	2015	20.70
5	复仇者联盟3：无限战争	2018	20.48
6	侏罗纪世界	2015	16.72
7	狮子王	2019	16.63
8	复仇者联盟	2012	15.19
9	速度与激情7	2015	15.15
10	冰雪奇缘2	2019	14.50
11	复仇者联盟2：奥创纪元	2015	14.03
12	黑豹	2018	13.47
13	哈利·波特与死亡圣器（下）	2011	13.42

续表

排名	电影名称	上映时间	全球票房（亿美元）
14	星球大战8：最后的绝地武士	2017	13.33
15	侏罗纪世界2	2018	13.10
16	冰雪奇缘	2013	12.82
17	美女与野兽	2017	12.74
18	超人总动员2	2018	12.43
19	速度与激情8	2017	12.36
20	蜘蛛侠：英雄无归	2021	12.17
21	钢铁侠3	2013	12.15
22	小黄人大眼萌	2015	11.59
23	美国队长3：英雄内战	2016	11.53
24	海王	2018	11.49
25	指环王3：王者归来	2003	11.46
26	蜘蛛侠：英雄远征	2019	11.32
27	惊奇队长	2019	11.28
28	变形金刚3：月黑之时	2011	11.24
29	007：大破天幕杀机	2012	11.09
30	变形金刚4：绝迹重生	2014	11.04
31	侏罗纪公园	1993	10.99
32	蝙蝠侠：黑暗骑士崛起	2012	10.81
33	小丑	2019	10.74
33	星球大战9：天行者崛起	2019	10.74
35	玩具总动员4	2019	10.73
36	玩具总动员3	2010	10.67
37	加勒比海盗2：聚魂棺	2006	10.66
38	狮子王	1994	10.64

排名	电影名称	上映时间	全球票房（亿美元）
39	星球大战外传：侠盗一号	2016	10.56
40	阿拉丁	2019	10.51
41	加勒比海盗4：惊涛怪浪	2011	10.46
42	神偷奶爸3	2017	10.35
43	海底总动员2：多莉去哪儿	2016	10.29
44	星球大战前传1：幽灵的威胁	1999	10.27
45	爱丽丝梦游仙境	2010	10.25
46	疯狂动物城	2016	10.24
47	哈利·波特与魔法石	2001	10.18
48	霍比特人：意外之旅	2012	10.17
49	蝙蝠侠：黑暗骑士	2008	10.06
50	哈利·波特与死亡圣器（上）	2010	9.77

2. 中国内地院线电影票房排行榜TOP50（截止到2021年12月30日）

排名	电影名称	上映时间	票房（亿元）
1	长津湖	2021	57.75
2	战狼Ⅱ	2017	56.88
3	你好，李焕英	2021	54.13
4	哪吒之魔童降世	2019	50.35
5	流浪地球	2019	46.86
6	唐人街探案3	2021	45.22
7	复仇者联盟4：终局之战	2019	42.37
8	红海行动	2018	36.52
9	唐人街探案2	2018	33.97
10	美人鱼	2016	33.91

续表

排名	电影名称	上映时间	票房（亿元）
11	我和我的祖国	2019	31.69
12	八佰	2020	31.02
13	我不是药神	2018	30.99
14	中国机长	2019	29.12
15	我和我的家乡	2020	28.28
16	速度与激情8	2017	26.71
17	西虹市首富	2018	25.47
18	捉妖记	2015	24.41
19	速度与激情7	2015	24.26
20	复仇者联盟3：无限战争	2018	23.91
21	捉妖记2	2018	22.37
22	羞羞的铁拳	2017	22.14
23	疯狂的外星人	2019	22.13
24	海王	2018	20.13
25	变形金刚4：绝迹重生	2014	19.78
26	前任3：再见前任	2017	19.41
27	毒液：致命守护者	2018	18.71
28	功夫瑜伽	2017	17.53
29	飞驰人生	2019	17.28
30	阿凡达	2010	17.15
31	烈火英雄	2019	17.07
32	侏罗纪世界2	2018	16.95
33	寻龙诀	2015	16.83
34	西游伏妖篇	2017	16.56
35	港囧	2015	16.14

续表

排名	电影名称	上映时间	票房（亿元）
36	姜子牙	2020	16.02
37	少年的你	2019	15.58
38	变形金刚5：最后的骑士	2017	15.51
39	疯狂动物城	2016	15.32
40	我和我的父辈	2021	14.76
41	魔兽	2016	14.72
42	复仇者联盟2：奥创纪元	2015	14.64
43	夏洛特烦恼	2015	14.17
44	速度与激情：特别行动	2019	14.35
45	送你一朵小红花	2020	14.33
46	芳华	2017	14.23
47	侏罗纪世界	2015	14.18
48	蜘蛛侠：英雄远征	2019	14.18
49	头号玩家	2018	13.96
50	速度与激情9	2021	13.92

3. 2016—2021年国产科幻院线电影代表作

上映时间	数量	电影名称	猫眼票房	豆瓣评分	主要出品公司
2016	3	美人鱼	33.91亿元	6.7	中国电影股份有限公司、星辉海外有限公司、和和（上海）影业有限公司等
		七月半2：前世今生	708万元	2.8	北京中影传奇影业有限公司
		蒸发太平洋	3501万元	3.3	华策影业（天津）有限公司
2017	11	记忆大师	2.93亿元	7.1	万达影视传媒有限公司、上海瀚纳影视文化传媒有限公司

续表

上映时间	数量	电影名称	猫眼票房	豆瓣评分	主要出品公司
2017	11	心理罪	3.04亿元	4.9	和力辰光国际文化传媒(北京)股份有限公司、大有天工(北京)文化发展有限公司、上海尚世影业有限公司、北京猫眼文化传媒有限公司、万达影视传媒有限公司、乐视影业(北京)有限公司
		逆时营救	2.01亿元	4.7	新线索(北京)影视投资有限公司、霍尔果斯嘉行影视文化有限公司、北京耀莱影视文化传媒有限公司
		机器之血	3.05亿元	4.6	小米影业有限责任公司、万达影视传媒有限公司、优酷电影等
		喵星人	4479万元	4.4	引力影视投资有限公司、华人文化天下一有限公司、英皇影业有限公司等
		星期8	10万元	3.5	北京新锐洁萌文化传播有限公司、国海(北京)国际文化传播有限公司、北京天一璇烨文化传媒有限公司
		超能兔战队	176万元	2.4	泽东电影有限公司(香港)、广州海力动漫文化发展有限公司
		异兽来袭	1011万元	3.8	德丰影业股份有限公司、北京图傲文化传播有限公司等
		钢铁飞龙之再见奥特曼	4101万元	2.6	广州蓝弧动画传媒有限公司、乐视影业(北京)有限公司
		昆塔：反转星球	5065万元	6.1	浙江博采传媒有限公司
		光影之战	88万元	暂无评分	广州语新文化发展有限公司、广东星语影业有限公司、广东省广影业股份有限公司

续表

上映时间	数量	电影名称	猫眼票房	豆瓣评分	主要出品公司
2018	12	动物世界	5.10亿元	7.2	上海儒意影视制作有限公司、上海火龙果影视制作有限公司、北京光线影业有限公司
		一出好戏	13.55亿元	7.1	上海瀚纳影视文化传媒有限公司、北京光线影业有限公司、霍尔果斯春天融和传媒有限公司
		超时空同居	9.03亿元	6.8	北京真乐道文化传播有限公司、北京温商联盟影视投资有限公司、北京嘉麒兄弟影业有限公司
		破梦游戏	43万元	3.8	北京君舍文化传媒有限公司、北京章鱼花园影业有限公司、北京佟悦名新文化传媒有限公司
		伊阿索密码	131万元	3.6	中国电影股份有限公司、北京华影欣荣影业有限责任公司
		时空终点	42万元	2.9	北京易海云帆影视传媒有限公司、上海禾川影视有限公司、北京拾月国际影视文化传媒有限公司等
		巨齿鲨	10.54亿元	5.7	中国引力影视投资有限公司、美国华纳兄弟影片公司（中外合拍）
		环太平洋：雷霆再起	6.33亿元	5.5	美国传奇影业、美国环球影业、深圳善为影业股份有限公司（中外合拍）
		吃货宇宙	486万元	5.7	无锡天工影业有限公司、北京圣壹门文化传播有限公司、上海鸣润影业有限公司

续表

上映时间	数量	电影名称	猫眼票房	豆瓣评分	主要出品公司
2018	12	24小时：末路重生	977万元	5.1	上海基美影业股份有限公司、美国Thunder Road公司、南非Film Afrika Worldwide公司（中外合拍）
		谜巢	4950万元	3.5	大河影业扬州有限公司、极光影业国际有限公司、中国电影股份有限公司、星光灿烂影业有限公司
		时间逆流*	暂无数据	暂无评分	北京上邦天际影视文化有限公司、北京中视天宝文化发展有限公司
2019	10	未来机器城	1687万元	5.7	阿里巴巴影业集团、万达影视传媒有限公司
		流浪地球	46.86亿元	7.9	中国电影股份有限公司、北京京西文化旅游股份有限公司、郭帆文化传媒（北京）有限公司、北京登峰国际文化传播有限公司
		被光抓走的人	7099万元	6.9	北京京西文化旅游股份有限公司、北京合众睿客影视文化传播有限公司
		疯狂的外星人	22.13亿元	6.4	欢喜传媒集团有限公司
		最后的日出*	3万元	5.8	优酷电影有限公司、优酷信息技术（北京）有限公司、联瑞（上海）影业有限公司、北京橙乐星娱文化传媒有限公司、少年派影业无锡有限公司
		回到过去拥抱你	1973万元	4.6	北京耀莱影视文化传媒有限公司
		天火	1.70亿元	4.2	青春未来影视（佛山）有限公司、亚太未来影视（北京）有限公司、中国电影股份有限公司、上海双创文化产业投资中心（有限合伙）、北京聚合影联文化传媒有限公司

上映时间	数量	电影名称	猫眼票房	豆瓣评分	主要出品公司
2019	10	上海堡垒	1.24亿元	2.9	华视娱乐投资集团股份有限公司、中国电影股份有限公司、天津北方电影集团、北京聚合影联文化传媒有限公司、腾讯影业文化传播有限公司
		欲念游戏	747万元	2.9	东阳绽放星生影视文化有限公司、北京海润影业股份有限公司、浙江诸暨升维传媒有限公司、新疆博纳润泽文化传媒有限公司
		钢铁飞龙之奥特曼崛起	4465万元	3.1	广州蓝弧动画传媒有限公司
2020	6	如果声音不记得	3.35亿元	3.9	北京光线影业有限公司、上海最世文化发展有限公司
		我的女友是机器人	4246万元	3.7	宁洋影业（佛山）有限公司、北京天悦东方文化传媒有限公司、北京光线影业有限公司、天津汉裕影业有限公司
		无线信号	63万元	暂无评分	山西天域文化传播有限公司
		星溪的三次奇遇	401万元	5.5	北京标旗文化传播有限责任公司米尔制作公司、博信传媒有限责任公司、北京辣条屋影视传媒有限公司
		致命复活	49万元	暂无评分	生态环境部宣传教育中心、北京巨坞影视文化传媒有限公司
		爱是一场温柔幻觉	11万元	暂无评分	北俱卢州（北京）影视传媒有限公司、青岛破晓影视文化传媒有限公司
2021	9	熊出没·狂野大陆	5.95亿元	6.3	华强方特（深圳）动漫有限公司、浙江横店影业有限公司、乐创影业（天津）有限公司、北京联瑞影业有限公司、方特影业投资有限公司

续表

上映时间	数量	电影名称	猫眼票房	豆瓣评分	主要出品公司
2021	9	指引	12万元	暂无评分	上海师焉文化传媒有限公司、大象点映（上海）网络技术有限公司
		星际侠探	46万元	暂无评分	苏州琪桐文化发展有限公司、北京基点影视文化有限公司
		舞动我青春*	暂无数据	暂无评分	志博云天（北京）影视文化传媒有限公司、阿万腾（北京）文化传播有限公司、善圈国际影业（深圳）有限公司
		人与偶*	暂无数据	暂无评分	上海光悦影视传播有限公司、上海晟筵影业有限公司、浙江博览映画文化有限公司
		智爱2026*	4万元	暂无评分	北京幻境天成影视文化有限公司、北京集铭文化传媒有限公司、上海草木灰影视文化传播有限公司
		飞碟玩幻地球人*	9万元	暂无评分	北京胜美影视传媒有限公司、深圳幻影金像影视传媒有限公司、青岛破晓影视文化传媒有限公司
		平行森林	22万元	6.5	北京蒲落影视文化传媒有限公司、嘉荫大可雨田影视文化发展有限公司
		反击者	445万元	暂无评分	（山西）交城县夏鹏动画设计工作室

注：标*的电影在上映很短时间后转为网络播出，所以票房数据较少或无票房数据。

4. 2016—2021年获得豆瓣评分的国产科幻网络电影

上映时间	数量	电影名称	豆瓣评分	主要出品公司
2016	5	无限斗界之暗夜双龙	7.4	上海祺天文化发展有限公司、普华环球文化（北京）有限公司、上海苏朵文化传播有限公司
		所爱非人	5.9	北京开拍网络科技有限公司、北京巨坞影视文化传媒有限公司
		虚拟情人	6.2	雅歌传奇影视传媒（北京）有限公司
		绝色之战	5.3	年轮映画（北京）文化传媒有限公司、博易创为（北京）数字传媒股份有限公司、北京华视联合文化传播有限公司、优尼影视文化传媒（北京）有限公司
		我的极品女神	4.2	爱奇艺影业（北京）有限公司、星王朝有限公司
2017	3	海带	6.3	青岛涵象文化传媒有限公司、北京淘梦网络科技有限责任公司
		孤岛终结	6.2	映美传世（北京）文化传媒有限公司、中国电影股份有限公司、天津微像国际文化传播有限责任公司、北京吉吉向上文化传媒有限公司
		超自然事件之坠龙事件	3.4	东阳奇树有鱼文化传媒有限公司
2018	5	天才J之致命推理	5.8	优酷电影有限公司、简单人工作室
		天才J之第二个J	5.8	优酷电影有限公司、简单人工作室
		天才J谜题里的倒计时	5.7	优酷电影有限公司
		我儿子去了外星球	4.8	武汉晨馨文化传播有限公司、工厂大门（天津）影业有限公司、上海飞鲨影业有限公司
		大蛇	3.4	江苏众乐乐影视传媒有限公司、北京淘梦网络科技有限责任公司

续表

上映时间	数量	电影名称	豆瓣评分	主要出品公司
2019	4	水怪	4.3	杭州传影文化传媒有限公司、北京淘梦网络科技有限责任公司
		星际流浪	3.6	杭州鑫乐影视传媒有限公司、北京璟燊影业有限公司、青岛鑫众影视服务有限公司、星宏传媒
		大雪怪	3.2	优酷电影有限公司、东阳奇树有鱼文化传媒有限公司、江苏众乐乐影视传媒有限公司
		小强大战外星人	3.3	北京大盛传奇文化传媒有限公司
2020	8	双鱼陨石	6.6	四川归去来影业有限公司
		大鱼	3.7	东阳大玩家影视传媒有限公司
		机械画皮	3.5	华文映像影视传媒有限公司、北京追踪影视文化股份有限公司、华文映像（北京）网络传媒有限公司
		蟑潮	3.9	优酷信息技术（北京）有限公司
		外星人事件	3.3	优酷信息技术（北京）有限公司、颂桃子影业文化传媒（北京）有限公司
		陆行鲨	2.7	江苏众乐乐影视传媒有限公司、北京淘梦影业有限公司
		平行森林	6.5	北京蒲落影视文化传媒有限公司、嘉荫大可雨田影视文化发展有限公司
		电磁王之霹雳父子	2.6	冉盛南京文化传媒公司、四川星辰源文化传媒有限公司
2021	6	末日救援	3.1	霍尔果斯创维酷开文化传媒有限公司、上海凡酷文化传媒有限公司、上海峰幂影视文化传播股份有限公司

续表

上映时间	数量	电影名称	豆瓣评分	主要出品公司
2021	6	太空群落	5.6	海口果派影视制作有限公司、北京果派影业文化发展有限公司天津分公司
		火星异变	3.6	广东省广影业股份有限公司、霍尔果斯创维酷开文化传媒有限公司、深圳风海兄弟文化传媒有限公司
		狂鼠列车	3.9	湖北喜云文化传媒有限公司、北京阅读纪文化有限责任公司
		重启地球	3.6	东阳奇树有鱼文化传媒有限公司、江苏众乐乐影视传媒有限公司、中广天择传媒股份有限公司
		宇宙探索编辑部	8.6	郭帆（北京）影业有限公司

三、国内外科幻奖项名录

1.国内科幻奖项

奖项名称	时间	颁奖周期	主办方	简介
银河奖	1986年至今	一年一度	科幻世界杂志社	中国幻想小说界（主要对象为科幻小说，后加入其他相关项目评选)最高荣誉奖项，也是中国内地唯一的科幻小说奖（后又有全球华语星云奖、引力奖、晨星奖、水滴奖等多个中国科幻奖）。获奖作品代表中国内地科幻创作的最高水平。为中国科幻作家、科幻爱好者、奇幻作家和奇幻爱好者搭建了一个展示作品的平台

续表

奖项名称	时间	颁奖周期	主办方	简介
全球华语科幻星云奖	2010年至今	一年一度	全球华语科幻星云奖组委会、世界华人科幻协会	世界华人科幻协会设立，授权全球华语科幻星云奖组织委员会组织评奖颁奖活动。入围名单由全球华语科幻星云奖推选委员会推荐、投票产生后，提交评审委员会决定金银奖。全球华语科幻星云奖的评奖对象为规定年度期间全球发行的华语科幻出版物及相关领域杰出人物
引力奖	2018年至今	一年一度	引力奖组委会	又名中国科幻读者选择奖。首届引力奖于2018年5月在首届亚太科幻大会上颁发
未来科幻大师奖	2012年至今	一年一度	赛凡科幻空间	于2012年创办（原名全国高校幻想类社团联合征文），其初衷是为团结全国各类科幻群体，发现和培养更多科幻文学作家，促进科幻文学行业不断发展。经过10年的发展，"未来科幻大师奖"累积投稿量近千篇，同时涌现出阿缺、灰狐、胡绍晏、念语等一批活跃在科幻文学创作一线的科幻作家
光年奖	2012年至今	一年一度	北京市科普门户网站——蝌蚪五线谱网	光年奖原创科幻征文大赛由北京市科普门户网站——蝌蚪五线谱网主办，旨在提供科幻竞技平台，发掘科幻新作家，提升人们对科幻的关注。大赛通过在线征集、权威点评等方式评选和推荐优秀科幻作品

续表

奖项名称	时间	颁奖周期	主办方	简介
豆瓣阅读征文大赛·科幻奇幻组	2016年至今	一年一度	豆瓣阅读	豆瓣阅读主办，从第三届征文开始设立科幻组，后又拓展到科幻奇幻组。比赛孕育出了一批优秀作者，诸如翼走、双翅目、石黑曜等
黄金时代奖	2018年至今	一年一度	未来事务管理局	未来事务管理局创办，首届黄金时代奖于2018年5月在首届亚太科幻大会上颁发，以奖励代表黄金时代精神的优秀科幻作品
冷湖科幻文学奖	2018年至今	一年一度	八光分文化	冷湖工行委结合地域特色和文化旅游资源实际，通过科幻作品的创作、评选和发售，加大力度推进冷湖文化品牌提炼，挖掘冷湖人文地理，突出艰苦奋斗的石油精神，是大力推进文化、体育、旅游融合发展的以旅游业为龙头的第三产业的具体举措
中文幻想星空奖	2009—2011年	一年一度	中文幻想星空奖组委会	一项由民间发起的纯公益性文学奖项，旨在奖励年度优秀的科幻奇幻等类型的中文幻想文学作品，为之提供一个兼容并蓄、独立公平的竞争平台
晨星·晋康奖	2015年至今	一年一度	深圳科学与幻想成长基金	中国首个具有公益性的原创科幻文学奖项，也是国内第一项正式接受尚未完成创作的长篇作品投稿参赛的文学赛事，旨在鼓励更多科幻新人创作

续表

奖项名称	时间	颁奖周期	主办方	简介
水滴奖	2016年至今	一年一度	中国科普作家协会	腾讯公司和中国科普作家协会联手创办的科幻奖项。奖项以发现挖掘优质科幻作品、孵化科幻IP、培育科幻产业生态圈为宗旨。赛事至今已举办多届，多个水滴奖优秀作品已进入孵化阶段。2017年中国科普作家协会已经主办5届的大学生科幻征文"科联奖"并轨"水滴奖"
"华语新声"科幻小说征文比赛	2018年至今	一年一度	宁波市科学技术协会	浙江省作协、宁波市文联、宁波市科协联合主办。首届"华语新声"科幻小说征文大赛于2018年5月30日正式启动，大赛以鼓励科幻小说作者的持续创作，增进大众爱护家园、关注未来的意识为目标，在全球范围内征集作品
京东文学奖·年度科幻图书	2017年至今	一年一度	京东集团	京东集团主办，分年度国内作家作品、年度国际作家作品、年度传统文化图书奖、年度儿童图书奖、年度科幻图书奖等。年度科幻图书奖奖金20万元
科普科幻青年之星	2017年至今	一年一度	中国科普作家协会	支持科普科幻原创，培育科学文化人才，促进科普创作繁荣发展是这一活动的宗旨。培养有潜力的青年科普写作者，围绕符合公众需求的创作选题开展科普科幻创作培训与指导，支持青年科普科幻写作者进行创作；开展科普科幻作品评论培训，支持青年人进行评论写作

276

续表

奖项名称	时间	颁奖周期	主办方	简介
科幻永生奖	2019年至今	一年一度	清华互联网产业研究院	清华互联网产业研究院主办，旨在发掘、评选和奖励优秀的科幻作家、作品等，推动科幻教育进课堂，加快我国科幻人才培养和科幻新生力量的成长繁荣，挖掘科幻产业创新资源，展示科幻文化成果，推进科幻产业发展
"大白鲸世界杯"原创幻想儿童文学奖	2014年至今	一年一度	大连出版社	中国儿童文学研究会、北京师范大学中国儿童文学研究中心和大连出版社共同设立，该奖每年举办一次，是专门奖励原创幻想儿童文学的奖项

2.国外科幻奖项

奖项名称	时间	颁奖周期	主办方	简介
雨果奖	1953年至今	一年一度	世界科幻协会	世界科幻协会所颁发的奖项。自1953年起，每年在世界科幻大会上颁发。该奖与星云奖是科幻文学领域的国际最高奖项，被誉为科幻文学界的诺贝尔奖
SFWA大师奖	1975年至今	一年一度	美国科幻与奇幻作家协会	美国科幻与奇幻作家协会颁发的终身成就奖。获奖者均为在科幻与奇幻文学创作领域做出卓越贡献的仍然在世的业内人士。奖项一年颁发一次，每次只颁发给一人，是世界范围内地位最高的科幻奖项之一

奖项名称	时间	颁奖周期	主办方	简介
阿瑟·C.克拉克奖	1987年至今	一年一度	英国科幻协会	英国科幻奖项。颁发给过去一年在英国出版的最优秀的科幻小说。奖项由阿瑟·C.克拉克资助，在1987年成立。奖项由英国科幻协会、科幻小说基金会及第三方组织联合颁发，被誉为英国最负盛名的科幻小说奖
轨迹奖	1971年至今	一年一度	轨迹杂志编辑部	美国知名科幻/奇幻杂志《轨迹》（Locus）设立的幻想文学奖。每年颁发一次，提名和获奖排名由杂志的读者群体决定。在中国国内，该奖与雨果奖和星云奖并称为世界三大科幻奖项
回顾雨果奖	1996年至今	不定期	世界科幻小说协会	与雨果奖属同一谱系，共享奖项单元，但主要颁发对象是在雨果奖设立之前（1953年以前）的幻想文学作品
科幻与奇幻名人堂	1996年至今	一年一度	西雅图流行文化博物馆	堪萨斯科幻与奇幻协会和堪萨斯大学科幻研究中心的两名成员J.韦恩和埃尔希·M.冈恩合作创立。其评选结果具有相当的权威性和影响力，同时也弥补了"大师奖"不授予已故作家的缺憾。奖项在每年7月的坎贝尔研讨会上公布。每年的名人堂会选出在世及已故作家各两名，以表彰他们长久以来在科幻或奇幻领域做出的卓越贡献

奖项名称	时间	颁奖周期	主办方	简介
日本星云奖	1970年至今	一年一度	日本科幻大会	日本的重要科幻奖项。每年举办一次，由日本科幻大会的参加者投票，给予上一年度完结之作品（后来也渐渐延伸至广义的幻想作品）。该奖自1972年起开始颁发，授奖部门有日本长篇部门、日本短篇部门、海外长篇部门、电影部门、喜剧部门等
世界奇幻奖	1975年至今	一年一度	世界奇幻大会	奇幻文学界最重要的奖项。创立于1975年，该奖由世界奇幻小说协会提名，由在奇幻文学和艺术方面有很高成就的专家组成评审团进行评选，每年举行一次，以奖励在奇幻领域做出突出贡献的人士
西奥多·斯特金纪念奖	1987年至今	一年一度	美国堪萨斯大学科幻研究中心	这一奖项的主办单位是堪萨斯大学科幻研究中心。评选范围则是上一年度发表的、字数不超过17 500字的短篇小说。在评选方式上，首先由世界上唯一致力于推介短篇科幻小说的《切线》（Tangent）杂志提出10到12篇的候选名单，之后由评委会裁定出优胜者。
侧面奖	1995年至今	一年一度	侧面奖委员会	首创于1996年，旨在鼓励在畅想历史（Alternate History）领域表现出色的小说。名字取材于墨里·伦斯特于1934年发表的短篇小说《时空的侧面》（Sidewise in Time）。在这个故事中，一场异乎寻常的暴风雨将地球的一部分带到了与我们历史类似却又不尽相同的时间轨迹上

续表

奖项名称	时间	颁奖周期	主办方	简介
约翰·W.坎贝尔纪念奖	1973年至今	一年一度	美国堪萨斯大学科幻研究中心	哈里·哈里森和布赖恩·爱迪斯为纪念在1971年谢世的科幻界巨擘约翰·W.坎贝尔而设立的。首次颁奖时间为1973年，是继雨果奖、星云奖之后创立最早的科幻文学奖，具有很大的影响力和权威性
小詹姆斯·提普垂奖	1991年至今	一年一度	提普垂奖委员会	科幻作家帕特·墨菲和凯伦·乔·富勒合作创办。首奖颁发于1992年，此后每年一度在5月举行的世界女性主义科幻小说大会上颁发，旨在奖励对探索及加深两性相互了解方面取得成绩的幻想文学作品，有着较为浓郁的女性主义色彩
英伦奇幻奖	1971年至今	一年一度	英国科幻协会	首届在1971年举办。英国奇幻与科幻艺术领域最有影响力的奖项。协会成员通过投票确定入选名单、决选短名单和最终获奖者
英国科幻协会奖	1970年至今	一年一度	英国科幻协会	专门颁发给英国科幻作家。评选有时采用与会者投票的方式，有时由英国科幻协会委员会决定
日本SF大奖	1980年至今	一年一度	日本科幻作家俱乐部	于1980年设立，主办者为日本科幻作家俱乐部，德间书店资助。该奖的评选对象不限于书籍，有关科幻的影像、产品等都可以参与评选。这是日本SF大奖的一大特色
法国幻想文学大奖	1974年至今	一年一度	法国幻想文学大奖组委会	暂无奖项介绍

奖项名称	时间	颁奖周期	主办方	简介
德国幻想文学奖	1999年至今	一年一度	德国的幻想文学网站Phantastik	创立于1999年，包括德文原创小说、翻译小说、幻想影视作品等奖项。评选方式采用网友投票的形式。德国幻想小说流行趋势的风向标
土星奖	1972年	一年一度	美国科幻、奇幻和恐怖电影学院	始于1972年，旨在奖励和推进当年电影及电视领域的科幻类及恐怖类佳作，以及有突破和创新意义的优秀作品。土星奖所提名的影片大多是当年具有一定影响力、引起过轰动的影片

四、北京市文化科技类园区名录

1.国家级文化和科技融合示范基地名录

类别		基地名称
集聚类	1	北京中关村国家级文化和科技融合示范基地
单体类	2	故宫博物院国家文化和科技融合示范基地
	3	北京四达时代软件技术股份有限公司国家文化和科技融合示范基地
	4	利亚德光电股份有限公司国家文化和科技融合示范基地
	5	掌阅科技股份有限公司国家文化和科技融合示范基地
	6	北京蓝色光标数据科技股份有限公司国家文化和科技融合示范基地
	7	中国华录集团有限公司国家文化和科技融合示范基地
	8	北京北大方正电子有限公司国家文化和科技融合示范基地
	9	完美世界（北京）软件科技发展有限公司国家文化和科技融合示范基地
	10	北京影谱科技股份有限公司国家文化和科技融合示范基地
	11	中文在线数字出版集团股份有限公司国家文化和科技融合示范基地
	12	新维畅想数字科技（北京）有限公司国家文化和科技融合示范基地

2.北京市级文化产业园区名录

类别		园区名称
北京市级 文化产业示范园区	1	嘉诚胡同创意工场
	2	"新华1949"文化金融与创新产业园
	3	中国北京出版创意产业园
	4	751D·PARK北京时尚设计广场
	5	798艺术区
	6	郎园Vintage文化创意产业园
	7	莱锦文化创意产业园
	8	清华科技园
	9	中关村软件园
	10	星光影视园
北京市级 文化产业示范园区(提名)	1	航星文化科技产业园
	2	西什库31号
	3	经济日报文化金融融合创新园
	4	东亿国际传媒产业园
	5	北京电影学院影视文化产业创新园平房园区
	6	E9区创新工场
	7	西店记忆FunsTown
	8	阿里文娱集团总部园区
	9	768创意产业园
	10	腾讯北京总部文化产业园区
北京市级文化产业园区	1	77文创园
	2	北京德必WE国际文化创意中心（天坛）
	3	东雍创业谷
	4	隆福寺文创园
	5	亮点文创园

续表

类别	园区名称	
	6	鑫企旺文创园
	7	大磨坊文化创意产业园
	8	咏园
	9	"红桥智·创"文化创意空间
	10	北京德必WE国际文化创意中心（龙潭）
	11	北电科林107号院文化创意产业园
	12	尚8远东科技文化园
	13	亿达·圣元荟
	14	倍格生态
	15	北京DRC工业设计创意产业基地
	16	北京文化创新工场车公庄核心示范区
	17	北京天桥演艺区
北京市级文化产业园区	18	天宁1号文化科技创新园
	19	北京设计之都大厦园区
	20	中新华文化金融创意园
	21	国家音乐产业基地中唱园区
	22	繁星戏剧村
	23	中国文化大厦文化科技创新园
	24	北京坊
	25	尚8国际广告园
	26	恒通国际创新园
	27	北京懋隆文化产业创意园
	28	北京塞隆国际文化创意园
	29	锦珑(北京)设计创意园
	30	尚8设计+文化创意产业园

续表

类别		园区名称
北京市级文化产业园区	31	电通创意广场
	32	NICE WORK 新生代中小企业聚集地
	33	铜牛电影产业园
	34	醉库国际文化创意园
	35	北京电影学院·东郎电影创意产业园
	36	觽堂文化艺术园区
	37	半壁店1号文化创意产业园
	38	文心华策国际影视交流中心
	39	菁英梦谷广渠文创园
	40	北服创新园
	41	创立方·自空间CBD写字园
	42	北化机爱工场文化科技融合产业园
	43	中国电影导演中心
	44	吉里(北京)国际艺术区
	45	北京万荷文化艺术硅谷创意产业园
	46	中国动漫科技产业园一期
	47	北京化工集团华腾易心堂文化创意产业园
	48	中关村数字电视产业园
	49	中关村东升科技园
	50	中国人民大学文化科技园
	51	百旺弘祥文化创意产业园
	52	海淀文教产业园
	53	中关村创客小镇文创空间
	54	创业公社·中关村国际创客中心文化创意园
	55	海淀区东升镇兴华新媒体文创空间
	56	创文时代文创空间

续表

类别		园区名称
北京市级文化产业园区	57	首科大厦文化创意产业园
	58	北京石榴中心文化创意产业园
	59	依文城堡欧洲园文创产业园
	60	首钢文化产业园
	61	首创·郎园 Park 文化创意产业园
	62	北京智慧长阳文化创意产业园
	63	北京大学创业训练营房山基地
	64	青创动力文化创意产业园
	65	弘祥 1979 文化创意园
	66	九棵树文化产业园
	67	大稿国际艺术园区
	68	泰达科技园·文创区
	69	国家对外文化贸易基地(北京)
	70	顺义金马文化创意产业园
	71	腾讯众创空间(北京)文化创意产业园
	72	宏福文创园
	73	北京大兴新媒体产业基地
	74	北京城乡文化科技园
	75	格雷众创园
	76	北京印刷学院文化创意产业园
	77	华商创意中心
	78	北京平谷国家音乐产业基地
	79	数码庄园文化创意产业园
	80	东尚·E园

五、2020胡润中国10强民营影视企业榜单

排名	公司名称	价值（亿元）	董事长	简介	总部所在地
1	光线传媒	390	王长田	业务以影视剧项目的投资、制作、发行为主，业务覆盖电影、电视剧（网剧）、动漫、文学、艺人经纪、实景娱乐等领域。目前，公司主要立足于产业链中的内容生产环节，出品过《哪吒之魔童降世》《一出好戏》《泰囧》等电影	北京
2	万达电影	360	张霖	万达影业是全国拥有IMAX银幕数量和杜比影院最多的院线。除放映业务外，公司电影业务已向上延伸至电影投资、制作和发行，全面覆盖电影全产业链，《唐人街探案》《斗破苍穹》等是其旗下知名IP	北京
3	阿里影业	260	樊路远	版图涉及互联网宣发、内容制作及综合开发，其中互联网宣发是目前公司的核心业务。阿里影业的宣发体系包括用户观影决策平台"淘票票"、一站式数字化宣发平台"灯塔"，以及影院数字化经营管理开放平台"凤凰云智"，它们分别面向用户、制片方和影院。曾参与出品年度热播剧集《长安十二时辰》和《鹤唳华亭》	北京
4	大地院线	200	刘荣	致力于打造生态型平台型公司。通过服务平台、营销平台、发行平台、电商平台、广告平台、投资平台及金融平台，直接服务于商业地产合作伙伴和影院，实现制片方、发行方、电商、广告商、设备商及媒体资源紧密结合	北京

排名	公司名称	价值 （亿元）	董事长	简介	总部 所在地
5	博纳影业	170	于冬	主营业务为电影的投资、发行、院线管理及影院放映。自成立以来，出品发行影片数量超过270部，超过20亿票房的影片有2部，超过10亿票房的影片有10部，超过1亿票房的影片有67部。代表作品包括《红海行动》《中国机长》《烈火英雄》《智取威虎山》《湄公河行动》《窃听风云》等	北京
6	华谊兄弟	130	王中军	目前已覆盖电影、电视剧、实景娱乐、网络大电影、网剧、经纪、动漫、游戏、综艺、直播等多种娱乐产品形态。电影投资制作是公司的核心业务。《手机》《天下无贼》《风声》等是公司的代表作，影院方面已建成并投入运营30家	北京
6	猫眼娱乐	130	王长田	提供创新互联网赋能娱乐服务的全国领先平台。提供在线娱乐票务服务、娱乐内容服务、娱乐电商服务、广告服务等。猫眼娱乐目前是中国最大的在线电影票务平台，市场份额超过60%	北京
6	华策影视	130	傅梅城	主要业务包括全网剧、电影、网络电影、动画、短视频等内容的投资、制作、发行、运营，艺人经纪及相关服务业务，围绕内容衍生的整合营销、游戏授权、渠道运营和分发。坚持内容为王，已成为国内三大视频网站主要的影视内容供应商和全球流媒体龙头 Netflix 主要的华语影视内容供应商。代表作品包括《外交风云》《追光者》《加油，你是最棒的》等	浙江 杭州

续表

排名	公司名称	价值（亿元）	董事长	简介	总部所在地
9	横店影视	120	徐天福	主营业务为院线发行、电影放映及相关衍生业务，采用资产联结为主、签约加盟为辅的经营模式。所属影院分为直营影院和加盟影院两大类。在重点布局二线城市的同时，提前布局高速增长的三、四、五线城市。截至2019年底，旗下共拥有451家已开业影院，银幕2780块	浙江东阳
10	北京文化	50	宋歌	业务涵盖电影、电视剧、网剧的出品、制作、发行，以及艺人经纪、景区旅游等，其中电影贡献90%以上的收入。2017年，凭借保底发行爆款电影《战狼Ⅱ》成名。2018年至2019年，先后参与出品、发行的《我不是药神》和《流浪地球》分别位居国内当年电影票房的第三名和第二名	北京

六、2021年度游戏10强优秀创新游戏企业名单

序号	公司名称	所在地
1	北京比特漫步科技有限公司	北京
2	北京蓝亚盒子科技有限公司	北京
3	波克科技股份有限公司	上海
4	杭州电魂网络科技股份有限公司	杭州
5	三七互娱网络科技集团股份有限公司	安徽芜湖
6	厦门吉比特网络技术股份有限公司	福建厦门
7	上海鹰角网络科技有限公司	上海
8	盛趣信息技术（上海）有限公司	上海

序号	公司名称	所在地
9	完美世界股份有限公司	北京
10	在线途游（北京）科技有限公司	北京

七、2021中国VR50强企业名单

序号	公司名称	所在地
1	宏达通讯有限公司（HTC）	北京
2	北京百度网讯科技有限公司	北京
3	歌尔股份有限公司	潍坊
4	京东方科技集团股份有限公司	北京
5	咪咕文化科技有限公司	北京
6	贝壳找房（北京）科技有限公司	北京
7	北京爱奇艺智能科技有限公司	北京
8	青岛小鸟看看科技有限公司	青岛
9	科大讯飞股份有限公司	合肥
10	新国脉数字文化股份有限公司	上海
11	北京虚拟动点科技有限公司	北京
12	北京达佳互联信息技术有限公司	北京
13	北京当红齐天国际文化科技发展集团有限公司	北京
14	中国动漫集团有限公司	北京
15	联通灵境视讯（江西）科技有限公司	南昌
16	影石创新科技股份有限公司	深圳
17	闪耀现实（无锡）科技有限公司	无锡
18	威爱科技集团	北京
19	北京凌宇智控科技有限公司	北京

序号	公司名称	所在地
20	亮风台（上海）信息科技有限公司	上海
21	泰豪创意科技集团股份有限公司	南昌
22	南京睿悦信息技术有限公司	南京
23	北京耐德佳显示技术有限公司	北京
24	江西科骏实业有限公司	南昌
25	北京易智时代数字科技有限公司	北京
26	乐相科技有限公司	金华
27	上海影创信息科技有限公司	上海
28	苏州美房云客软件科技股份有限公司	苏州
29	北京东方瑞丰航空技术有限公司	北京
30	四川川大智胜软件股份有限公司	成都
31	北京沃东天骏信息技术有限公司	北京
32	北京金山云网络技术有限公司	北京
33	联想新视界（北京）科技有限公司	北京
34	艾迪普科技股份有限公司	北京
35	北京润尼尔网络科技有限公司	北京
36	北京亮亮视野科技有限公司	北京
37	深圳创维新世界科技有限公司	深圳
38	深圳市虚拟现实技术有限公司	深圳
39	北京众绘虚拟现实技术研究院有限公司	北京
40	视伴科技（北京）有限公司	北京
41	北京千种幻影科技有限公司	北京
42	恒信东方文化股份有限公司	北京
43	深圳市瑞立视多媒体科技有限公司	深圳
44	丝路视觉科技股份有限公司	深圳

序号	公司名称	所在地
45	叠境数字科技（上海）有限公司	上海
46	红色地标（北京）文化科技有限公司	北京
47	小派科技（上海）有限责任公司	上海
48	北京触角科技有限公司	北京
49	北京为快科技有限公司	北京
50	江西格灵如科科技有限公司	南昌

参考文献

【著作/报告】

［1］ 司若.影视蓝皮书：中国影视产业发展报告（2021）［M］.北京：社会科学文献出版社，2021.

［2］ 陈旭光.电影工业美学研究［M］.北京：中国电影出版社，2021.

［3］ 陈劲.科技创新：中国未来30年强国之路［M］.北京：中国大百科全书出版社，2020.

［4］ 中国社会科学院工业经济研究所未来产业研究组.影响未来的新科技新产业［M］.北京：中信出版社，2017.

［5］ 王挺，姚利芬.北京科幻产业发展研究［M］.北京：中国科学技术出版社，2021.

［6］ 吴岩，陈玲.中国科幻发展年鉴2021［M］.北京：中国科学技术出版社，2021.

［7］ 赵国栋，易欢欢，徐远重.元宇宙［M］.北京：中译出版社，2021.

［8］ 吕云，王海泉，孙伟.虚拟现实：理论、技术、开发与应用［M］.北京：清华大学出版社，2019.

［9］ 孙立军，刘跃军.数字娱乐产业蓝皮书：中国虚拟现实产业发展报告（2020）［M］.北京：社会科学文献出版社，2021.

［10］李德毅.人工智能导论［M］.北京：中国科学技术出版社，2018.

［11］董仁威.中国百年科幻史话［M］.北京：清华大学出版社，2017.

［12］盖伊·哈雷.科幻编年史：银河系伟大科幻作品视觉宝典［M］.王佳音，译.北京：中国画报出版社，2019.

［13］北京文创园区创新发展研究团队.北京文化产业发展报告（2020）
［M］.北京：经济科学出版社，2021.

［14］郭万超.文化和旅游产业前沿：第六辑［M］.北京：社会科学文献
出版社，2020.

［15］中共北京市委组织部.全国科技创新中心建设认识与实践［M］.北
京：北京出版社，2015.

［16］刘涛雄，张永伟.中国城市创新生态系统评价（2020）［M］.北京：
社会科学文献出版社，2021.

［17］周天勇，赵滑濮，刘正山，等.中国城市创新报告（2019）［M］.
北京：社会科学文献出版社，2019.

［18］秦虹，苏鑫.城市更新［M］.北京：中信出版社，2018.

【期刊论文】

［1］张瑶.产业错位与市场争夺：中美科幻电影比较研究［J］.当代电
影，2013（8）.

［2］苏湛.科普传统与中国科幻共同体的演变［J］.中国现代文学研究丛
刊，2021（8）.

［3］张铮，吴福仲，林天强."未来定义权"视域下的中国科幻：理论建
构与实现路径［J］.南京社会科学，2021（1）.

［4］黄鸣奋.中国科幻电影高质量发展的系统观［J］.中国海洋大学学报
（社会科学版），2021（2）.

［5］刘健.科幻产业及其对城市产业经济转型升级的影响［J］.南京航空
航天大学学报（社会科学版），2021（10）.

［6］吴苡婷.科幻产业的发展瓶颈问题剖析［J］.科技传播，2014（10）.

［7］黄鸣奋.科幻电影创意视野下的文化产业［J］.中国海洋大学学报
（社会科学版），2020（1）.

［8］高尚学，李欣.由《流浪地球》开辟中国科幻电影产业链的新篇章
［J］.电影评介，2019（11）.

［9］ 张伟，吴晶琦．数字文化产业新业态及发展趋势［J］．深圳大学学报
（人文社会科学版），2022（1）．

【作者发表过的与本课题相关的论文】

［1］ 金韶．从1.0到3.0：科幻产业的发展阶段和演进规律［EB/OL］.
（2021-08-17）．https://tech.gmw.cn/2021-08/17/content_35085606.htm.

［2］ 金韶．科幻产业的范围界定和路径创新［EB/OL］.（2021-09-11）.
https://m.gmw.cn/baijia/2021-09/11/35156442.html.

［3］ 金韶．政策赋能下科幻产业的新界定和发展路径［N］．科普时报，
2021-09-24（3）．

［4］ 高胤丰，金韶．我国科幻游戏产业的发展现状、机遇及趋势［J］．齐
齐哈尔大学学报（哲学社会科学版），2021（10）．

［5］ 高胤丰，金韶．中国科幻研究的知识演进与趋势探析（2000—2020）
［J］．科普创作与研究，2022（1）．

［6］ 金韶．科幻产业和元宇宙的融合和发展［J］．世界科幻动态，2022
（1）．

［7］ 金韶．虚拟现实技术在科幻电影中的应用及影响［C］//杭孝平．新
媒体·传播·文化：新闻与传播学科理论与实践论文集．北京：中
国国际广播出版社，2021．

［8］ 金韶，刘蕊宁．中国科幻电影国际传播策略研究［J］．传媒，2021
（5）．

［9］ 金韶，卢莎．科幻对城市创新文化的传播和影响研究［J］．传播与版
权，2020（11）．

在政策和科技的双重赋能下，北京市加快推进科幻产业发展，发挥首都优势，加快建设科幻产业集聚区，对全国科幻产业的发展具有标杆效应和引领作用。

本报告是北京市科学技术委员会资助的研究课题，旨在更好地调研和反映北京科幻产业发展状况，研究和把握科幻产业的发展规律和趋势，为北京市乃至全国科幻产业的发展提供理论指导和实践参考。

在为期一年的项目研究过程中，我得到了业界和学界的很多专家、老师的热情参与和倾力协助。我的研究生、本科生也参与课题组，做了很多研究支撑工作。感谢所有的专家、老师和同学们。

项目前期我们调研了大量文化科技企业和研发机构，感谢这些企业（机构）的专家和负责人。他们和我们一起研讨产业实践，贡献了许多宝贵观点，主要有：

张之益，中国科学院自动化研究所科学艺术研究中心，主任；视觉工业基地，首席科学家。

张殊，中国航天科技国际交流中心，文化运营处处长。

张译文，北京微像国际文化传播有限责任公司，CEO。

吴鑫，北京首钢建设投资有限公司（首钢园），产业部部长。

孙世诚，北京中关村通力科技服务有限责任公司（中关村科幻产业创新中心），总经理。

李卫强，保利影业投资有限公司，董事长。

方斌，北京艾沃次世代文化传媒有限公司，董事。

王浚懿，北京诺亦腾科技有限公司，董秘。

赵天奇，北京聚力维度科技有限公司，创始人、首席技术官。

高天羿，北京天图万境科技有限公司，CEO。

王宏鹏，环球数码创意控股有限公司，董事总经理。

宋强，中国电影科学技术研究所，高级工程师。

非常感谢课题调研组老师们的辛勤付出，他们进行了大量联络、沟通和调研工作，主要有：

郑军，北京正负极文化传媒有限公司，总经理。

李子雯，北京博通远景管理咨询有限公司，总经理。

崔亚娟，北京联合大学应用科技学院，教授。

尤其要感谢郑军老师，他是我进行科幻研究的领路人，给了我很多指导和帮助，在做课题期间带我们调研了很多科幻企业。他是一位非常优秀的科幻作家，在科幻创作和科幻产业领域深耕多年。他总是特别热心地提携和帮助年轻人加入科幻领域，是一位非常有情怀和干劲的老师。

项目开展期间，我们得到了很多学界专家和行业专家的专业指导，感谢专家组的老师们，主要有：

费新碑，北京航空航天大学，教授。

郭万超，北京市社会科学院，研究员。

孟浩，中国科学技术信息研究所，研究员。

姚利芬，中国科普研究所，副研究员。

黄石，中国传媒大学，副教授。

王春水，北京电影学院，副教授。

杨溟，新华网融媒体未来研究院，院长。

王之纲，清华大学美术学院，副教授。

乔秀全，北京邮电大学，教授。

刘华群，北京印刷学院，副教授。

张三丰，南方科技大学，访问学者。

陈红，中关村现代信息消费应用产业技术联盟，秘书长。

在整个项目的调研整理、专题研究、数据分析和案例编写等过程中，课题组的老师和学生们投入大量时间和精力，在此表示衷心的感谢，主要有：

高胤丰，北京联合大学新闻与传播系教师，主要负责产业报告现状篇的数据分析、内容编写等大量工作。

林玉娜，北京联合大学新闻与传播系在读研究生，主要负责报告的数据整理和分析，参与国外案例、发展趋势等专题的编写，以及整体报告的统稿和校对等大量工作。

翟雪连，北京正负极文化传媒有限公司，主要负责科幻产业政策专题的编写和研究等工作。

刘健，天津艺术职业学院副教授，主要参与科幻产业政策、国外案例部分的研究工作。

刘文红，北京联合大学新闻与传播系教师，主要参与石景山区科幻产业的研究工作。

罗茵，北京联合大学新闻与传播系教师，主要参与石景山区科幻产业的研究工作。

黄松飞，中关村现代信息消费应用产业技术联盟，主要参与科幻企业案例研究工作。

张建林，北京金笔创逸规划设计院，参与石景山区科幻产业的研究工作。

肖迅、白一涵、罗慧丽、孙香是北京联合大学新闻与传播系本科生，全程参与国内外科幻产业案例资料编写、北京市科幻企业数据整理分析、北京市科幻企业案例汇编等工作。

褚婉宏、王佳晨、肖屈瑶是北京联合大学新闻与传播系研究生，主要参与科幻企业访谈资料整理、科幻产业数据分析等工作。

项目团队调研了大量文化科技企业，非常感谢这些企业的负责人的大力支持。主要企业名单如下：

科幻出版类：北京出版集团、清华大学出版社、中国电影出版社、中国科学技术出版社、中国纺织出版社、中国传媒大学出版社、中国国际广播出版社、中国作家网、中文在线、掌阅科技、喜马拉雅（北京）、漫传奇文化、博峰文化、未来事务管理局等。

科幻影视类：京西文化旅游、微像文化、保利影业、天工异彩、新丽传媒、腾讯影业、淘梦影业、光线影业、艾沃次世代、神舟航天传媒、阿里巴巴影业、金色星云科技、跨星际航天文化、北京追梦方舟、北京灵通世纪影视等。

科幻游戏/动漫类：完美世界、畅游时代、金山世游、咪咕文化、中国动漫集团、分享时代、华强方特、三体宇宙、天工艺彩、北京动漫游戏产业联盟等。

科幻科技支撑类：利亚德光电、快手科技、商汤科技、凌云光技术、虚拟动点、中科讯飞、视伴科技、聚力维度、华录文化、环球数码、讯飞幻境、诺亦腾、京东方、爱奇艺智能、全景声科技、墨境天合、天图万境、一点四刻科技、未来新影传媒科技、锐扬科技、笨鸟视觉、耐德佳显示、达瓦未来、中科大脑、北京智源人工智能研究院、北京电影学院未来影像高精尖创新中心、中国电影科学技术研究所、新华社媒体融合生产技术与系统国家重点实验室等。

科幻文旅和场景类：当红齐天、沙核科技、华为河图、中科北影、鱼果文化科技、外号科技、悉见科技、云秒文化、中关村会展与服务产业联盟、中关村现代信息消费应用产业技术联盟等。

科幻运营服务和研究类：首钢基金、北京航空航天大学、中科院自动化所科学艺术研究中心、中国科普研究所（中国科幻研究中心）、中国空间技术研究院、中国航天科技国际交流中心、航天创客、新华网融媒体未来研究院、中国传媒大学动画学院与数字艺术学院、北京科技声像工作者协会等。

最后还要感谢中国国际广播出版社有限公司的编辑老师张晓梅，她非常认真、耐心地帮助我完善报告内容、审校数据和案例，为我提供了很多宝贵建议。

科幻产业这一面向未来的新兴产业，将不断涌现新产品、新场景和新业态，具有巨大的发展空间，需要我们产学研各界的携手努力和共同推动。

金韶

2022 年 3 月于北京海淀